AF346803

LES SECRETS

DE

LA MUSIQUE.

Les formalités voulues par la loi ayant été remplies, on poursuivra les contrefacteurs.

On trouve chez les principaux libraires et marchands de musique les morceaux suivants, tirés du drame-symphonie *les Corsaires*, par M. César-Auguste Mme P^{uti} :

La cavatine : *Viens à moi...*

La ballade : *Dans un riche palais...*

La cavatine : *Oh! ciel, quel trouble m'agite!*

Le duo : *Bien digne de mon frère...*

Le chœur : *Minuit sonne, amis, partons,* etc.

(Le tout avec accompagnement de piano.)

On trouve aussi, séparément de l'ouvrage, le tableau n. 5, qui fait connaître le diapason de tous les instruments et leurs tablatures.

Lyon. — Imp. et Lith. de veuve Ayné, grande rue Mercière, 44.

LES SECRETS

DE

LA MUSIQUE

OU

THÉORIE MUSICALE

Pour apprendre intellectuellement, et sans avoir besoin de jouer d'un
instrument ni de chanter, tout ce qui a rapport à la musique,
depuis les premiers éléments jusqu'à la haute composition,
c'est-à-dire la lecture à première vue d'un morceau
quelconque, la transposition, l'arrangement à grand
orchestre, la portée de tous les instruments, enfin
tout ce qui regarde la mélodie, l'harmonie,
le contre-point, la fugue, etc. etc.,

OUVRAGE DÉDIÉ A

M. AUBER,

Directeur de la musique du Roi,

PAR

M. CESAR-AUGUSTE M^{nte} P^{nti},

Ex-professeur d'harmonie au Conservatoire de Naples, membre du Conservatoire de Milan, auteur
du drame-symphonie LES CORSAIRES et de plusieurs autres compositions musicales.

RÉDIGÉ PAR

M. RIGAUD (Pierre),

Ancien chef d'institution dans l'Académie de Lyon.

PREMIER VOLUME.

PARIS,

CHEZ LEDUC, LIBRAIRE ET MARCHAND DE MUSIQUE,
Passage Choiseul, 78 ;

ET CHEZ LES PRINCIPAUX LIBRAIRES ET MARCHANDS DE MUSIQUE.

1846.

A M. Auber,

Directeur du Conservatoire

et de la musique du Roi.

Monsieur ,

En vous dédiant un ouvrage qui n'a d'autre mérite qu'une preuve du désir que nous avons de voir la musique cultivée en France avec plus de zèle et d'empressement, nous ne croyons pas vous offrir une œuvre digne de vos talents et propre à vous inspirer le moindre intérêt, mais nous avons pensé que votre nom, à la tête de notre ouvrage, y porterait bonheur, et que nous aurions par là l'occasion de vous assurer que personne plus que nous ne saurait être plus admirateur des productions d'un homme comme vous, qui fait la gloire du pays et surtout du monde musical.

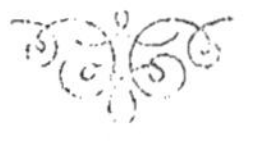

PRÉFACE.

Il ne faut point se faire illusion sur le titre de cet ouvrage; les sciences et les arts ont certainement leurs secrets,
et nous n'avons pas la prétention de croire que nous avons
été plus pénétrants pour les découvrir que tant de maîtres
habiles qui ont écrit sur la musique d'une manière si élo-
quente et si admirable. Qu'on nous passe donc ce titre
que nous avons adopté, parce qu'il nous a paru devoir
exciter davantage la curiosité, et n'y aurait-il qu'une seule
personne qui se laissât séduire par le titre, que nous croi-
rions devoir nous féliciter, car notre désir c'est de voir le
plus grand nombre possible cultiver avec zèle un art,
source d'un plaisir qui n'entraîne ni trouble ni regret.

Nous ne voulons pas cependant mettre la musique au-dessus
de tous les arts; il y a entre eux une affinité tellement grande,
qu'ils se tiennent pour ainsi dire par la main; mais nous
croyons pouvoir affirmer qu'il n'est pas de distraction aussi
propre à guérir de l'ennui, et si une nation voisine de la
France est aussi sujette à un mal dont le nom a été consacré
pour exprimer le dégoût de la vie, c'est bien peut-être parce
que cette nation ne cultive pas assez la musique et ne songe

pas à y puiser un remède contre l'ennui, ce poison mortel qui semble avoir été envoyé sur la terre pour punir les gens désœuvrés.

Qu'on interroge ceux qui, animés d'un bon esprit, cherchent dans la culture de cet art des distractions que d'autres ne se procurent que par des moyens, la plupart du temps blâmables et dangereux, ils diront tout ce qu'ils éprouvent de jouissances lorsqu'ils peuvent parvenir à exécuter passablement un morceau qui leur plaît, et ce plaisir même n'est pas pour eux seuls. Qui de nous n'a pas été ravi en entendant de la bonne musique ? et si l'on n'est pas toujours satisfait de l'exécution, il faut n'en accuser que la négligence qu'on apporte à s'instruire, cependant le plus beau morceau ne produira qu'un mauvais effet s'il est mal exécuté. Or, on n'exécute mal que parce qu'on ne comprend pas ; mais si l'on était assez instruit pour comprendre les idées du compositeur, on ne serait pas embarrassé pour l'interpréter et pour rendre ce qu'il a voulu exprimer.

Nous croyons que le moyen le plus efficace pour parvenir à une bonne exécution, c'est de pouvoir par théorie se rendre compte de ce qu'on exécute, aussi n'avons-nous rien négligé dans cet ouvrage pour atteindre ce but. Peut-être nous blâmera-t-on d'être entré dans de trop petits détails ; cependant l'expérience nous a appris que la plupart du temps on éprouve beaucoup de peine à comprendre les choses difficiles, parce qu'on ne s'est pas assez arrêté sur des choses faciles ; et puis ce n'est pas pour ceux qui savent que nous avons écrit cet ouvrage, tant mieux si plusieurs n'y trouvent rien à apprendre, ils sentiront comme nous tous les avantages qu'on peut retirer de la musique, et ils nous aideront à en propager le goût ; nous arriverons par là à combler cette lacune qu'il y a dans l'instruction, et l'on ne dira plus avec raison que vainement les Français prétendraient égaler les Italiens et les Allemands pour la musique : ces peuples ne sont pas mieux organisés que nous. Mais en Italie comme en Allemagne on s'occupe beaucoup plus de musique qu'en France? Habituons-nous, comme chez ces peuples, à chercher un délassement dans la culture de cet art, et bientôt nous n'aurons plus rien à leur envier ; alors nous aurons du plaisir à nous rassembler pour chanter en chœur des morceaux choisis, ou exécuter quelque bonne composition, si nous préférons l'instrumentation à la vocale. Cet amusement en vaut bien un autre, et il a l'avantage de ne point entraîner le repentir après soi ; et qu'on ne dise pas que pour faire de la musique il faut être heureux et content, cet art n'est-il pas propre à peindre tout ce qui se passe dans l'âme, et à interpréter la tristesse comme la joie? Des hommes du plus grand mérite ont loué nos efforts pour faire un ouvrage utile, nous ne pensons pas cependant être à l'abri de la critique : peut-on espérer d'être parfait?

Mais nous ne croirons pas avoir tout-à-fait perdu notre temps si la faiblesse et les défauts de notre ouvrage peuvent porter des écrivains plus habiles à en faire un meilleur, et nous profiterons de leurs conseils et de leurs avis.

Il n'est pas donné à tout le monde d'avoir reçu de la nature ce qu'on ne peut acquérir même par l'étude la plus assidue, et, comme l'a dit un auteur recommandable par la profondeur de ses idées : « Jeune artiste, ne demande pas ce que c'est que le génie ; si tu en as, tu le sauras bien, si tu n'en as pas, tu ne le connaîtras jamais. »

Aussi, n'avons-nous pas même essayé d'aborder ce que nous ne pouvions pas atteindre. Nous avons fait notre possible pour nous exprimer clairement, mais nous n'avons point cherché l'élégance ; au reste, ce ne sont pas toujours ceux dont les ouvrages brillent surtout par un style recherché qui sont les meilleurs guides.

Nous n'hésitons pas à employer plusieurs fois les mêmes expressions lorsqu'il s'agit de présenter quelque chose qu'il

faut que la mémoire retienne , et le but proposé aura été
atteint si nous pouvons faciliter l'étude d'un art qui , de
tout temps , a eu sur le cœur humain la plus grande
influence.

DIVISION DE L'OUVRAGE.

Nous avons divisé les *Secrets de la Musique* en deux parties : 1° traité de la composition des gammes mélodiques; 2° traité de la composition des gammes harmoniques; c'est-à-dire que, dans ces deux traités, nous donnons des moyens pour parvenir à la composition de la mélodie et de l'harmonie.

Le premier traité est divisé en quatre parties distinctes : dans la première, on traite des principes élémentaires, c'est-à-dire des sons, de leur nomination, des degrés, des clés, des signes accidentels, des intervalles, etc.; dans la deuxième, nous parlons du diapason des voix et des instruments et de

leurs tablatures ; dans la troisième, il est question
de la composition des gammes diatoniques et d'autres différentes gammes très-utiles pour la composition de la mélodie ; dans la quatrième, il est parlé
du rhythme, c'est-à-dire qu'on fait connaître la valeur des notes et des mesures ; on y trouve aussi des
moyens pour déchiffrer ; on y parle de la gamme
mesurée, du métronome et de l'exécution des ornements.

Le deuxième traité est divisé en cinq parties.
Dans la première, on traite de la transposition ; dans
la deuxième, on parle des incidents harmoniques,
des moyens de mettre en accord différents sons et
comment on les dispose en partition, etc., etc.; dans
la troisième, il y a des chapitres sur les notes harmoniques, les modulations, les mouvements des
parties ; il y a aussi des règles d'harmonie ; on parle
des notes étrangères, de l'altération des notes harmoniques, etc. ; dans la quatrième, on traite de la
composition des gammes harmoniques, c'est-à-dire
de la haute composition, du contre-point, de la
fugue, des duos, trios, quatuors; des moyens pour
faire des accompagnements ou des variations à un
air, et de la manière d'appliquer les paroles aux
notes ; on donne ensuite une table générale en demandes et en réponses, qui résume le premier volume, dans la cinquième, on y traite du plain-chant.

Nota. Nous avons préféré mettre les exemples de musique dans un petit volume à part, afin de ne pas interrompre
les explications; par conséquent, nous avons divisé tous les
exemples de musique en tableaux et en figures, dont chacune

contient plusieurs exemples. Souvent une figure ne se compose que d'un exemple; alors le mot *figure* est peut être impropre, mais pour être compris nous avons été obligés d'agir de la sorte. En tête de chaque chapitre, il y a le numéro du tableau dans lequel on trouve les exemples qui s'accordent avec les explications; ainsi, lorsqu'on voudra consulter un chapitre quelconque, on n'aura qu'à regarder le numéro du tableau posé en tête, et l'on trouvera les exemples auxquels on veut avoir recours.

Nota. Les personnes qui auraient des observations à faire sur cet ouvrage, soit pour se faire expliquer quelque point qu'elles n'auraient pas bien saisi, soit pour discuter sur quelque fait musical, ou pour quelque envoi, pour souscrire à une nouvelle édition de l'ouvrage, celle-ci étant presque épuisée par les souscripteurs, pourront écrire *franco* à l'adresse suivante :

M. AYNÉ, *libraire et marchand de musique, rue Saint-Dominique, n.* 11, pour remettre aux auteurs des *Secrets de la Musique* (Lyon).

Le prix de la souscription est de dix francs payables à la réception de l'ouvrage, qui se vendra toujours vingt francs pour les non-souscripteurs.

PREMIER TRAITÉ.

DE LA COMPOSITION DES GAMMES MÉLODIQUES.

SECRETS DE LA MUSIQUE.

CHAPITRE I.

(Tableau N° 1.)

Du Son musical.

Il nous paraît inutile de donner ici la définition du son musical, car il n'y a personne qui n'ait entendu chanter quelque air ou jouer de quelque instrument. Or, le son musical n'est autre chose que le bruit produit par quelqu'un qui chante ou qui joue d'un instrument.

On exprime avec des sons, aussi bien qu'avec la parole, les divers sentiments que le cœur humain peut éprouver.

Il n'existe, pour notre oreille, que douze sons différents les uns des autres. En les plaçant, l'un après l'autre, en forme d'échelle, et en se servant d'un point noir pour marquer chacun de ces sons, nous aurons la figure N° 1 du premier tableau. Dans cette figure, nous voyons que, à côté de chaque point noir, il y a un numéro. Chaque point noir est sensé indiquer un son, et par chaque numéro, à côté du point noir, on indique le rang qu'il occupe dans le système musical, quant au son grave et au son aigu ; car il y a des sons qu'on appelle graves ou bas, et des sons qu'on appelle aigus ou hauts.

Ainsi le point noir N° 1 exprimerait ici le son le plus grave, et le point N° 12 le son le plus aigu.

Le son N° 2 serait plus haut que le son N° 1 , et plus bas que le son N° 3; ainsi de suite.

Ces douze sons peuvent être répétés neuf fois. On peut même répéter dix fois le premier, comme nous pouvons le voir à la figure N° 2, et par une accolade on embrasse, comme nous voyons, chaque quantité de douze sons qui sont désignés par 1re, 2e, 3e série, etc., jusqu'à la 9°.

Il faut observer que les douze sons de la 2e série sont plus aigus que ceux de la 1re; que ceux de la 3e et 4e, etc., sont plus aigus que les sons d'une série inférieure. Nous venons de voir que le nombre des sons saisissables s'élève à 109 ; mais ce nombre pourrait être encore plus considérable, si notre ouïe était assez parfaite pour distinguer les sons qu'on pourrait faire de plus.

Le son N° 1 de la 1re série est le son le plus bas que notre oreille puisse saisir, et le son N° 109 est le plus aigu qui existe. De nos jours, aucun instrument n'a assez d'étendue pour rendre cette quantité de sons.

Le piano et les orgues, qui sont les instruments ayant le plus d'étendue, ne commencent que par le N° 1 de la 2e série , et n'arrivent que jusqu'au son N° 1 de la 9e.

Malgré toute cette quantité de sons , il n'existe pourtant, comme nous l'avons déjà dit, que douze sons distincts entre eux , quoiqu'il y ait une certaine différence entre les douze sons d'une série, et les douze sons d'une autre série.

Pour mieux faire comprendre cela, nous allons donner un exemple.

Supposons qu'une femme chante un air de romance, et qu'un homme possédant une voix de basse, chante aussi le même air, en même temps, et ensemble:

Nous pourrons facilement distinguer qu'il y a une différence entre les sons aigus de la voix de cette femme, et les sons graves de la voix de cet homme; cependant nous entendrons qu'ils chantent tous deux le même air, c'est-à-dire qu'ils rendent tous deux les sons dont l'air se compose.

Nous pourrons conclure de là, que les sons dont on se sert pour former un air, peuvent se trouver classés dans différentes séries, c'est-à-dire dans des séries basses ou aiguës, et chacun des douze sons peut se classer en neuf séries. Si nous entendons sur un piano frapper en même temps, et ensemble les sons N° 1 de chaque série, il nous paraîtra n'entendre qu'un seul son ; cependant notre oreille sera frappée par des sons graves et des sons aigus ; mais si après les sons N° 1 on nous fait entendre ceux des N°s 2, 3, 4, 5, etc., c'est alors que notre oreille distinguera un véritable changement de sons.

Les sons de la figure N° 2 sont placés selon leur ordre de gravité; ainsi le son N° 1 de la 3ᵉ série est plus haut que le son N° 12 de la 2ᵉ série, et que tous les sons qui se trouvent dans les séries inférieures ; il est par conséquent aussi plus bas que le son N° 2 de la même série, et que tous les autres sons des séries supérieures. Faisons le même raisonnement en partant d'un son quelconque : comparons-le avec un autre, et sachons distinguer le plus bas du plus haut.

CHAPITRE II.

(Tableau N° 1.)

Des Degrés.

Nous savons qu'un mètre sert pour mesurer une longueur; ainsi il existe une distance d'un bout du mètre à l'autre, et cette distance porte le nom de mètre.

Nous dirons aussi qu'il y a une distance entre deux sons différents.

Nous savons aussi que le mètre se divise en quarts de mètre, et que deux demi-mètres font un mètre.

Nous nous servirons du mot degré au lieu du mot mètre, et du mot demi-degré au lieu du mot demi-mètre.

Ainsi nous dirons qu'entre deux sons différents qui se suivent de près, par exemple du son N° 1 de la 3e série (fig. N° 2), au son N. 2 de la même série, nous montons à la distance d'un demi-degré. Du son N₀ 2 au son N° 3 de la même série, il y a aussi la distance d'un demi-degré, ainsi de suite d'un son à l'autre tels qu'ils sont posés dans cette figure N° 2, il y a toujours la distance d'un demi-degré. D'après cela, si l'on nous demandait combien il y a de degrés du son N° 1 de la 2ᵉ série au son N° 3 de la 3ᵉ série, nous répondrions qu'il y a quatorze demi-degrés, ce qui fait sept degrés. Du son N° 1 au son N° 2, on monte à la distance d'un demi-degré, on fait de même du son N° 2 au son N° 3, ainsi de suite. Il y aura donc quatorze demi-degrés pour arriver au son N° 3 de la 3ᵉ série.

Si l'on nous demandait de combien de degrés le son N° 5 de la 4ᵉ série est éloigné du son N° 10 de la 2ᵉ série, nous répondrions que l'on descend de neuf degrés et demi pour arriver du son N° 5 de la 4ᵉ série au son N° 10 de la 2ᵉ série; en effet, du son N° 5 au son N° 4, il y a un demi-degré; du son N° 4 au son N° 3, il y a un autre demi-degré; ainsi de suite, en suivant de la même manière, nous verrons qu'il y a la distance de neuf degrés et demi.

Le son N° 1 de la 1ʳᵉ série est éloigné de cinquante-quatre degrés du son N° 1 de la 10ᵉ série.

Les raisonnements que nous venons de faire servent à démontrer qu'un son comparé à un autre est plus ou moins grave ou plus ou moins aigu, selon la distance plus ou moins grande qui existe entre eux.

CHAPITRE III.

(Tableau N₀ 1.)

Des noms à donner aux différents Sons.

Pour former des airs on fait succéder des sons.

Il y a une espèce de succession de sons qu'on appelle, en musique, gamme diatonique majeure : elle est si agréable à entendre et si facile à saisir, que tous les peuples, ceux mêmes qui n'ont aucune notion de musique savent la faire ; par elle, on produit la plupart des airs de musique, et c'est cellequi joue le plus grand rôle dans le système musical.

Les sons qui concourent à former la gamme diatonique majeure sont au nombre de sept.

On peut commencer par un son quelconque, et on l'appellera *son tonique*, le *son* qui succèdera au *son tonique* s'appellera *sous-médiant*, le suivant *médiant*, les autres : *sous-dominant, dominant, sous-sensible* et *sensible*. On doit procéder de la manière suivante pour faire succéder les sept sons.

Supposons qu'on veuille partir du son N° 1 de la 1re série, on fera succéder les sons N°s 3, 5, 6, 8, 10, 12. Le son N° 1 s'appellera par conséquent *tonique*, le son N° 3 *sous-médiant*, le son N° 5 *médiant*, le son N° 6 *sous-dominant*, le N° 8 *dominant*, le N° 10 *sous-sensible*, et le N° 12 *sensible*.

Par la succession des numéros ci-dessus, nous pouvons remarquer que d'un son à celui qui succède en montant, il y a la distance d'un degré, excepté du son N° 5 au son N° 6, c'est-à-dire du *médiant* au *sous-dominant*, où l'on ne compte qu'un demi-degré.

Ainsi, nous ferons *gamme diatonique majeure* toutes les fois qu'en partant d'un son quelconque, nous en ferons succéder sept, de manière que d'un son à celui qui succède en montant, nous fassions exister la distance d'un demi-degré, excepté entre le *médiant* et le *sous-dominant*, où il ne doit y avoir que la distance d'un demi-degré, comme nous venons de le voir.

Nous devons nous exercer à faire des gammes diatoniques majeures en prenant pour modèle l'exemple qui se trouve dans la figure N° 3, où l'on commence la gamme diatonique majeure par le son N° 2 de la 1re série. Il est facile de voir que nous pouvons faire douze différentes gammes diatoniques majeures, puisque, comme nous le verrons au chapitre de la formation des gammes, nous pouvons commencer par chacun des douze sons d'une série.

La gamme qui commence par le son N° 1, et qui se compose des sons N° 3, 5, 6, 8, 10 12 (voir plus haut), s'appelle naturelle. Nous appellerons naturels les sons qui la composent.

Voici les noms qu'on a donnés aux sept sons naturels :

> *Do* pour le son N° 1.
> *Ré* pour le son N° 3.
> *Mi* pour le son N° 5.
> *Fa* pour le son N° 6.
> *Sol* pour le son N° 8.
> *La* pour le son N° 10.
> *Si* pour le son N° 12.

Par la figure N° 2, nous voyons que cette espèce de gamme peut être répétée neuf fois, puisque dans chaque série, on a les sons N° 1, 3, 5, 6, 8, 10, 12. Ainsi, le son N° 1 de chaque série s'appellera *do*. Le son N° 3 de chaque série s'appellera *ré*, ainsi de suite.

Il faut nous rappeler le N° du son indiqué par les mots ci-dessus, et remarquer d'après le chapitre II, le nombre de degrés qu'il y a entre deux sons naturels quelconques, qui seront désignés par les mots

ci-dessus. Par exemple, les deux mots *mi*, *fa*, désignés par les N°s 5, 6 d'une même série, expriment
deux sons qui se trouvent à un demi-degré de distance l'un de l'autre. Il en sera de même des deux
mots, *si*, *do*.

CHAPITRE IV.

(Tableau N° 1.)

De la succession irrégulière des syllabes.

En unissant les monosyllabes do, ré, mi, fa, sol,
la, si, do, on a un seul mot dont la première syllabe
est *do*, la deuxième *ré*, ainsi de suite. Donc, si l'on
demande quelle est la syllabe qui doit succéder immédiatement à do en montant, c'est-à-dire de gauche à droite, on répondra que c'est la syllabe *ré*,
après celle-ci vient immédiatement, en montant, la
syllabe *mi*, ainsi de suite.

On appelle cela succession régulière des syllabes
en montant.

Si l'on demande quelle est la syllabe qui doit succéder immédiatement à *si*, en descendant, c'est-à-
dire de droite à gauche, on répondra que c'est la
syllabe *la* ; puis vient, en descendant, la syllabe *sol*,
ainsi de suite.

On appellera cela succession régulière des syllabes
en descendant, et en prononçant successivement ces
syllabes, on a *do*, *si*, *la* ; *sol*, *fa*, *mi*, *ré*, *do*.

Si l'on demande quelle est la tierce de *do* en

montant, c'est-à-dire la troisième syllabe en partant de do, on répondra que c'est la syllabe *mi*. Exemple : Do, ré, mi ; et la tierce de *do*, en descendant, c'est la syllabe *la*, exemple : Do, si, la ; si l'on demande quelle est la tierce de *fa* en montant, c'est-à-dire la troisième syllabe en partant de *fa*, on répondra que c'est la syllabe *la* ; exemple : *fa, sol, la* ; et la tierce de *fa* en descendant, c'est la syllabe *ré* ; exemple : *fa, mi, ré*. Si l'on demande quelle est la quarte de *ré* en montant, c'est-à-dire la quatrième syllabe en partant de *ré*, on répondra que c'est la syllabe *sol* ; exemple : *ré, mi, fa, sol*, et la quarte de *ré* en descendant, c'est *la* ; exemple : *ré, do, si, la.*

La quinte de *mi* en montant est *si* ; exemple : *mi, fa, sol, la, si*, et en descendant, c'est *la* ; exemple : *mi, ré, do, si, la.*

La sixte de *sol* en montant est *mi* ; exemple : *sol, la, si, do, ré, mi* ; et en descendant, c'est *si* ; exemple : *sol, fa, mi, ré, do, si.*

La septième de *ré* en montant est *do* ; exemple : *ré, mi, fa, sol, la, si, do* ; et en descendant, c'est *mi* ; exemple : *ré, do, si, la, sol, fa, mi.*

L'octave de *fa* en montant, c'est-à-dire la huitième syllabe en partant de *fa*, est *fa* ; exemple : *fa,*

sol, la, si, do, ré, mi, fa, et en descendant c'est aussi
2   3   4   5   6   7   8
fa ; exemple : *fa, mi, ré, do, si, la, sol, fa.*
1   2   3   4   5   6   7   8

La seconde de *ré* en montant, c'est-à-dire la deuxième syllabe en partant de *ré* est *mi ;* exemple : *ré, mi*, et en descendant c'est *do ;* exemple : *ré, do.*
1   2   1   2

Quand les syllabes se succèdent par tierce, quarte, quinte, sixte, septième et octave, on appelle cela succession irrégulière de syllabe ; exemple : *do, mi, la, ré.*

CHAPITRE V.

(Tableau Nº 2.)

Des moyens qu'on a pour exprimer les idées.

Nous avons dit qu'avec des sons, on peut, comme avec la parole, exprimer des sentiments.

Pour transmettre les pensées musicales, on se sert de certains moyens que nous allons faire connaître, et c'est ensuite par la lecture des sons écrits qu'on parvient à comprendre les pensées musicales.

Un exécutant en musique est comme celui qui lit à haute voix un discours à plusieurs personnes, et qui cherche soit par le ton de sa voix, soit par le geste, à faire comprendre ce qu'il lit.

Anciennement, et encore de nos jours, dans certain pays de l'Europe, on se sert de quelques lettres de l'alphabet, posées sur des lignes en forme d'échelle pour exprimer les différents sons. En France, en Italie, en Espagne, etc., on se sert d'autres moyens pour exprimer toute la série des sons , et pouvoir les distinguer les uns des autres.

Voici les moyens dont on se sert, nous les traiterons chacun séparément.

1o On emploie des points noirs;

2o Des portées;

3o Des lignes supplémentaires;

4o Des clés.

Les points noirs tels que nous avons vus dans le 1er tableau, aux figures Nos 1, 2, 3, sont appelés, en terme de musique, *notes*; ce mot dérive du verbe noter : en effet les points noirs servent à noter des sons.

CHAPITRE VI.

(Tableau No 2.)

De la Portée.

Le mot *portée* dérive du verbe porter. En musique, ce mot signifie porter des notes. La portée est une réunion de cinq lignes horizontales, posées en forme d'échelle, comme on peut le voir par la figure No 1 du 2e tableau.

On compte les lignes en commençant par en bas , comme on compterait le premier échelon d'une échelle dont on se servirait pour monter. On peut voir cela par les Nos posés en tête de chaque ligne à la figure No 1.

D'une ligne à l'autre, on laisse un espace qui s'appelle *interligne*, ce qui veut dire espace entre une ligne et une autre. Cet espace peut être plus ou moins grand. Quand l'espace est grand, on l'appelle *grande portée*, et quand il est petit on l'appelle *petite portée*. La portée peut être plus ou moins longue, selon la largeur du papier. On appelle papier de musique celui sur lequel sont tracées plusieurs portées.

D'une portée à une autre, il y a un espace qui peut être plus ou moins grand, selon la quantité de portées qu'on veut faire contenir dans une page. Il y a du papier de musique, dit *à l'italienne*, qui est plus large que long, et du papier de musique, dit *à la française*, qui est plus long que large.

L'endroit à gauche, où la portée commence, s'appelle *tête de la portée*.

Les théoriciens ont pris le parti de ne placer, sur la portée, que les points noirs qui désignent des sons naturels, et en examinant la figure N° 2 du 1ᵉʳ tableau, on voit qu'il y en a 64. Ceux de la 1ʳᵉ et de la 9ᵐᵉ séries n'étant point usités, on en aura 50, c'est-à-dire qu'on aura 50 notes à placer sur la portée. Nous verrons plus loin comment on doit désigner les sons altérés. Nous appellerons altérés tous les sons qui ne sont point naturels.

Il y a deux manières de poser les points noirs sur une portée : 1° sur les lignes ; 2° sur les interlignes ou en dehors de la 1ʳᵉ et de la 5ᵐᵉ lignes. (Voir la figure N° 2).

A la figure N° 3, par le mot *marche*, on désigne plus clairement l'endroit où l'on peut placer la note : ainsi la note N° 5 est posée sur la marche N° 5.

Il importe de savoir bien distinguer dans quelle *marche* se trouve une note quelconque.

La note posée sur la marche Nº 1 , c'est-à-dire en dehors de la première ligne, désignerait un son plus grave que tous les autres sons posés à des marches supérieures : par conséquent, la note posée à la marche supérieure Nº 2, désignerait un son moins grave que celui indiqué par la note posée à la marche inférieure Nº 1 , et plus grave que celui indiqué par la note posée à la marche supérieure Nº 3. Ainsi , à mesure qu'on montera à des marches supérieures , on arrivera à des sons plus aigus , et à mesure qu'on descendra à des marches inférieures, on arrivera à des sons toujours plus graves.

Si l'on demandait quelle est la note en montant qui devrait succéder immédiatement à la note Nº 5 , on devrait répondre que c'est la note Nº 6, qui est placée à une *marche* supérieure, c'est-à-dire la note placée sur la 3ᵐᵉ ligne ; et si l'on demandait quelle est la note qui devrait succéder immédiatement en descendant de la note Nº 5 , il faudrait répondre que c'est la note Nº 4 , placée à une *marche* inférieure , c'est-à-dire la note placée sur la 2ᵐᵉ ligne.

Examinons maintenant la figure Nº 4. Si l'on demande combien de *marches* on laisse vides de la note Nº 1 à la note Nº 2 , on répondra qu'on laisse trois marches vides, c'est-à-dire les *marches* Nºˢ 3 , 4 , 5, où l'on pourrait placer des notes , comme on peut le voir par la figure Nº 3.

Il faut s'exercer à poser des notes sur une *marche* quelconque , à connaître combien de *marches* on laisse vides d'une note à l'autre, et à dire sur quelle marche une note se trouve posée.

Quand après une note on fait succéder immédiatement, en montant, celle qui se trouve à une marche suivante, comme aux exemples Nᵒˢ 1, 2, 3 de la figure Nᵒ 5, on appelle cela succession régulière de notes en montant : en effet, on voit qu'après chaque note on fait succéder celle qui se trouve placée immédiatement à une *marche* supérieure.

Quand après une note on fait succéder celle qui se trouve immédiatement à une *marche* inférieure, comme aux exemples Nᵒˢ 1, 2, 3 de la figure Nᵒ 6, on appelle cela succession régulière de notes en descendant : en effet, on voit qu'après une note on fait succéder celle qui se trouve placée immédiatement à une *marche* inférieure.

Quand après une note on fait succéder celle qui se trouve immédiatement posée tantôt à une marche supérieure, tantôt à une *marche* inférieure, comme on peut le voir à la figure Nᵒ 7, on appelle cela succession régulière de notes en montant et en descendant.

En terme de musique, au lieu de dire succession régulière de notes en descendant et en montant, on dit succession de notes par *degrés conjoints*, ou notes marchant par *degrés conjoints*.

Quand après une note on fait succéder celle qui se trouve placée à deux ou plusieurs *marches* supérieures ou inférieures, on appelle cela succession irrégulière de notes en montant ou en descendant. (Voyez, par exemple, la figure Nᵒ 8.)

En terme de musique, au lieu de dire succession irrégulière de notes, on dit *succession de notes par degrés disjoints*, ou *les notes marchent par degrés disjoints*.

CHAPITRE VII.

De la manière de nommer les notes sur la portée.

Au lieu d'employer les locutions suivantes : la
note posée sur telle ou telle ligne , afin de désigner
tel ou tel son, on doit se servir, comme nous avons
déjà vu, des syllabes *do*, *ré*, *mi*, *fa*, *sol*, *la*, *si*, pour
nommer les différents sons posés sur la portée , et
nous verrons plus loin à quelle série ils appartiennent.

Il y a plusieurs manières de nommer les notes.
On peut donner le nom d'une des sept syllabes ci-
dessus à une note quelconque , n'importe dans
quelle *marche* elle puisse se trouver ; mais il y a une
règle à suivre , et la voici :

Il faut d'abord déterminer un nom à une note
placée sur une des onze marches, et l'on doit écrire
ce nom en tête de la portée sur la *marche* que l'on a
déterminée.

Ainsi , en supposant que vous appelez *do* la note
placée sur la *marche* N° 2 , vous écrirez la syllabe
do en tête de la portée sur cette *marche*, c'est-à-dire
sur la 1re ligne , ensuite vous placerez des notes
n'importe dans quelle *marche*, comme vous voyez à
la figure N° 9. Par cette syllabe *do* ainsi placée, vous
pourrez nommer toutes les notes qui se trouvent à la
figure N_o 9 , raisonnant ainsi qu'il suit :

Puisque la note posée sur la 1re ligne s'appelle

do, (voyez le signe X posé sur la 1re ligne, lequel signe, ainsi que les autres, placés sur la portée, tient la place d'une note que l'on pourrait mettre sur la marche) ; la note N° 1, placée à une marche supérieure, s'appellera *ré*, parce que si l'on se rappelle le chapitre IV qui traite de la succession régulière des syllabes, soit en montant, soit en descendant, on sait qu'après la syllabe *do*, succède, en montant, la syllabe *ré*. Puisque la note N° 1 s'appelle maintenant *ré* comme nous venons de le voir, la note N° 2, qui se trouve à une *marche* supérieure, s'appellera *mi*, parce qu'après la syllabe *ré* vient en montant la syllabe *mi*.

Puisque la note N° 2 s'appelle maintenant *mi*, comme nous venons de le voir, le signe X, qui tient ici la place d'une note, et qui se trouve à une marche inférieure, s'appellera *ré*, parce que, après la syllabe *mi*, succède en descendant la syllabe *ré* ; par conséquent la note N° 3, qui se trouve à une marche inférieure du signe X, et à deux *marches* au-dessous de la note N° 2, s'appellera *do*, parce que à la syllabe *ré* doit succéder, en descendant, la syllabe *do*.

Puisque la note N° 3 s'appelle *do*, comme nous venons de le voir, en appelant *ré* le signe X qui se trouve à une marche supérieure, et en appelant *mi* l'autre signe X qui se trouve à deux marches supérieures, nous appellerons *fa* la note N° 4, placée à une marche supérieure au dernier signe X, et à trois marches au-dessus de la note N° 3.

Puisque le note N° 4 s'appelle *fa*, comme nous venons de le voir, la note N° 5, placée à une marche inférieure s'appelle *mi*, parce que après la syllabe *fa* doit succéder en descendant la syllabe *mi*. Faites le même raisonnement pour nommer toutes les notes de la figure N° 9.

Examinons la figure No 10 ; dans cette figure nous avons placé, en tête de la portée, la syllabe *do* sur la 3me ligne, par conséquent en appelant *do* le signe X, posé sur la 3me ligne, en appelant *si* le signe X, posé à une *marche* inférieure, et en appelant *la* le signe X posé à une nouvelle marche inférieure, il faudra conclure que la note N° 1, placée à une marche inférieure au dernier signe X, s'appellera *sol*. Faites le même raisonnement pour parvenir à la dénomination de toutes les notes de la figure N° 10.

Examinons la figure N° 11. Nous avons placé la syllabe *la* entre la 2me et la 3me ligne, par conséquent en appelant *la* le signe X posé entre la 2me et la 3me ligne, lequel signe tient la place d'une note, on appellera *sol* la note N° 1, posée à une marche inférieure, etc. Faites le même raisonnement pour donner un nom à toutes les notes de cette figure.

D'après ces observations, on voit qu'on aurait bien des manières de nommer les notes, puisque chacune des sept syllabes peut se placer sur onze marches ; on aurait 77 manières.

Tout consiste à déterminer d'abord, en tête d'une portée, le nom de telle ou telle note pour savoir comment on doit nommer toutes les autres qui s'y trouvent.

On conclura qu'une syllabe posée sur une marche sert à donner le nom aux notes posées sur la même marche. En procédant ensuite par succession régulière de syllabes , soit en montant , soit en descendant, selon la position de la note , on trouvera aisément le nom des autres notes posées sur des *marches* différentes , comme nous avons vu aux exemples donnés.

Les 77 manières de nommer les notes ne sont pas toutes usitées. On ne se sert que de quelques–unes, comme nous le verrons plus loin.

CHAPITRE VIII.

(Tableau N₀ 2.)

Les clés.

Les théoriciens au lieu d'écrire en tête de la portée une des syllabes do , ré , mi , etc. , sur une des onze marches , ont imaginé des signes qui tiennent lieu de ces syllabes.

Nous avons dit plus haut , qu'anciennement on se servait de certaines lettres de l'alphabet pour indiquer les sons. On se sert de la lettre C pour désigner le son *do*, de la lettre D pour le *ré*, de la lettre E pour le *mi*, de la lettre F pour le *fa* , de la lettre G pour le *sol* , de la lettre A pour le *la* , de la lettre B ou X pour le *si*.

Chacune de ces lettres peut être placée sur une *marche* quelconque de la portée. (Voyez figure N° 12). Ainsi à la figure N° 9 , par exemple , nous avons vu , qu'en tête de la portée, on a écrit la syllabe *do* sur la 1re ligne , ce qui veut dire qu'il faut nommer *do* toutes les notes posées sur la 1re ligne. Maintenant au lieu d'écrire la syllabe *do*, nous mettrons à la place la lettre *C* , posée sur la 1re ligne ; car nous savons que la lettre *C* désigne le son *do*. Le placement d'une de ces lettres sur une *marche* , au lieu d'y écrire une des sept syllabes , a été généralement adopté ; ces lettres , en terme de musique , s'appellent clés : ainsi , au lieu de dire la lettre *C*, qui sert à remplacer la syllabe *do* , on dira la clé de *do*.

Au lieu de dire la lettre *D* , qui sert à remplacer la syllabe *ré*, on dira la clé de *ré*.

Au lieu de dire la lettre *E* , qui sert à remplacer la syllabe *mi* , on dira la clé de *mi*.

Au lieu de dire la lettre *F*, qui sert à remplacer la syllabe *fa* , on dira la clé de *fa*.

Au lieu de dire la lettre *G* , qui sert à remplacer la syllabe *sol* , on dira la clé de *sol*.

Au lieu de dire la lettre *A*, qui sert à remplacer la syllabe *la* , on dira la clé de *la*.

Au lieu dire la lettre *B* ou *X* , qui sert à remplacer la syllabe *si* , on dira la clé de *si*.

Le mot *clé* veut dire , que par un signe posé sur une des *marches*, on détermine le nom que les notes doivent avoir ; on doit donc conclure que la clé sert à donner le nom aux notes.

Les théoriciens , regardant comme inutiles les 77 manières de nommer les sons , n'en ont employé que quatre , c'est-à-dire qu'ils ne se servent que de la clé de *fa* posée sur la 4me ligne.

De la clé de *do* posée sur la 3ᵐᵉ et la 4ᵐᵉ ligne.

Et de la clé de *sol* posée sur la 2ᵐᵉ ligne.

De nos jours, la clé de *fa*, représentée par la lettre *F*, à cause de sa forme peu facile à être distinguée sur quelle *marche* elle serait placée, a été transformée en ce signe 𝄢, la 4ᵐᵉ ligne de la portée doit passer au milieu des deux petits traits qui se trouvent au haut de ce signe, comme on peut le voir à la figure Nᵒ 13. La clé de *sol*, représentée par la lettre *G*, a été par le même motif remplacée par le signe 𝄞. La 2ᵐᵉ ligne de la portée doit traverser l'anneau du milieu, comme on peut le voir à la figure Nₒ 14.

La clé de *do*, représentée par la lettre *C*, a été par le même motif remplacée par le signe 𝄡. La 3ᵐᵉ ou la 4ᵐᵉ ligne de la *portée* doit traverser le milieu de ce signe, comme on peut le voir à la figure Nᵒ 15.

On voit qu'en musique on ne fait usage que de trois espèces de clés, de la clé de *fa*, de la clé de *do* et de la clé de *sol*. On se sert aussi de la clé de *fa* posée sur la 3ᵐᵉ ligne, ainsi que de la clef de *do* sur la 1ʳᵉ et la 2ᵐᵉ ligne, dans le cas de transposition musicale, comme nous le verrons ci-après.

On placera en tête de la portée une de ces trois clés, on se tracera des notes, et l'on s'exercera à les nommer. D'ailleurs, voici une manière d'apprendre à lire de suite les notes selon la clé :

Il suffit de retenir, pour la clé de *fa* posée sur la 4ᵐᵉ ligne, le mot solsiréfala. Pour la clé de
1 2 3 4 5
do, posée sur la 4ᵐᵉ ligne, le mot réfaladomi.
1 2 3 4 5
Pour la clé de *do*, posée sur la 3ᵐᵉ ligne, le mot

faladomisol. Pour la clé de *sol* , posée sur la 2me
ligne, le mot mi sol si ré fa. Chacun de ces quatre
mots se compose de cinq syllabes, comme on peut
le voir par les numéros posés en dessous.

La syllabe N° 1 , de chaque mot , est destinée à
faire connaître le nom de la note posée sur la 1re
ligne. La syllabe N° 2 , de chaque mot, fait connaître le nom de la note posée sur la 2me ligne. La
syllabe N° 3 , de chaque mot , fait connaître le nom
de la note posée sur la 3me ligne , ainsi de suite. On
ne sera pas plus embarrassé pour nommer les notes
posées dans les interlignes ; car sachant , par exemple , que la note posée sur la 1re ligne s'appelle *sol*,
on saura que celle qui se trouve à une marche supérieure , c'est-à-dire entre la 1re et la 2me ligne , s'appellera *la*, etc.

CHAPITRE IX.

(Tableau N° 2.)

Des notes barrées.

A la figure N° 2 du deuxième tableau , nous avons
vu qu'on a le moyen de désigner onze sons naturels
sur une portée de cinq lignes ; mais comme il y a
50 sons naturels , nous devons chercher comment
on peut désigner les 39 sons naturels qui nous
restent.

En faisant, par exemple , une portée de 25 lignes,

on pourrait placer jusqu'à 55 sons naturels ; mais celui qui doit lire la musique ne pourrait pas , au premier coup-d'œil , distinguer le numéro de la ligne où la note se trouverait placée , et c'est en connaissant avec promptitude dans quelle marche la note se trouve , qu'on peut savoir quel son on doit faire.

Pour ces raisons , on a préféré la portée ne contenant que cinq lignes , et l'on a employé les moyens que voici , pour former une portée de 39 sons naturels qui nous restent encore.

A la grande portée on peut ajouter en dessus et en dessous une petite portée , se composant aussi de cinq lignes et de dix *marches* , sur lesquelles on peut placer des notes. (Voyez les figures Nos 16 et 17). Il est inutile de répéter que la note, qui serait posée en dehors de la 1re ligne d'une petite portée en dessous, désignerait le son le plus grave , et que celle posée en dehors de la 5me ligne d'une petite portée en dessus , désignerait le son le plus aigu.

On voit par la figure No 17 , que nous pouvons déjà désigner 31 sons naturels sur les 50 dont nous avons fait mention.

Les théoriciens voyant qu'une répétition constante de ces petites portées , sur un papier de musique , ne pourrait avoir lieu sans jeter de la confusion , sont convenus qu'après avoir placé une note sur une *marche* quelconque de la petite portée, au-dessus de la grande , on retrancherait les petites lignes qui se trouveraient au-dessous de la note ; que de même après avoir placé une note sur la petite portée , au-dessus de la grande , on retrancherait les petites lignes qui se trouveraient au-dessus de la note. Voici des exemples : Supposons qu'on veuille placer une note sur la 5me ligne de la petite portée en dessous (voyez figure N° 18) , en retranchant les quatre petites lignes qui se trouvent en dessous , on produira la note barrée N° 1.

Si l'on veut placer une note sur la marche N° 10 , c'est-à-dire entre la 4me et la 5me ligne (voyez la figure N° 19) , en retranchant les petites lignes qui se trouvent en dessous , on aura la note barrée N° 1. Si l'on veut placer une note sur la 1re ligne de la petite portée en dessus (voyez figure N° 20) , en retranchant les petites lignes qui se trouvent en dessus , on formera la note N° 1.

Ainsi, par ce moyen, on produit la figure N° 21 , où nous avons toutes les notes , dites *barrées* ou *soulignées*, qu'on peut placer au-dessous ou au-dessus de la grande portée. Ces barres , dont les notes sont traversées , s'appellent lignes supplémentaires , c'est-à-dire empruntées d'une nouvelle portée.

Le moyen que nous avons donné pour nommer les notes sur la grande portée , doit servir aussi pour leur dénomination , sur les deux petites portées; ainsi , en supposant que toutes les notes , de la fig. N° 21 , soient écrites sur la clé de *fa* , la note N° 11 s'appelant *fa* , la note N° 10 , qui se trouve à une marche inférieure , doit s'appeler *mi*, celle à une *marche* en dessous *ré* , ainsi de suite en descendant, comme on peut le voir à la même figure.

La note N° 21 , sur la clé de *fa* , s'appelant *si* , la note barrée N° 22 , qui se trouve à une *marche* suppérieure, s'appellera par conséquent *do*, la suivante, à une nouvelle *marche* supérieure , *ré* , ainsi de suite en montant.

On s'exercera à poser des notes barrées , écrites sur la clé de *fa*, et à les nommer. Voici un moyen qui pourra aider. Retenez le mot réfaladomi
pour les notes barrées , posées au-dessous de la grande portée , et le mot domisolsiré pour celles posées en dessus.

La syllabe N° 1 , de chaque mot, indique le nom de la note posée sur la 1re ligne de la petite portée.

La syllabe N° 2 indique le nom de la note posée sur la 2me ligne.

La syllabe N° 3 sert pour la note posée sur la 3me ligne , ainsi de suite.

Bien entendu, que pour savoir se servir de ce moyen , pour nommer une note barrée quelconque, il faut avoir présent à l'esprit la petite portée , et avoir égard aux lignes qui se trouvent retranchées.

Pour nommer les notes barrées , écrites sur la clé de *sol*, retenez le mot siréfalado pour les notes barrées au-dessous de la grande portée , et le mot ladomisolsi pour les notes barrées en dessus.

En examinant la figure N° 21 , vous pourrez de vous-mêmes trouver les mots pour nommer les notes barrées écrites sur la clé de *do*, posée sur la 3me et la 4me ligne.

CHAPITRE X.

(Tableau N° 3.)

Du croisement des notes et du Diapason des clés.

Une longue suite de notes barrées produirait de la confusion, et la grande portée deviendrait inutile. Pour éviter cela, et pour avoir le moyen de former les autres dix-neuf sons naturels, voici ce qu'on a établi :

Les notes écrites sur la clé de *fa*, doivent désigner la série des sons graves. (Voyez la figure N° 2 du 1er tableau.) Celles écrites sur la clé d'*ut*, doivent indiquer la série des sons du milieu, et celles écrites sur la clé de *sol* doivent indiquer la série des sons aigus.

Nous avons dit plus haut, que la série des douze premiers sons de la figure N° 2 du 1er tableau n'est pas usitée. Ainsi, le son le plus grave à désigner serait le son N° 13, et quand on voudra le désigner, on n'aura qu'à poser la clé de *fa* sur la 4me ligne, et écrire une note portant cinq barres au-dessous de la portée, comme on peut le voir à la figure N° 4 du 1er tableau. En partant de cette note, et en plaçant les autres trente notes selon leur ordre de succession, ainsi qu'on peut le remarquer dans cette figure, on voit qu'avec la clé de *fa*, à la 4e ligne, on peut désigner les 31 premiers sons naturels qui se trouvent dans les séries graves.

De même, par les trente-une notes placées sur la clé d'*ut* posée sur la 4e ligne, on pourra désigner les trente-un sons naturels du milieu en commençant par le son N° 20, comme on peut le voir à la même figure, et par les trente-une notes posées sur la clé de *sol*, on pourra de même désigner les trente-un sons naturels qui se trouvent aux séries aiguës en commençant par le son N° 34, comme on peut le voir à la figure N° 4 du 1er tableau.

Par la note portant cinq barres au-dessus de la portée, on arrive à désigner le son N° 97 qui s'appelle *do*.

Les sons de la huitième série n'étant que rarement usités, on les désigne par les notes barrées indiquant les sons de la septième série, avec la différence que les compositeurs ajoutent le mot *octave* avec un trait prolongé embrassant les notes qui doivent indiquer les sons d'une série supérieure, comme on peut le voir à la figure N° 4 du 1er tableau.

Il ne faut point de note pour désigner les sons de la neuvième série, puisqu'ils ne sont pas usités, ainsi que nous l'avons dit plus haut.

La clé de *fa* à la 3e ligne, n'est qu'une modification de la clé de *fa* à la 4e ligne; par conséquent, par les trente-une notes posées sur la clé de *fa*, à la 3e ligne, on désigne les trente-un sons naturels des séries graves, en commençant par le son N° 17.

Les clés d'*ut* posées sur la 3e, la 2e et la 1re ligne ne sont aussi que des modifications de la clé d'*ut* posée sur la 4e ligne, comme on peut le voir à la figure N° 4 du 1er tableau. On remarque aussi qu'il y a plusieurs moyens d'indiquer un même son;

ainsi, par exemple, le son N° 49, qui s'appelle *do*, peut se désigner, au moyen des clés, de sept manières différentes. Quand on désigne un même son par des clés différentes, cela s'appelle *unisson des clés*. *Diapason des clés* veut dire étendue des sons. Nous donnerons plus loin quelques détails sur ce mot.

Il faut remarquer aussi qu'au moyen des clés on peut désigner une grande quantité de sons sans faire usage des notes barrées. (Voir pour cela la figure N° 1 du 3ᵉ tableau, et ne pas perdre de vue le 1ᵉʳ tableau, afin de vérifier les explications suivantes) :

La note N°3 désigne le son N°41, qui s'appelle *mi*. On veut ensuite désigner le son N° 58, qui s'appelle *la ;* mais, pour le désigner au moyen de la clé de *fa*, il faudrait employer une note barrée ; pour éviter cela, qu'on susbtitue la clé de *sol* à la clé de *fa*, et l'on aura la note N° 4 qui indique précisément le même son. Pour les mêmes motifs, on peut substituer à la clé de *sol*, la clé de *fa*, posée sur la 3ᵉ ligne pour indiquer le son N° 36 ; et à la clé de *fa*, sur la 3ᵉ ligne, on peut substituer la clé de *sol*, pour indiquer le son N° 56.

On peut remarquer d'après cela, dans le 1ᵉʳ tableau, que les notes écrites sur une clé se croisent avec celles écrites sur une autre clé, parce que, à mesure que, sur une clé, les notes deviennent barrées, d'autres notes écrites sur une clé différente, quittent leurs barres et se trouvent sur la portée.

On appelle cela croisement des notes.

CHAPITRE XI.

(Tableau N° 3.)

Des signes accidentels.

On place quelquefois devant les notes des signes appelés accidentels. Ces signes sont au nombre de cinq, savoir : le *dièse*, le *double dièse*, le *bémol*, le *double bémol* et le *bécarre*. (Voyez la figure N° 2 du 3ᵉ tableau.) Ils se placent sur la même *marche* que la note, et avant de faire connaître leur propriété, nous allons voir comment on les place sur les *marches* de la portée.

Les deux traits Nᵒˢ 1 et 2 du dièse $\sharp^1_2$ doivent déterminer la *marche* où l'on veut le placer. Quand une des cinq lignes de la portée passe entre les traits Nᵒˢ 1 et 2, on dit que le *dièse* est placé sur la ligne. Ceci se comprendra aisément en voyant les dièses Nᵒˢ 2, 4, 6, 8, 10, de la figure N° 3 du 3ᵉ tableau.

Quand le trait N° 1 touche la ligne supérieure, et le trait N° 2 l'inférieure, on dit alors que le dièse est placé entre les lignes. (Voir les dièses Nᵒˢ 1, 3, 5, 7, 9, 11, fig. N° 3.)

L'anneau du *bémol* ♭ doit déterminer la *marche* où l'on veut le placer. Quand une des cinq lignes passe au milieu de l'anneau, on dit que le bémol est placé sur la ligne. (Voyez les *bémols* Nᵒˢ 2, 4, 6, 8, 10, fig. N° 3.) Quand les deux extrémités de l'anneau touchent la ligne supérieure et inférieure, on dit que le bémol est placé entre la ligne. (Voyez les

bémols N°ˢ 1, 3, 5, 7, 9, 11, dans le 3ᵉ tableau, fig.
N° 3.)

On suit la même règle pour placer le double bémol ♭♭.

Le double bémol a une barre de plus que le bémol.

Par le milieu du double dièse 𝕏, on détermine
aussi la marche sur laquelle il serait placé. Quand
une des cinq lignes passe au milieu du *double dièse*,
on dit qu'il est placé sur la ligne. (Voyez les *doubles*
dièses N°ˢ 2, 4, 6, 8, 10, dans le 3ᵉ tableau, fig.
N° 3.)

Quand l'extrémité des deux barres touche la ligne
supérieure et inférieure , on dit qu'il est placé entre
la ligne. (Voyez les doubles dièses N°ˢ 1, 3, 5, 7, 9,
11, dans le 3 tableau, fig. N° 3.)

Les deux traits N° 1 et 2 du bécarre ♮ doivent
déterminer la *marche* où il serait placé. Quand une
des cinq lignes passe entre les traits N°ˢ 1 et 2, on
dit que le *bécarre* est placé sur la ligne. (Voyez les
bécarres N°ˢ 2, 4, 6, 8, 10, 3ᵉ tableau fig. N° 3.)

Quand le trait N° 1 touche la ligne supérieure, et
le trait N° 2 la ligne inférieure, on dit que le bécarre est placé entre la ligne. (Voyez les bécarres
N°ˢ 1, 3, 5, 7, 9, 11, 3ᵉ tableau, fig. N° 3.)

CHAPITRE XII.

De la propriété des signes accidentels.

Nous avons vu comment on désigne tous les sons appelés *naturels*, c'est-à-dire les sons Nᵒˢ 1, 3, 5, 6, 8, 10, 12.

Nous devons maintenant nous occuper des sons Nᵒˢ 2, 4, 7, 9, 11, dont nous n'avons point fait mention. Qu'on reprenne le 1ᵉʳ tableau, et l'on verra comment on doit les désigner; en examinant la cinquième série, on remarquera que le son Nᵒ 2 se trouve à un demi-degré plus haut que le son Nᵒ 1, et à un demi-degré plus bas que le son Nᵒ 3.

Pour désigner le son Nᵒ 2, on n'a qu'à placer le signe *dièse* ♯ devant la note qui représente le son Nᵒ 1, ou le *bémol* ♭ devant la note qui représente le son Nᵒ 3. Il résulte de là que le *dièse* ♯ placé devant un son naturel a la propriété de hausser ce son d'un demi-degré, c'est-à-dire de le faire monter d'un demi-degré, et que le *bémol* ♭, placé devant un son naturel produit l'effet contraire, c'est-à-dire qu'il fait baisser d'un demi-degré le son sur lequel il se trouve. D'après cela, si devant la note *do*, qui représente le son Nᵒ 1, n'importe de quelle série, on place un *dièse* ♯, ce qui fera prononcer *do dièse*, par ce signe, on cesse de désigner le son Nᵒ 1; mais on désigne le son Nᵒ 2, qui se trouve à un demi-degré plus haut. (Voyez fig. Nᵒ 4, 3ᵉ tableau.)

Si devant la note *ré*, qui représente le son N° 3, n'importe de quelle série, on place un *bémol* ♭, ce qui ferait prononcer *ré bémol*, par ce signe on cesse de désigner le son N° 3; mais on désigne le son N° 2, qui se trouve à un demi-degré plus bas. (Voy. fig. N° 5, tableau N° 3.)

Il résulte de là que le son N° 2 d'une série quelconque, a une double dénomination puisqu'on peut l'appeler *do dièse* ou *ré bémol*. Si devant la note *ré*, qui représente le son N° 3, n'importe de quelle série, on place un dièse, ce qui ferait dire *ré dièse*, par ce signe on cesse de désigner le son N° 3; mais on désigne le son N° 4, qui se trouve à un demi-degré plus haut. (Voyez fig. N° 6.)

Si devant la note *mi*, qui représente le son N° 5, n'importe de quelle série, on place un *bémol* ♭, ce qui ferait prononcer *mi* bémol, par ce signe on cesse de désigner le son N° 5; mais on désigne le son N° 4, qui se trouve à un demi-degré plus bas. (Voy. fig. N° 7.)

Il résulte de là, que le son N° 4 a une double dénomination, puisqu'on peut l'appeler *ré* dièse ou *mi* bémol.

Si devant la note *mi*, qui représente le son N° 5, n'importe de quelle série, on place un dièse ♯, ce qui fera dire *mi* dièse, par ce signe on cesse de désigner le son N° 5; mais on désigne le son N° 6, qui se trouve à un demi-degré plus haut. Il est à remarquer que le son N° 6 s'appelle aussi *fa*. (Voyez fig. N° 8.)

Il résulte de là que le son N° 6 a une double dénomination, puisqu'on peut l'appeler *mi* dièse ou *fa* naturel.

Si devant la note *fa*, qui représente le son n. 6, n'importe de quelle série, on place un *bémol* ♭, ce qui ferait prononcer *fa* bémol, par ce signe, on cesse de désigner le son N⁰ 6; mais on désigne le son n. 5, qui se trouve à un demi-degré plus bas. (Voyez fig. n. 9, toujours dans le tableau n. 3.)

Il résulte de là que le son N⁰ 6 a une double dénomination, puisqu'on peut l'appeler *mi* ou *fa* bémol.

Si devant la note *fa*, qui représente le son N⁰ 6, n'importe de quelle série, on place un dièze ♯, ce qui fera dire *fa* dièse, par ce signe, on cesse de désigner le son N⁰ 6; mais on désigne le son N⁰ 7, qui se trouve à un demi-degré plus haut. (Voyez fig. N⁰ 10.)

Si devant la note *sol*, qui représente le son N⁰ 8, n'importe de quelle série, on place un *bémol* ♭, ce qui fera dire *sol bémol*, par ce signe on cesse de désigner le son N⁰ 8; mais en place, on désigne le son N⁰ 7, qui se trouve à un demi-degré plus bas. (Voyez fig. N⁰ 11.)

Il résulte de là que le son N⁰ 7 a une double dénomination, puisqu'on peut l'appeler *fa* dièse ou *sol bémol*.

Si devant la note *sol*, qui représente le son n. 8, n'importe de quelle série, on place un dièse ♯, ce qui fera dire *sol* dièse, par ce signe, on cesse de désigner le son n. 8; mais on désigne le son n. 9, qui se trouve à un demi-degré plus haut. (Voyez fig. n. 12.)

Si devant la note *la*, qui représente le son n. 10, n'importe de quelle série, on place un *bémol* ♭, ce qui fera dire *la* bémol, par ce signe on cesse de désigner le son n. 10 ; mais on désigne le son n. 9, qui se trouve à un demi-degré plus bas. (Voyez fig. n. 13.)

Il résulte de là que le son n. 9 est un son à double dénomination, puisqu'on peut l'appeler *sol* dièse ou *la bémol.*

Si devant la note *la*, qui représente le son n. 10, n'importe de quelle série, on place un dièse ♯, ce qui fera dire *la* diése, par ce signe, on cesse de désigner le son n. 10 ; mais on désigne le son n. 11, qui se trouve à un demi-degré plus haut. (Voyez fig. n. 14.)

Si devant la note *si*, qui représente le son n. 12, n'importe de quelle série, on place un *bémol* ♭, ce qui fera dire *si* bémol, par ce signe, on cesse de désigner le son n. 12 ; mais en place on désigne le son n. 11, qui se trouve à un demi-degré plus bas. (Voyez fig. n. 15.)

Il résulte de là que le son n. 11 a une double dénomination, puisqu'on peut l'appeler *la diése* ou *si* bémol.

Si devant la note *si*, qui représente le son n. 12, n'importe de quelle série, on place un dièse, ce qui fera dire *si* dièse, par ce signe, on cesse de désigner le son n. 12, mais on désigne le son n. 1 de la série immédiatement supérieure, lequel son se trouve à un demi-degré plus haut. (Voyez fig. n. 16.)

Il résulte de là que le son n. 1 a une double dénomination, puisqu'on peut l'appeler si *diése* ♯ ou *do naturel.*

Si devant la note *do*, qui représente le son n. 1,

n'importe de quelle série, on place un *bémol* ♭ , ce qui fera prononcer *do* bémol, par ce signe on cesse de désigner le son n. 1 ; mais on désigne le son n. 12 de la série immédiatement inférieure, lequel son se trouve à un demi-degré plus bas. (Voyez fig. n. 17.)

Il résulte de là que le son n. 12 a une double dénomination, puisqu'on peut l'appeler *si* naturel ou *do bémol*. Par la figure n. 5 du 1ᵉʳ tableau , on peut voir toutes les dénominations que les 12 sons d'une série peuvent avoir.

Le double dièse ⨯ placé devant un son naturel a la propriété de le faire hausser d'un degré, c'est-à-dire de le faire monter d'un degré. Donc, si devant la note *do*, qui représente le son n. 1 n'importe de quelle série, on place un double dièse ⨯, ce qui fera dire *do* double dièse, par ce signe, on cesse de désigner le son n. 1; mais on désigne le son n. 3 qui est à un degré plus haut. (Voyez fig. n. 18.)

Si devant la note *mi*, qui représente le son n. 5, n'importe de quelle série, on place un doube dièse ⨯, ce qui fera dire *mi* double dièse, par ce signe, on cesse de désigner le son n. 5; mais on désigne le son n. 7, qui se trouve à un degré plus haut, et qui s'appelle *fa* dièse ou *sol* bémol, comme on peut le voir par la figure n. 5 du 1ᵉʳ tableau.

Par les deux exemples ci-dessus, on comprendra facilement l'effet du double dièse placé devant les notes *re, fa, sol, la, si.*

Le *double bémol* produit l'effet contraire du double dièse, c'est-à-dire que placé devant un son naturel il le baisse ou le fait descendre d'un degré.

Par exemple, si devant la note *ré* qui représente le son n. 3, n'importe de qu'elle série, on place un *double bémol*, par ce signe, on cesse de désigner le son n. 3, mais on désigne le son n. 1, qui se trouve à un degré plus bas. (Voyez la fig. n. 19.)

Si devant la note *fa*, qui représente le son n. 6, n'importe de quelle série, on place un double bémol, par ce signe on cesse de désigner le son n. 6; mais on désigne le son n. 4, qui s'appelle *ré* dièse ou *mi bémol*, comme on peut le voir par la figure n. 2 du 1er tableau.

Il ne sera pas besoin de plus longues explications pour comprendre l'effet du double bémol ♭♭ devant les notes *do, mi, sol, la, si*. Prenant pour modèle la figure n. 20, il sera bon de se tracer sur la clé qu'on voudra des notes naturelles ou altérées par le dièse, le bémol, etc., et de s'exercer à déterminer le nombre de degrés qu'il y aura entre deux notes quelconques.

Les différentes manières de nommer un son ne sont pas arbitraires. On appellera, par exemple, le son n. 6 *fa* et non *mi* dièse; au reste, nous verrons, au chapitre de la formation des gammes, quand, au lieu de l'appeler *fa*, il conviendra de l'appeler *mi dièse*, il en sera de même pour les autres sons.

CHAPITRE XIII.

(Tableau N° 3.)

Des effets du bécarre.

Le bécarre se place devant une note qui aurait été précédemment diésée ou bémolisée.

Pour faire comprendre l'effet que le bécarre produit , nous allons donner les détails suivants :

Nous avons vu au chapitre précédent , que quand devant une note on trouve un dièse , on ne doit pas exécuter le son que la note représente ; mais on doit faire le son qui se trouve à un demi-degré plus haut, ce qui se résume au moyen des termes musicaux suivants : *Le dièse hausse la note d'un demi-degré*, d'où l'on doit conclure qu'une note sera haussée d'autant de demi-degrés qu'il se trouvera de dièses placés devant elle. Par conséquent deux dièses ♯♯ la hausseront de deux demi-degrés. Au lieu de deux dièses on emploie le double dièse ✕ , ce qui revient au même. Trois dièse ♯♯♯ la hausseront de trois demi-degrés , ainsi de suite.

Nous avons vu aussi que quand on trouve un *bémol* ♭ devant une note , on ne doit pas exécuter le son que la note représente ; mais on doit faire le son qui se trouve à un demi-degré plus bas , ce qui se résume au moyen des termes musicaux que voici : *Le bémol baisse la note d'un demi-degré*. On doit conclure que la note sera baissée d'autant de demi-degrés qu'il y aura de bémols placés devant elle. Deux bémols par conséquent la baisseront de deux demi-degrés. Au lieu de deux bémols ♭♭ , on emploie le double bémol ♭♭ , ce qui revient au même. Trois bémols la baisseront de trois demi-degrés, ainsi de suite ; mais il n'est point usité de placer trois ou quatre dièses, ou trois ou quatre bémols devant une note.

Le bécarre ♮ a la propriété de détruire l'effet d'un *dièse* ou d'un *bémol* placé devant une note , et par la figure n. 21 du tableau n. 3 , nous pouvons voir comment.

La note n. 3 a été précédemment haussée de trois demi-degrés par les trois dièses. Or , au moyen de deux bécarres on détruit l'effet de deux dièses , et la note n. 3 n'aura maintenant qu'un seul dièse. On doit conclure de là que les deux bécarres l'ont baissée de deux demi-degrés, cela est prouvé par les numéros du son et par les séries posées au-dessus des notes en regard dans la même fig. n . 21.

La note n. 6 a été précédemment haussée de deux demi-degrés par le double dièse ✕. Or , au moyen d'un bécarre ♮ on détruit l'effet d'un dièse , et la note n. 6 n'aura maintenant qu'un seul dièse. On doit conclure que le bécarre l'a baissée d'un demi-degré.

La note n. 9 a été précédemment haussée d'un demi-degré par le dièse. Or , au moyen d'un bécarre, on détruit l'effet d'un dièse , et la note n. 9 désignera le son *do* naturel. On doit conclure que le bécarre l'a baissé d'un demi-degré.

La note n. 12 a été précédemment haussée de deux demi-degrés par la double dièse ✕. Or , au moyen de deux bécarres, on détruit l'effet de deux dièses, et la note n. 12 désigne le son de *do* naturel. On doit conclure que les deux bécarres l'ont baissée de deux demi-degrés. Examinons la fig. n. 22.

Nous voyons que la note n. 3 a été précédemment baissée de trois demi-degrés par les trois bémols ♭♭♭. Or, au moyen de deux bécarres ♮♮ , on détruit l'effet de deux bémols, et la note n. 3 n'aura maintenant qu'un seul bémol. On doit conclure que les deux bécarres l'ont haussée de deux demi-degrés.

La note n. 6 a été précédemment baissée de deux demi-degrés par le double bémol ♭♭. Au moyen d'un bécarre on détruit l'effet d'un bémol, et la note n. 6 n'aura maintenant qu'un seul bémol. On doit conclure que le bécarre la haussée d'un demi-degré.

La note n. 9 a été précédemment baissée d'un demi-degré par le bémol. Au moyen d'un bécarre on détruit l'effet du bémol, et la note n. 9 sera maintenant naturelle. On doit conclure de là que le bécarre la haussée d'un demi-degré.

La note n. 12 a été précédemment baissée de deux demi-degrés par le double bémol; au moyen de deux bécarres on détruit l'effet du double bémol, et la note 12 sera maintenant naturelle. On doit conclure de là que les deux bécarres l'ont haussée de deux demi-degrés.

En résumé, le bécarre posé devant une note qui a été précédemment diésée, la fait baisser, et s'il est posé devant une note qui a été précédemment bé-molisée, il la fait hausser. Quand la note précédente n'a été que simplement diésée ou bémolisée, on dit que le *bécarre remet au naturel la note qui a été altérée.*

Nous dirons donc qu'un ou deux bécarres, qu'on placera devant une note, détruiront l'effet d'un ou deux dièses, ou d'un ou deux bémols qui auraient été placés précédemment devant cette note.

CHAPITRE XIV.

De la prolongation des effets des signes accidentels.

Quand sur une portée on trouve deux ou plusieurs notes qui s'appellent de la même manière, on dit qu'elles sont de la *même dénomination*.

A la figure n. 23, nous voyons que les notes n. 1, 3, 7, 9 s'appellent *sol*, on dira par conséquent qu'elles sont de la même dénomination.

Or, nous disons qu'il suffit qu'un des cinq signes accidentels soit placé devant une note, pour que toutes les autres qui succèdent, et qui sont de la même dénomination, subissent l'influence des effets du signe accidentel posé précédemment.

Examinons la figure n. 24. Au n. 2 la note est altérée par le dièse ♯. Au n. 3, il y a une note de la même dénomination que celle du n. 2, par conséquent la note n. 3 sera aussi altérée par le dièse, quoique ce signe ne se trouve posé que devant la note n. 2.

Au n. 5, la note est altérée par le bémol; au n. 7 on a une note de la même dénomination que celle du n. 5, par conséquent la note n. 7 sera aussi altérée par le bémol, quoique ce signe ne soit posé que devant la note n. 5.

Au n. 8, il y a une note de la même dénomination que celle du n. 2, par conséquent elle serait altérée par le *dièse* ♯, si l'on n'avait point mis un bécarre ♮ devant elle.

Au n. 9 , on a une note altérée par le double dièse ✕. Au n. 12 il y a une note de la même dénomination que celle du n. 9 , par conséquent la note n. 12 sera aussi altérée par le double dièse , quoique ce signe ne soit posé que devant la note n. 9.

Au n. 14 , on a une note de la même dénomination que celle du n. 9 , elle serait altérée par le *double dièse* ✕, si l'on n'avait point placé un bécarre ♮ qui détruit l'effet d'un dièse. La note n. 16 est altérée comme la note No 14.

La note n. 17 est de la même dénomination que celles des n. 2 , 3 et 8 ; mais elle ne se trouve pas altérée à cause de l'effet du bécarre posé devant la note n. 8.

Cette règle a une exception que voici : *L'effet du signe accidentel cesse dès que la mesure est finie.* Pour comprendre cela il faut avoir connaissance du Traité du Rhythme , de sorte qu'il faudra revenir sur ce chapitre pour que cette exception soit bien saisie. Nous allons néanmoins en donner ici quelques exemples :

Voyez la figure n. 25. Les notes n. 1 et 2 sont altérées par le dièse. La note n. 3 , quoique de la même dénomination que les notes n. 1 et 2, cesse d'être altérée parce qu'elle se trouve dans une autre mesure : cependant pour plus de clarté , les compositeurs placent un bécarre ♮ devant la note n. 3.

Mais si la dernière note de la mesure a été altérée, et que la première note de la mesure suivante soit de la même dénomination, l'effet du signe accidentel n'est pas détruit malgré le changement de mesure. (Voyez la figure n. 26).

La note n. 1, qui est la dernière de la mesure, est altérée par le dièse ♯, la note n. 2, qui est la première de la mesure suivante, sera aussi altérée par le même signe, selon la règle que nous venons de donner ; par conséquent la note n. 2 sera de même altérée. (Voyez la figure n. 27); mais pour la comprendre il faut connaître aussi le chapitre du placement des signes accidentels à la clé. La note n. 1, qui est la dernière de la mesure, est bécarrée. La note N° 2, qui est la première de la mesure suivante, sera aussi bécarrée malgré le signe accidentel posé à la clé.

CHAPITRE XV.

(Tableau N° 3.)

Des Mots, Intervalle, Mélodie, harmonie, Accord, Son supérieur, Son inférieur.

Nous allons d'abord faire connaître la signification des mots ci-dessus, pour qu'on puisse comprendre les explications des chapitres qui vont suivre.

Un nombre quelconque de degrés, qui peuvent exister entre deux sons, s'appelle musicalement *intervalle*.

Supposons que vous ayez plusieurs pièces de drap et que vous disiez : celle-ci est longue de trois mètres et celle-là de cinq.

Par ce mot longue, vous exprimez l'idée indéfinie que vous avez de la longueur de la pièce ; mais en disant le nombre de mètres , vous précisez la longueur de la pièce.

De même par le mot *intervalle* , on exprime la distance indéfinie qui peut exister entre deux sons; mais cette distance sera précisée lorsqu'on dira le nombre de degrés qui se trouvent entre deux sons. Si l'on dit, par exemple , de *do* à *la* il y a un intervalle, on ne précise point la distance qu'il y a entre ces deux sons. Or, cette distance sera déterminée , si l'on dit que de *do* à *la*, il y a un intervalle de quatre degrés et demi.

L'intervalle est mélodique ou harmonique : il est mélodique quand deux sons se succèdent immédiatement , et une suite d'intervalles mélodiques s'appelle *mélodie*. (Voyez n. 28).

Supposons qu'une ou plusieurs voix , un ou plusieurs instruments fassent les notes qui s'y trouvent; on dira que de *mi* à *do* on fait un intervalle , de *do* à *ré* on en fait un autre , ainsi de suite.

On appelle *accord* ou *intervalle harmonique* , deux sons différents qui seraient rendus en même temps.

Dans cet accord les notes se placent l'une au-dessus de l'autre. (Voyez la figure n. 29). Et supposez que des voix fassent les notes de la première portée , et que des instruments rendent celles de la deuxième , c'est-à-dire qu'ils fassent simultanément les deux notes du n. 1 , les deux notes du n. 2 , etc. On voit qu'au n. 1 on a deux sons différents , c'est-à-dire le *do* et le *mi* ; il en est de même aux n. 2 , 3 et 4. Par la réunion de trois, quatre, cinq, dix, etc. sons différents qu'on fait entendre simultanément, on forme plusieurs espèces d'accords ou intervalles harmoniques , comme nous le verrons plus loin.

Une suite d'accords harmoniques forme ce qu'on appelle *harmonie*.

L'harmonie est une science par laquelle on apprend la manière de faire succéder les accords qui sont au nombre de trois , savoir : l'*accord consonnant* , le *mi-consonnant* et le *dissonnant*.

Le consonnant est celui dont l'audition flatte l'oreille d'une manière agréable.

Le mi-consonnant n'est ni agréable ni désagréable.

Le dissonnant est un accord désagréable.

Pour faire de l'harmonie, on doit se servir de ces trois espèces d'accords ; car si l'on n'employait que des accords consonnants, l'ouïe serait bientôt fatiguée par leur monotonie, et une suite d'accords dissonnants est si désagréable qu'on ne peut la tolérer.

L'accord est consonnant , ou mi-consonnant, ou dissonnant, selon la distance plus ou moins grande qui existe entre deux sons. C'est ce que nous verrons au chapitre suivant. Nous allons expliquer maintenant ce qu'on entend par sons supérieurs et sons inférieurs.

Voyons la figure n. 30 ; nous y remarquons un intervalle mélodique. Le son n. 1 est plus grave que le son n. 2. Le son n. 1 s'appellera, par conséquent, *inférieur* et le son n. 2 *supérieur*. A la figure n. 31, le son n. 3 est plus aigu que le son n. 4 (voyez au 1er tableau) : le son n. 4 est par conséquent l'*inférieur*, et le son n. 3 le *supérieur*.

A la figure n. 32, nous avons un intervalle harmonique, c'est-à dire, un accord. Le son n. 1 est plus grave que le son n. 2 ; le son No 2 est, par conséquent le supérieur et le son n. 1 l'inférieur.

A la figure n. 33, le son n. 2 est plus grave que le son n. 1. Le son n. 1 sera donc le *supérieur*, et le son n. 1 *l'inférieur*. On se tracera sur différentes clés deux notes en intervalle mélodique ou harmonique, et l'on s'exercera à distinguer le son inférieur du son supérieur.

CHAPITRE XVI.

(Tableau No 4.)

Des Intervalles. — Intervalles de seconde.

Qu'on relise le chapitre n. 4, où l'on parle de la succession régulière des syllabes, et qu'on prenne ensuite la figure n. 1 du tableau n. 4.

Dans chaque *case*, on voit une succession régulière de huit notes naturelles en montant, et de huit notes naturelles en descendant.

Puisque les notes appelées naturelles sont au nombre de sept, si l'on commence une succession par chacune d'elles, on aura sept cases pour les successions, en montant; et sept cases pour celles en descendant comme on peut le voir.

Pour qu'on puisse nous comprendre, dans les détails suivants, nous avons posé des numéros au-dessous de chaque note, et en dessus le nom qu'elle doit avoir, selon la clé sur laquelle la note est écrite.

Or, nous disons qu'il y a ce qu'on appelle *inter-valle mélodique de seconde*, quand à une note succède celle qui se trouve à une *marche supérieure ou inférieure*. Si, par exemple, à la note n. 1 de la première case, on fait succeder la note n. 2 de la même case, c'est-à-dire , *do* , *ré* , on fera intervalle de seconde. On formera le même intervalle en faisant succéder les notes n. 1 et 2 de chaque case. Si l'on examine le chapitre n. 4, et si l'on fait attention aux syllabes qu'on trouve sur les notes n. 1 et 2 de chaque case, on n'aura aucune difficulté à former cette espèce d'*intervalle*. Qu'on s'exerce à le connaître en se traçant des notes barrées ou non barrées, écrites sur différentes clés, et en prenant pour modèle la figure n. 2, où l'on voit que d'une note à celle qui succède on a toujours l'intervalle ci-dessus.

Quand deux notes se succèdent de manière à former cet espèce d'intervalle, nous appelons cela deux notes, *faisant seconde*. Les deux notes qui concourent à le former peuvent être altérées par des signes accidentels, c'est pourquoi cet intervalle peut se présenter à la vue sous vingt-cinq formes différentes, par exemple, si l'on combine les notes n. 1 et 2 de la première case *do* , *ré*, avec des signes accidentels, on obtient vingt-cinq combinaisons différentes d'intervalles de seconde (voyez figure 3.); mais il en est quelques-unes qui ne sont point usitées, ce sont celles des n. 3 , 5 , 7 , 9 , 12 , 18, 19 , 22 , 23. On découvrira par ces vingt-cinq différentes combinaisons qu'une note est distante d'une autre tantôt d'un demi-degré, tantôt de deux, de trois de quatre, etc., demi-degrés, et quelquefois il n'existe aucune distance entre deux notes, comme on le voit aux combinaisons n. 5, 7, 12.

Par les deux mots deux notes *faisant seconde*, on a une idée approximative de la distance existant entre elles; mais on ne détermine point le nombre de degrés qu'il peut y avoir. Or, quand entre les deux notes, il y a la distance d'un demi-degré, on appelle cela *intervalle mélodique de seconde mineure*.

Quand il y a deux demi-degrés, on appelle cela *intervalle mélodique de seconde majeure*, et quand il y a trois demi-degrés, on appelle cela *intervalle mélodique de seconde augmentée*. (Voyez les exemples à la figure n. 3.)

Exercez-vous à en faire de semblables, afin de bien savoir désigner ces trois espèces d'intervalles mélodiques de seconde.

Lorsqu'il n'existe aucune distance entre deux notes faisant seconde, comme entre *do* ♯ et *ré* ♭, ou lorsqu'il y a plus de trois demi-degrés ces combinaisons sont au nombre de celles qui ne sont point usitées.

On a vu, dans le chapitre précédent qu'on fait *intervalle harmonique* lorsqu'on met une note au-dessus d'une autre, afin de désigner que toutes deux doivent être faites en même temps pour qu'il en résulte ce qu'on appelle accord.

Or, on fera *intervalle harmonique de seconde mineure*, quand entre les deux notes faisant seconde, il existera la distance d'un demi-degré.

On fait intervalle harmonique de seconde ma-

jeure, quand il y a deux demi-degrés, et l'on fait intervalle harmonique de seconde augmentée lorsqu'il
y a trois demi-degrés.

Ainsi, en plaçant, par exemple, les notes n. 1 et
n. 2 de la première case (fig. n. 1) l'une au-dessus de l'autre, comme à la figure n. 4, on formera
l'*intervalle harmonique de seconde majeure*. La note
n. 1 sera le son *inférieur*, et la note n. 2 le son
supérieur.

Qu'on place devant ces deux notes des signes accidentels, de manière à n'avoir que la distance d'un,
de deux ou de trois demi-degrés, et l'on obtiendra
des intervalles harmoniques de seconde mineure, de
seconde majeure et de seconde augmentée.

En faisant de même pour les deux notes n. 1 et
n. 2 de chaque case, on aura une multitude de ces
trois espèces d'intervalles harmoniques.

On fera bien de tracer des notes barrées ou non
barrées, écrites sur différentes clés, ayant soin de
placer le son inférieur au-dessous du supérieur,
comme à la fig. n. 4. On peut prendre pour modèle
la figure n. 5. A la suite de ces exercices on pourra
aussi placer le son inférieur au-dessus du supérieur,
comme on le voit à la figure n. 6, où *re*, quoique
son plus aigu que *do*, est placé au-dessous. Il en est
de même à l'exemple n. 2.

Pour que tous ces exercices soient exempts de
fautes, il faut avoir sous les yeux le 1er tableau , et
avoir soin qu'une note ne soit éloignée d'une autre que d'un, de deux ou de trois demi-degrés.

Pour écrire les notes barrées, l'une au-dessus de
l'autre, il faut examiner la figure n. 7, sur la clé
de *sol*, et la figure n. 8, sur la clé de *fa*.

Nous ne ferons point d'explication là-dessus ; car en examinant ces trois figures , on pourra apprendre la manière d'écrire ce qu'on appelle les doubles , les triples , les quatruples etc., notes barrées ou non barrées. D'ailleurs pour former les intervalles *harmoniques* de secondes designés ci-dessus , on pourra placer une note sur une portée, et l'autre sur une autre portée, de manière que les deux notes se trouvent l'une au-dessus de l'autre, et en droite ligne. On évitera ainsi d'écrire sur la même portée des doubles notes; soit barrées, soit non barrées, comme on peut le voir à la figure n. 9.

CHAPITRE XVII.

(Tableau Nº 4.)

Intervalle de tierce.

Il y a *intervalle mélodique de tierce* quand à une note succède une autre note à deux marches supérieures ou inférieures.

Si, par exemple, à la note n. 1 de la première case (fig. n. 1), on fait succéder la note n. 3 de la même case, c'est-à-dire *do*, *mi*, on fera intervalle de tierce.

On peut former le même intervalle par la succession des notes n. 1 et 3 de chaque case.

En examinant le chapitre n. 4, et en faisant attention aux syllabes que l'on trouve sur les notes n. 1, 2, 3 de chaque case, on saura fort bien former cette espèce d'intervalle.

On peut s'exercer en se traçant sur différentes clés des notes barrées ou non barrées d'une série quelconque, et en suivant la figure n. 10, où l'on voit que d'une note à celle qui succède, on a toujours l'intervalle de tierce.

Quand deux notes se succèdent de manière à former cette espèce d'intervalle, on appelle cela deux notes faisant tierce. Les deux notes qui servent à le former peuvent aussi être altérées par des signes accidentels : c'est pourquoi cet intervalle peut se présenter à la vue sous vingt-cinq formes différentes, en combinant avec des signes accidentels les notes n. 1 et 3 de chaque case de la figure n. 1.

Nous ne donnerons point ici une nouvelle figure de ces combinaisons, puisque, en prenant pour modèle celle que nous avons déjà donnée (figure n. 3), on pourra facilement en former de semblables.

Par les vingt-cinq combinaisons différentes dont nous avons parlé ci-dessus, on pourra voir qu'entre une note et une autre, il y a tantôt la distance d'un demi-degré, tantôt de deux, de trois, de quatre, etc., demi-degrés, et que tantôt il n'y a aucune distance. Par les mots : *deux notes faisant tierce*, on a une idée approximative de la distance existant entre elles ; mais cette distance n'est point déterminée.

Or, quand entre deux notes *faisant tierce*, il y a la distance de deux demi-degrés, on appelle cela *intervalle mélodique de tierce diminuée*. Lorsqu'il y a trois demi-degrés, on l'appelle *intervalle mélodique de tierce mineure*.

Lorsqu'il y a quatre demi-degrés, on l'appelle intervalle mélodique de tierce majeure.

Lorsqu'il y a cinq demi-degrés, on dira que c'est un intervalle de tierce augmentée.

Qu'on voie les exemples de la figure n. 11, et qu'on s'exerce à en faire de semblables, afin qu'on sache bien désigner ces quatre espèces d'intervalles.

Les combinaisons où, entre les deux notes faisant tierce, il n'existe point de distance ou qui n'ont point le nombre de demi-degrés indiqué ci-dessus, ne sont pas usitées. Au lieu d'écrire les deux notes l'une après l'autre, afin de faire *intervalle mélodique*, on pourra les placer l'une au-dessus de l'autre, et former ainsi des intervalles harmoniques de tierce diminuée, de tierce mineure, majeure et augmentée. Voyez les exemples de la figure n. 12.

Qu'on se trace des notes de toutes sortes, écrites sur différentes clés, et d'une série quelconque, qu'on place le son inférieur, tantôt au-dessous, tantôt au-dessus du son supérieur, ayant soin que la note ne soit éloignée de l'autre que de deux, trois, quatre, cinq demi-degrés. Qu'on place les deux notes, tantôt sur la même portée, tantôt sur une portée différente. Qu'on sache distinguer le son supérieur du son inférieur, et l'espèce d'intervalle que forment les notes.

CHAPITRE XVIII.

(Tableau N° 4.)

Intervalle de quarte.

Il y a un intervalle mélodique de quarte, quand à une note succède une autre note à trois marches supérieures ou inférieures. Si, par exemple, à la note n. 1 de la première case (fig. n. 1), on fait succéder la note n. 4 de la même case, c'est-à-dire *do*, *fa*, on formera intervalle de quarte. On peut faire le même intervalle par la succession des notes n. 1 et n. 4 de chaque case. En examinant le chapitre n. 4 et en faisant attention aux syllabes qu'on trouve sur les notes n. 1, 2, 3, 4 de chaque case, on n'éprouvera aucune difficulté à former cette espèce d'intervalle. Qu'on s'exerce en se traçant, sur différentes clés, des notes barrées ou non barrées d'une série quelconque, et en prenant pour modèle la figure n. 13, où l'on voit que d'une note à celle qui succède, on a toujours intervalle de quarte.

Quand deux notes se succèdent de manière à former cette espèce d'intervalle, nous appelons cela *deux notes faisant quarte.*

Les deux notes qui concourent à former l'intervalle de *quarte* peuvent être altérées par des signes accidentels. C'est pour cela qu'il peut se présenter sous vingt-cinq formes différentes, en combinant , par exemple, avec des signes accidentels les notes n. 1 et n. 4, *do*, *fa* de la première case, figure n. 1. Si l'on fait succéder les notes n. 1 et n. 4 de chaque case avec des signes accidentels, on peut obtenir le même nombre de combinaisons.

Nous ne donnerons point ici une figure de ces différentes combinaisons, car, d'après la figure n. 3, on pourra facilement trouver la manière d'en faire une analogue à cette espèce d'intervalle, et y découvrir qu'une note est distante d'une autre, tantôt d'un, de deux, de trois, etc., demi-degrés.

Par les mots : deux notes *faisant quarte*, on a une idée approximative de la distance existant entre elles ; mais le nombre de degrés qu'il peut s'y trouver n'est point déterminé.

Or, quand entre deux notes *faisant quarte*, il y a la distance de quatre demi-degrés, on appelle cela intervalle mélodique de quarte diminuée.

Lorsqu'il y a cinq demi-degrés, on appelle cela intervalle de quarte juste, et lorsqu'il y a six demi-degrés, on dit qu'il y a intervalle mélodique de quarte augmentée. Voyez des exemples à la figure n. 14, et exercez-vous à en faire de semblables, afin de savoir bien distinguer ces trois espèces d'intervalles.

Les combinaisons où entre les deux notes *faisant quarte*, il y aurait plus ou moins de degrés qu'il n'est désigné ci-dessus ne sont point usitées.

Au lieu d'écrire les deux notes l'une après l'autre, afin de faire intervalle mélodique, on pourra les placer l'une au-dessus de l'autre et former ainsi des *intervalles harmoniques de quarte diminuée* de *quarte juste* et de *quarte augmentée*. (Voyez les exemples de la figure n. 15.)

Qu'on se trace des notes de toutes sortes, écrites sur différentes clés d'une série quelconque.

Qu'on place le son inférieur, tantôt au-dessus, tantôt au-dessous du son supérieur, ayant soin que la note ne soit éloignée de l'autre que du nombre de degrés indiqué ci-dessus. Qu'on place les deux notes, tantôt sur la même portée, tantôt sur des portées différentes. Qu'on sache bien distinguer le son inférieur du son supérieur, et l'espèce d'intervalle harmonique.

CHAPITRE XIX.

Intervalle de quinte.

Il y a intervalle mélodique de quinte , quand à une note en succède une autre à quatre marches supérieures ou inférieures.

Si, par exemple , à la note n. 1 de la première case (fig. n. 1) on fait succéder la note n. 5 de la même case , c'est-à-dire *do* , *sol*, on fait intervalle de quinte; on forme le même intervalle par la succession des notes n. 1 et n. 5 de chaque case.

En examinant le chapitre n. 4, et faisant attention aux syllabes qu'on trouve sur les notes n. 1 , 2 , 3 , 4 , 5, de chaque case, on formera aisément cette espèce d'intervalle.

Qu'on s'exerce à le connaître, en se traçant sur différentes clés des notes barrées ou non barrées d'une série quelconque , et en prenant pour modèle la figure n. 16, où l'on voit que d'une note à celle qui succède on a toujours cette espèce d'intervalle.

Quand deux notes se succèdent de manière à former cette espèce d'intervalle , on appelle cela deux notes *faisant quinte*. Les deux notes peuvent être altérées par des signes accidentels , c'est pourquoi cet intervalle peut se présenter sous 25 formes différentes , si l'on combine avec des signes accidentels les notes n. 1 et n. 3 de la première case *do*, *sol*, (figure n. 1) et l'on peut obtenir le même nombre de combinaisons, si l'on fait succéder, avec des signes accidentels, les notes n. 1 et n. 5 de chaque case de la même figure n. 1.

Nous ne donnerons point ici une figure de ces différentes combinaisons ; car d'après la figure n. 3, on pourra trouver la manière de combiner deux notes *faisant quinte* avec des signes accidentels, et voir qu'il peut y avoir plus ou moins de degrés entre les deux notes.

Par les mots deux notes faisant quinte, on a une idée approximative de la distance existant entre elles ; mais on ne détermine point le nombre de degrés qui peuvent s'y trouver. Or, quand entre deux notes *faisant quinte*, il y a la distance de six demi-degrés, on appelle cela intervalle mélodique de *quinte diminuée*.

Lorsqu'il y a sept demi-degrés, on appelle cela *intervalle mélodique de quinte juste*, et lorsqu'il y a huit demi-degrés, on dit qu'il y a *intervalle mélodique* de quinte augmentée.

Qu'on voie les exemples à la figure n. 17 ;

Qu'on s'exerce à en faire de semblables ; et qu'on sache désigner ces trois espèces d'intervalles.

Lorsque entre les notes *faisant quinte*, il y a plus ou moins de degrés qu'il n'est indiqué ci-dessus, les combinaisons ne sont point usitées.

Au lieu d'écrire les deux notes l'une après l'autre, afin de faire intervalle mélodique, on pourra les placer l'une au-dessus de l'autre, et former ainsi des intervalles harmoniques de *quinte diminuée*, de *quinte juste* et de *quinte augmentée*. (Voir les exemples de la figure n. 28.)

Qu'on se trace des notes de toutes sortes , écrites sur différentes clés , et d'une série quelconque ;

Qu'on place le son inférieur tantôt au-dessus , tantôt au-dessous du son supérieur, ayant soin que la note ne soit éloignée de l'autre que du nombre de degrés fixé ci-dessus. Qu'on place les deux notes tantôt sur la même, tantôt sur une portée différente ;

Qu'on sache distinguer le son supérieur du son inférieur et l'espèce d'intervalle harmonique.

CHAPITRE XX.

(Tableau N° 4.)

Intervalle de sixte.

Il y a intervalle mélodique de sixte, quand à une note en succède une autre à cinq marches supérieures ou inférieures.

Si , par exemple , à la note n. 1 de la première case (*fig.* n. 1) on fait succéder la note n. 6 de la même case , c'est-à-dire *do*, *la* , on fera intervalle de sixte. On formera le même intervalle par la succession des notes n. 1 et n. 6 de chaque case. En examinant le chapitre n. 4 , et en faisant attention aux syllabes qu'on trouve sur les notes n. 1 , 2 , 3 , 4, 5, 6 de chaque case, on saura former cette espèce d'intervalle.

Qu'on s'exerce à le connaître en se traçant , sur différentes clés , des notes barrées ou non barrées d'une série quelconque , en prenant pour modèle la figure n. 19 , où l'on voit que d'une note à celle qui succède , on a toujours *intervalle de sixte*.

Quand deux notes se succèdent de manière à former cette espèce d'intervalle, on appelle cela deux notes *faisant sixte*.

Les deux notes qui concourent à former intervalle de sixte peuvent être altérées par des signes accidentels ; c'est pourquoi cet intervalle peut se présenter sous ving-cinq formes différentes , si l'on combine avec des signes accidentels les notes n. 1 et 6 de la première case *do* , *la* (figure n. 1.)

Si l'on fait succéder , avec des signes accidentels, les notes n. 1 et n. 6 de chaque case de la figure n. 1 , on obtiendra le même nombre de combinaisons , et l'on découvrira qu'une note est distante d'une autre de plus ou moins de degrés.

Par les mots deux notes *faisant sixte* , on donne une idée de la distance existant entre elles ; mais on ne détermine point le nombre de degrés qu'il peut y avoir. Or , quand entre deux notes *faisant sixte* , il y a la distance de huit demi-degrés , on appelle cela *intervalle* mélodique de *sixte mineure*.

Lorsqu'il y a neuf demi-degrés , on appelle cela *intervalle* mélodique de *sixte majeure* , et quand il y a dix demi-degrés , on appelle cela intervalle mélodique de sixte augmentée. Voyez des exemples à la figure n. 20. Exercez-vous à en faire de semblables, et sachez distinguer ces trois espèces d'intervalles.

Les combinaisons où entre deux notes *faisant sixte*, il y a plus ou moins de degrés qu'il n'est indiqué ci-dessus ne sont point usitées.

Au lieu d'écrire les deux notes l'une après l'autre afin de faire intervalle mélodique , on pourra les placer l'une au-dessus de l'autre , et former ainsi des intervalles harmoniques de *sixte mineure* , de *sixte majeure* , et de sixte augmentée. (Voyez les exemples de la fig. n. 21). Tracez-vous des notes de toutes sortes écrites sur différentes clés et d'une série quelconque. Placez le son inférieur tantôt au-dessus, tantôt au-dessous du son supérieur, ayant soin qu'une note ne soit éloignée d'une autre que du nombre de degrés ci-dessus indiqués. Placez les deux notes tantôt sur une même portée , tantôt sur une portée différente. Sachez distinguer le son inférieur du son supérieur , et l'espèce d'intervalle harmonique.

Nota. Il y a aussi l'intervalle mélodique et harmonique de sixte diminuée, ainsi appelé parce que, entre les deux notes , il n'existe que la distance de sept demi-degrés ; mais il est très-rarement usité.

CHAPITRE XXI.

(Tableau N° 3.)

Intervalle de septième.

Il y a intervalle mélodique de septième , quand à une note en succède une autre à six marches supérieures ou inférieures.

Si , par exemple , à la note n. 1 de la première case (fig. n. 1) , on fait succéder la note n. 7 de la même case , c'est-à-dire *do*, *si* , on fera intervalle de septième. Il en sera de même par la succession des notes n. 1 et n. 7 de chaque case. En examinant le chapitre n. 4 , et en faisant attention aux syllabes qu'on trouve sur les notes n. 1, 2, 3, 4, 5, 6, 7 de chaque case, on saura former cette espèce d'intervalle. On doit s'exercer à le connaître en se traçant sur différentes clés des notes barrées ou non barrées d'une série quelconque, en prenant pour modèle la figure n. 22, où l'on voit que d'une note à celle qui succède on a toujours l'intervalle ci-dessus.

Quand deux notes se succèdent de manière à former cette espèce d'intervalle , nous appellerons cela deux notes *faisant septième.* Ces deux notes peuvent être altérées par des signes accidentels ; c'est pourquoi cet intervalle peut se présenter sous vingt-cinq formes différentes en combinant , avec des signes accidentels, les notes n. 1 et n. 7 de la première case *do* , *si* (fig. n. 1).

Par des signes accidentels on peut obtenir le même nombre de combinaisons , si l'on fait succéder les notes n. 1 et n. 7 de chaque case de la figure n. 1.

Nous ne donnons point ici une figure de ces différentes combinaisons; car d'après la figure n. 3 on pourra facilement trouver la manière d'en faire une qui soit analogue à cette espèce d'intervalle , et y découvrir qu'une note est distante d'une autre de plus ou moins de degrés , selon le signe accidentel dont elle peut être marquée.

Par les mots deux notes *faisant septième* , on a une idée approximative de la distance existant entre-elles ; mais on ne détermine point le nombre de degrés qui peuvent s'y trouver. Or , quand entre deux notes faisant septième , il y a la distance de neuf demi-degrés , on appelle cela intervalle mélodique de *septième diminuée*. Lorsqu'il y a dix demi-degrés, on appelle cela intervalle mélodique de *septième mineure* , et lorsqu'il y a onze demi-degrés , on dit qu'il y a intervalle mélodique de *septième majeure*.

Qu'on voie les exemples de la figure n. 23, qu'on s'exerce à en faire de semblables, et qu'on sache désigner ces trois espèces d'intervalles.

Lorsque entre les deux notes , faisant septième , il y a plus ou moins de degrés qu'il n'est indiqué ci-dessus , les combinaisons ne sont point usitées.

Au lieu d'écrire les deux notes l'une après l'autre, afin de faire intervalle mélodique , on pourra les placer l'une au-dessus de l'autre , et former ainsi des intervalles harmoniques de *septième diminuée* , de *septième mineure* et de *septième majeure*. Voyez les exemples de la fig. n. 24.

Qu'on se trace , sur différentes clés , des notes de toutes sortes d'une série quelconque ; qu'on place le son inférieur tantôt au-dessus, tantôt au-dessous du son supérieur , ayant soin qu'une note ne soit éloignée d'une autre que du nombre de demi-degrés ci-dessus indiqué ; qu'on pose les deux notes tantôt sur la même portée, tantôt sur une portée différente; qu'on sache distinguer le son inférieur du son supérieur , et l'espèce d'intervalle harmonique.

CHAPITRE XXII.

(Tableau No 4.)

Intervalle d'octave.

Il y a intervalle mélodique d'octave, quand à une note en succède une autre à sept marches supérieures on inférieures. Si, par exemple, à la note n. 1 de la première case (fig. n. 1) on fait succéder la note n. 8 de la même case, c'est-à-dire *do* , *do* , on fait intervalle d'octave.

On formera le même intervalle par la succession des notes n. 1 et n. 8 de chaque case.

En examinant le chapitre n. 4 , et en faisant attention aux syllabes qu'on trouve sur les notes. n. 1 , 2 , 3 , 4 , 5 , 6 , 7 , 8 de chaque case , on formera aisément cette espèce d'intervalle. Qu'on s'exerce à le reconnaître en se traçant, sur différentes clés , des notes barrées ou non barrées d'une série quelconque , prenant pour modèle la figure n. 25 , où l'on voit que d'une note à celle qui succède on a toujours *intervalle d'octave.*

Quand deux notes se succèdent de manière à former cette espèce d'intervalle, on appelle cela deux notes *faisant octave* , ces deux notes peuvent être altérées par des signes accidentels ; c'est pourquoi cet intervalle peut se présenter sous vingt-cinq formes différentes. Pour cela, on n'a qu'à combiner avec des signes accidentels les notes n. 1 et n. 8 de

la première case *do, do*. (Fig. n. 1.) Par des signes
1   8
accidentels, on peut obtenir le même nombre de
combinaisons, si l'on fait succéder les notes n. 1 et
8 de chaque case de la figure n. 1. Nous ne donnerons point ici une figure de ces différentes combinaisons, car d'après la figure n. 3, on pourra facilement trouver la manière d'en faire une qui soit
analogue à cette espèce d'intervalle, et y decouvrir
qu'une note est distante d'une autre de plus ou
moins de degrés.

Par les mots deux notes *faisant octave*, on a
une idée approximative de la distance existant entre elles ; mais on ne détermine point le nombre de
dégrés qui peuvent s'y trouver.

Or, quand entre les deux notes *faisant octave*, il y
a la distance de onze demi-degrés, on appelle cela
intervalle mélodique d'octave diminuée. Lorsqu'il y a
douze demi-degrés, on appelle cela *intervalle mélodique* d'octave juste. Lorsqu'il y a treize demi-degrés,
on appelle cela intervalle mélodique d'octave augmentée. Voyez des exemples à la figure n. 26, exercez-vous à en faire de semblables, et sachez désigner
ces trois espèces d'intervalles.

Les combinaisons où entre deux notes faisant
octave, il y aurait plus ou moins de degrés qu'il
n'est indiqué ci-dessus ne sont point usitées.

Au lieu d'écrire les deux notes l'une après l'autre, afin de faire intervalle mélodique, on pourra
les placer l'une au-dessus de l'autre, et former
ainsi des intervalles harmoniques d'octave diminuée,
d'octave juste et d'octave augmentée. Voyez les

exemples de la figure **n**. 27. Qu'on se trace des notes de toutes sortes sur différentes clés ; qu'on place le son inférieur, tantôt au-dessus, tantôt au-dessous du son supérieur, ayant soin que la note ne soit éloignée de l'autre que du nombre de demi-degrés indiqué ci-dessus.

Qu'on pose les deux notes, tantôt sur une portée , tantôt sur deux portées différentes. Qu'on sache distinguer le son inférieur du son supérieur, et l'espèce d'intervalle harmonique.

CHAPITRE XXIII.

(Tableau N° 4.)

Unisson.

Il y a ce qu'on appelle *unisson*, quand à une note on fait succéder celle qui se trouve sur la même marche. Si, par exemple, à la note n. 1 de la première case (fig. n. 1), on fait succéder la même note n. 1 de la même case, est-à-dire *do*, *do*, on forme ce qu'on appelle *unisson*. On fera pareillement *unisson* par la succession des notes n. 1 et n. 1 de chaque case.

Qu'on s'exerce à connaître l'unisson en se traçant, sur différentes clés des notes barrées ou non barrées d'une série quelconque, prenant pour modèle la figure n. 28, où l'on voit que d'une note à celle qui succède, on a toujours *unisson*.

Quand deux notes se succèdent de cette manière,

nous appelons cela deux notes *formant unisson*. Les deux notes qui concourent à le former peuvent être altérées par des signes accidentels, c'est pourquoi l'unisson peut se présenter sous vingt-cinq formes différentes, si l'on combine avec des signes accidentels les notes n. 1 et n. 1 de la première case (fig. n. 1.) Par des signes accidentels, on peut obtenir le même nombre de combinaisons, si l'on fait succéder les notes n. 1 et n. 1 de chaque case de la même figure.

On découvrira, par ces différentes combinaisons, qu'une note est distante d'une autre de plus ou moins de degrés.

Quand une des deux notes *faisant unisson* est baissée d'un demi-degré par un signe accidentel, on appelle cela *unisson diminué*.

Quand une des deux notes *faisant unisson* est haussée d'un demi-degré par un signe accidentel, on appelle cela unisson augmenté.

Quand entre les deux notes il n'existe aucun intervalle, on appelle cela *unisson parfait*, ou simplement unisson.

Il faut voir des exemples à la figure n. 29, s'exercer à en faire de semblables et savoir désigner ces trois espèces d'unissons.

Les combinaisons où devant les deux notes, on aurait d'autres intervalles plus grands que ceux indiqués ci-dessus, ne sont point usitées. Au lieu d'écrire les deux notes l'une après l'autre, afin de faire *unisson mélodique*, on peut les placer l'une au-dessus de l'autre, et former ainsi des unissons *harmoniques diminués*, *parfaits* et *augmentés*. Voyez les exemples de la figure n. 30, 4e tableau.

Qu'on se trace des notes de toutes sortes, écrites sur différentes clés, et d'une série quelconque, et quand on veut faire unisson juste, ou diminué, ou augmenté, qu'on place les deux notes sur la même *marche*, de manière que du son inférieur au son supérieur il y ait la distance d'un demi-degré tout au plus.

Lorsqu'on fait unisson parfait harmonique, si toutefois on a l'intention de placer les deux notes sur la même portée, on fera une seule note qui portera un trait au-dessus et au-dessous, comme on peut le voir à la figure n. 31.

Les deux notes qui concourent à la formation d'un intervalle mélodique quelconque doivent être écrites sur la même clé. Cette règle sert pour les exercices qu'on a indiqués plus haut, dans ce chapitre. Nous verrons plus loin quand on pourra écrire une des deux notes sur une clé différente.

Par les exemples que nous avons donnés sur les intervalles harmoniques, on aura remarqué qu'on peut placer les deux notes l'une au-dessus de l'autre, sur la même portée, ou bien chacune sur une portée différente. Qu'on se serve, par conséquent, de ces deux manières pour écrire tous les intervalles harmoniques qu'on voudra faire : d'ailleurs, nous avons indiqué cela en disant : qu'on place les deux notes tantôt sur une portée, tantôt sur une portée différente, toutes les fois que nous avons engagé à faire des exercices pour chaque espèce d'intervalle harmonique.

Nous avons remarqué aussi que le son inférieur peut se placer au-dessus ou au-dessous du son su-

supérieur ; mais nous avons aussi fait observer qu'en faisant cela, on doit faire exister entre les deux notes le nombre de marches et de demi-degrés voulu par l'espèce d'intervalle. Différemment, on s'exposerait à produire des intervalles étrangers à ceux qu'on voudrait produire, comme nous le verrons plus loin.

Nous finissons ici les explications sur les différentes espèces d'intervalles ; mais avant de passer outre, on fera bien de recommencer la lecture de ces chapitres et de faire les exercices qui y sont indiqués , afin de bien se pénétrer de tout ce que nous avons dit ; cela est très-important : on le verra par la suite.

On a vu plus haut que deux notes font *octave* quand elles portent toutes les deux le même nom , comme *do*, *do* de la première case, à la figure n. 1.

Par les mots *une octave*, on entend aussi la série de huit notes naturelles et de cinq altérées, qu'il faut parcourir en partant d'une note quelconque pour aller inclusivement, soit en montant par degrés conjoints, soit en descendant, jusqu'à la note qui fait intervalle d'octave avec celle qui a été le point de départ.

Si l'on demande, par exemple, combien on a d'octaves dans la série des sons du 1er tableau (fig. n. 1), on dira de *do* (son n. 1) jusque compris *do* (son n. 13), on a une première octave. De *do* (son n. 13) jusque compris *do* (son n. 25), on a une deuxième octave. De *do* (son n. 25) jusque com-

pris *do* (son 1. 37), on a une troisième octave ,
ainsi de suite. ᴖ verra qu'on a neuf octaves. D'a-
près cela, qu'on ᴜ toujours sous les yeux le 1ᵉʳ tableau et qu'on ᴙéponde aux questions suivantes
ainsi qu'il est indiqué.

Demande. Combien se trouve–t–il d'octaves au-
dessus de la note *sol* dièse (son n. 33) jusque comprise la note *ré* (son n. 87) ? — *Réponse.* Quatre octaves et six sons. En effet, de *sol* dièse (son n. 33)
pour aller jusque compris *sol* dièse (son n. 45), on
a une première octave. De *sol* dièse (son n. 45)
pour aller jusque compris *sol* dièse (son n. 57), on
a une deuxième octave. De *sol* dièse (son n. 57),
pour aller jusque compris *sol* dièse (son n. 69), on
a une troisième octave. De *sol* dièse (son n. 69)
pour aller jusque compris *sol* dièse (son n. 81), on
a une quatrième octave. De *la* (son n. 82), pour aller
jusqu'à *ré* inclusivement (son n. 87), on a six sons,
dont quatre naturels.

Ainsi, lorsqu'on dit : C'est un instrument à quatre , ou à cinq , ou à six octaves , on détermine par
ces mots l'étendue de l'instrument. Qu'on prenne
pour premier point de départ la note la plus grave
que l'instrument peut donner, soit un *fa*, soit un
sol ou un *ré*, et qu'on aille jusqu'à la note la plus
aiguë inclusivement, et qu'on procède pour compter les octaves comme nous l'avons fait dans la question ci-dessus ; on saura de suite à combien d'octaves est l'instrument.

Demande. Quelle est la note qui se trouve à une
octave superieure à la note *mi* (son n. 53). —
Réponse. C'est le *mi* (son n. 65).

Demande. Quelle est la note qui se trouve à trois octaves supérieures à la note *la* dièse (son n. 47)? — *Réponse*. C'est la note *la* dièse (son n. 83).

Demande. Quelle est la note qui se trouve à une octave inférieure à la note *ré* (son n. 51)? — *Réponse.* C'est la note *ré* (son n. 39).

Ainsi, en plaçant la note n. 1 (fig. n. 32, 4ᵉ tableau) à une octave supérieure, on aura la note n. 2.

En plaçant la note n. 3 à deux octaves supérieures, on aura la note n. 4. En plaçant la note n. 5 à une octave inférieure, on aura la note n. 6. En plaçant la note n. 7 à deux octaves supérieures, on aura la note n. 8.

Les notes n. 1 et 2 de la figure n. 33 ne se trouvent pas dans la même octave. En effet, on voit dans la figure n. 34, que de *ré* pour monter à *sol* n. 11, il faut parcourir les notes naturelles d'une octave entière. On dit alors qu'entre ces deux notes de la figure n. 33, il y a une octave intermédiaire. Il peut y avoir entre deux notes plusieurs octaves intermédiaires ; ainsi, à la figure n. 35, entre les deux notes *fa*, *sol*, il y a trois octaves intermédiaires, comme on peut le voir à la figure n. 36.

Quand entre deux notes, il y a une ou plusieurs octaves intermédiaires, on appelle cela *deux notes éloignées*.

Quand entre les deux notes il n'existe point d'octave intermédiaire, on dit que les deux notes se trouvent dans la même octave. Ainsi, les notes n. 1 et n. 2 de la figure n. 37 se trouvent dans la même octave, de même que les notes n. 3 et n. 4, parce que de la note n. 1 à la note n. 2, on ne parcourt que quatre notes naturelles, comme on peut le voir par la figure n. 38; et de la note n. 3 pour descendre à la note n. 4, on ne parcourt que cinq notes naturelles, comme on peut le voir par la figure n. 39, et l'on sait que pour qu'il y ait seulement une octave intermédiaire entre deux notes, il faut qu'en partant d'une première note, celle-ci comprise, on ait à parcourir huit notes naturelles avant d'arriver à une deuxième octave. Ainsi les notes n. 1 et n. 2 de la figure n. 40, se trouvent aussi dans la même octave, comme on peut le voir par la figure n. 41. D'après cela, on comprendra aisément les exercices suivants : qu'on place la note n. 2 de la figure n. 42 dans la même octave que la note n. 1. (Voyez la figure n. 43 où ce placement a été opéré.) En effet, les notes n. 1 et n. 2 se trouvent dans la même octave, ainsi que les notes n. 3 et n. 4 de la même figure. Qu'on place la note n. 1 de la figure n. 42 dans la même octave que la note n. 2 (Voyez figure n. 44 où ce placement a été opéré); en effet, les notes n. 1 et n. 2 se trouvent dans la même octave, ainsi que les notes n. 3 et n. 4. On appelle cela rapprocher deux notes éloignées.

Il faut s'exercer à connaître quand, entre les deux notes, il y a ou non des octaves intermédiaires, comme aussi à placer deux notes éloignées dans la même octave, en prenant pour modèles les exercices ci-dessus. On remarquera qu'il y a deux moyens de rapprocher deux notes éloignées.

1o On peut placer le son supérieur dans la même octave que le son inférieur ; 2o on peut placer le son inférieur dans la même octave que le son supérieur. Dans l'un et dans l'autre cas, on a deux moyens pour faire cette opération : 1° par rapprochement simple ; 2° par rapprochement variable.

On fait rapprochement simple lorsque le son supérieur, quoique se plaçant dans la même octave que le son inférieur, conserve sa qualité de son supérieur, ou lorsque le son inférieur, quoique se plaçant dans la même octave que le son supérieur, conserve sa qualité de son inférieur.

On fait rapprochement variable lorsque le son supérieur, en se plaçant dans la même octave que le son inférieur, perd sa qualité de son supérieur et devient son inférieur, ou lorsque le son inférieur, en se plaçant dans la même octave que le son supérieur, perd sa qualité de son inférieur, et devient par conséquent son supérieur.

Or, pour connaître l'espèce d'intervalle qu'il y a entre deux sons éloignés, faites rapprochement simple et évitez de faire rapprochement variable ; car par celui-ci, vous ne parviendriez point à connaître positivement l'espèce d'intervalle mélodique ou harmonique que deux notes éloignées peuvent faire.

Les exemples suivants feront mieux comprendre ce que nous venons de dire. (Voyez fig. n. 42.) On a deux notes éloignées, parce que de *do* à *ré* il y a une octave intermédiaire. Or, pour connaître l'espèce d'intervalle qu'il y a entre ces deux sons, qu'on fasse *rapprochement simple*, c'est-à-dire qu'on place le *ré*, son supérieur dans la même octave que le *do*, et de manière que le *ré* conserve, malgré ce déplacement, sa qualité de son supérieur, ainsi que nous l'avons fait à la figure n. 43 par les notes n. 1 et 2 ; ou bien qu'on place le *do*, son inférieur, dans la même octave que le *ré*, et de manière que le *do*, malgré ce déplacement, conserve sa qualité de son inférieur, ainsi que nous l'avons fait à la figure n. 44, par les notes n. 1 et 2. Dans l'un et dans l'autre cas, on verra que les deux notes *do*, *ré*, font intervalle de seconde majeure, ce qui fait conclure que les deux notes éloignées n. 1 et 2 de la figure n. 42 forment intervalle de seconde majeure. Nous invitons à faire de pareils exercices, afin de connaître l'espèce d'intervalle que forment deux notes éloignées.

Si à la figure n. 42, on eût fait rapprochement variable, afin de placer une des deux notes dans la même octave que l'autre, le résultat n'aurait pas été le même ; en effet, qu'on place la note *ré*, son supérieur, dans la même octave que le *do*, et de manière que le *ré* devienne son inférieur, ainsi que nous l'avons fait à la figure n. 43, par les notes n. 3 et 4, et l'on verra que celles-ci produisent un accord de septième mineure ; ou bien qu'on place la note *do*, son inférieur (fig. n. 42), dans la même octave que la note *ré* et de manière que ce *do* devienne son supérieur, ainsi que nous l'avons fait à la figure n. 44 par les notes n. 3 et 4, et l'on produira de même un intervalle de septième mineure.

On doit éviter, ainsi que nous l'avons dit plus haut, de faire usage du *rapprochement variable*, si l'on veut arriver à connaître l'espèce d'intervalle que deux notes éloignées pourraient former. Par les explications ci-dessus, on doit conclure qu'avec les deux mêmes notes on peut former deux espèces d'intervalles différents. Ainsi, à la figure n. 45, les notes *sol*, *do dièse*, forment intervalle mélodique de quarte augmentée. A la figure n. 46, les deux mêmes notes *do dièse*, *sol*, forment intervalle de quinte diminuée. La raison de cela est, que la note *do dièse*, primitivement *son* supérieur, à la figure n. 45, devient, à la figure n. 46, son inférieur. En terme de musique, on appelle cela *renversement de notes*. Nous dirons donc qu'à la figure n. 45, les deux notes *sol , do dièse* , forment intervalle de quarte augmentée; mais que si l'on renverse ces deux mêmes notes, comme on le voit à la figure n. 46, elles produiront intervalle de quinte diminuée. A la figure n. 47, les deux notes *sol, la*, forment intervalle de seconde majeure, mais en renversant ces deux mêmes notes, on produira intervalle de septième mineure , comme on peut le voir à la figure n. 48. A la figure n. 49, au n. 1, on a intervalle de seconde mineure, *sol, la bémol ;* qu'on renverse ces deux mêmes notes, c'est-à-dire qu'on déplace le *la* bémol, son supérieur, de manière qu'il devienne son inférieur, ou bien qu'on déplace le *sol* de manière qu'il devienne son supérieur, et l'on produira intervalle de septième majeure , comme on peut le voir à la figure n. 48, au n. 2. Qu'on s'exerce à poser deux notes quelconques, soit naturelles, soit altérées, qu'on examine l'intervalle qu'elles font, et puis, qu'on les renverse, et l'on découvrira ce qui suit :

L'intervalle de *seconde majeure* étant renversé , produit *intervalle* de *septième mineure ;* celui-ci étant renversé devient de nouveau intervalle de seconde majeure.

L'intervalle de *seconde augmentée* étant renversé, produit *intervalle* de *septième diminuée*; si l'on renverse celui-ci, il deviendra de nouveau *intervalle de seconde augmentée*.

L'intervalle de *tierce diminuée* étant renversé produit l'intervalle de *sixte augmentée;* qu'on renverse celui-ci, on aura de nouveau intervalle de *tierce diminuée*.

L'intervalle de *tierce mineure* étant renversé produit l'intervalle de *sixte majeure;* et celui-ci étant renversé produit de nouveau intervalle de *tierce mineure*.

Si l'on renverse l'intervalle de *tierce majeure*, on aura intervalle de *sixte mineure*, et celui-ci étant renversé produit intervalle de *tierce majeure*.

L'intervalle de *quarte diminuée* devient, par le renversement, intervalle de quinte augmentée, et celui-ci renversé devient intervalle de quarte diminuée.

L'intervalle de *quarte juste* devient, par le renversement, intervalle de *quinte juste*, lequel étant renversé devient de nouveau intervalle de *quarte juste*.

L'intervalle de *quarte augmentée* forme, par le renversement, intervalle de quinte diminuée, lequel étant renversé produit de nouveau intervalle de quarte augmentée.

L'intervalle d'octave juste devient, par le renversement, *unisson parfait*.

L'*octave diminuée* devient unisson augmenté, et l'octave augmentée devient *unisson diminué*.

On peut conclure, d'après cela, que les intervalles majeurs deviennent, par le renversement, intervalles mineurs, *et vice versâ*.

On peut en dire autant des intervalles diminués ; ils deviennent *augmentés* par le renversement , etc.

Jusqu'à présent, toutes les fois que nous avons engagé à faire des exercices, nous avons dit qu'il fallait écrire les deux notes, tantôt sur une clé, tantôt sur une autre. On pourra aussi , dans chacun de ces exercices, écrire une des deux notes sur une clé différente, et désigner ensuite l'espèce d'intervalle qu'on produit.

Il est bon d'avoir le 1er tableau sous les yeux, afin de mieux comprendre les explications suivantes :

A la figure n. 50 du 4e tableau, on ne saurait pas, au premier coup-d'œil, désigner l'espèce d'intervalle que forment les notes n. 1 et n. 2, parce qu'on ne peut pas préciser à combien de marches la note n. 1 est éloignée de celle n. 2 ; mais, en écrivant les deux notes sur la clé de *sol*, on aurait les n. 3 et n. 4 ; (Voir le 1er tableau.) en écrivant les deux notes sur la clé de *fa*, on aurait celles des n. 5, 6, et l'on verra de suite que les deux notes forment intervalle harmonique de *tierce majeure*.

Examinons la figure n. 51 ; au premier coup-d'œil on ne saurait distinguer l'espèce d'intervalle que forment les notes n. 1 et 2 ; mais en les écrivant sur la clé de *sol*, comme aux n. 3 et 4, on voit qu'elles forment intervalle mélodique de *septième majeure*, parce que le *fa* se trouve à six marches inférieures de *mi*. (Voir les explications sur cette espèce d'intervalle.) Examinons la figure n. 52 , au

n. 1 et au n. 2, on ne saurait pas fixer à quel nombre de marches la note est éloignée de l'autre : qu'on écrive les deux notes sur la clé de *fa*, comme aux n. 3 et 4 (Voir le 1er tableau), ou sur la clé de *sol*, comme aux n. 5 et 6 ; dans l'un et l'autre cas, on voit qu'entre les deux notes il existe une octave intermédiaire ; qu'on fasse, par conséquent, le *rapprochement simple*, et l'on verra que le *sol* se trouve à une marche inférieure du *la*, ou, ce qui revient au même, le *la* se trouve à une marche supérieure du *sol;* par conséquent, les notes n. 5 et n. 6 forment intervalle de *seconde majeure* éloignée.

Quand chacune des deux notes est posée sur une clé différente, au lieu de les écrire sur la même clé, on pourra faire cela mentalement, afin d'être plus expéditif.

Il faut faire tous les exercices indiqués ci-dessus, en écrivant chacune des deux notes sur une clé différente.

Il y a plusieurs manières d'indiquer les intervalles que nous venons de voir dans ces derniers chapitres, et pour pouvoir nous comprendre, quand nous nous servirons de certaines expressions, il faut qu'on prenne la peine de remarquer les explications suivantes :

Quand on veut désigner l'intervalle mélodique et l'intervalle harmonique à la fois, on laisse les mots *mélodique* et *harmonique*, et l'on ne se sert que du mot intervalle, qui souvent même est supprimé.

Ainsi on dira :

Intervalle de seconde mineure, ou la seconde mineure, un demi-degré.

Intervalle de seconde majeure, ou la seconde majeure, deux demi-degrés.

Intervalle de seconde augmentée, ou la seconde augmentée, trois demi-degrés.

Intervalle de tierce diminuée, ou la tierce diminuée, deux demi-degrés.

Intervalle de tierce mineure, ou la tierce mineure, trois demi-degrés.

Intervalle de tierce majeure, ou la tierce majeure, quatre demi-degrés.

Intervalle de tierce augmentée, ou la tierce augmentée, cinq demi-degrés.

Intervalle de quarte diminuée, ou la quarte diminuée, quatre demi-degrés.

Intervalle de quarte juste, ou la quarte juste, cinq demi-degrés.

Intervalle de quarte augmentée, ou la quarte augmentée, six demi-degrés.

Intervalle de quinte diminuée, ou la quinte diminuée, six demi-degrés.

Intervalle de quinte juste, ou la quinte juste, sept demi-degrés.

Intervalle de quinte augmentée, ou la quinte augmentée, huit demi-degrés.

Intervalle de sixte diminuée, ou la sixte diminuée, sept demi-degrés.

Intervalle de sixte mineure, ou la sixte mineure, huit demi-degrés.

Intervalle de sixte majeure, ou la sixte majeure, neuf demi-degrés.

Intervalle de sixte augmentée, ou la sixte augmentée, dix demi-degrés.

Intervalle de septième diminuée, ou la septième diminuée, neuf demi-degrés.

Intervalle de septième mineure, ou la septième mineure, dix demi-degrés.

Intervalle de septième majeure, ou la septième majeure, onze demi-degrés.

Intervalle d'octave diminuée, ou l'octave diminuée, onze demi-degrés.

Intervalle d'octave juste, ou l'octave juste, douze demi-degrés.

Intervalle d'octave augmentée, ou l'octave augmentée, treize demi-degrés.

Il faut comprendre qu'on veut désigner par ces expressions et l'intervalle mélodique et l'intervalle harmonique. Il y a, à côté de chaque espèce d'intervalles, le nombre de demi-degrés qu'on doit avoir entre les deux notes.

Quand on veut désigner précisément l'intervalle harmonique, on peut aux mots *intervalle harmonique* substituer le mot *accord*.

Ainsi, on dira comme il suit :

Accord de seconde mineure, dissonnant.
Accord de seconde majeure, mi-consonnant.
Accord de seconde augmentée, dissonnant.
Accord de tierce diminuée, dissonnant.
Accord de tierce mineure, consonnant.
Accord de tierce majeure, consonnant.
Accord de tierce augmentée, dissonnant.
Accord de quarte diminuée, dissonnant.
Accord de quarte juste, mi-consonnant.
Accord de quarte augmentée, mi-consonnant.

Accord de quinte diminuée, mi-consonnant.
Accord de quinte juste, consonnant.
Accord de quinte augmentée, dissonnant.
Accord de sixte diminuée, dissonnant.
Accord de sixte mineure, consonnant.
Accord de sixte majeure, consonnant.
Accord de sixte augmentée, dissonnant.
Accord de septième diminuée, mi-consonnant.
Accord de septième mineure, mi-consonnant.
Accord de septième majeure, dissonnant.
Accord d'octave diminuée, dissonnant.
Accord d'octave juste, consonnant.
Accord d'octave augmentée, dissonnant.
Unisson parfait, consonnant.
Accord d'unisson diminué, dissonnant.
Accord d'unisson augmenté, dissonnant.

Par les mots *consonnant*, mi-consonnant et dissonnant, nous désignons l'harmonie plus ou moins agréable que chaque accord produit.

Quand on veut désigner les différentes espèces d'un même intervalle, on supprime les mots *diminuée*, *augmentée*, *mineur*, *majeur*, *etc.*, et l'on dit simplement :

L'unisson, la seconde, la tierce, la quarte, la quinte, la sixte, la septième, l'octave.

Par le mot *unisson*, on comprend qu'on veut désigner l'unisson diminué, l'unisson parfait et l'unisson augmenté.

Par les mots *la seconde*, on comprend qu'on veut désigner tout à la fois les intervalles mélodiques et harmoniques de seconde mineure, de seconde majeure et de seconde augmentée.

Il en est de même pour les mots : la tierce, la quarte, etc. Quand on veut désigner précisément l'intervalle harmonique, on dira l'accord de *seconde*, l'accord de *tierce*, l'accord de *quarte*.

En disant l'accord de *seconde*, on doit comprendre qu'on veut dire l'intervalle harmonique de *seconde mineure*, de *seconde majeure*, de *seconde augmentée*. Il en est de même quand on dit *l'accord de tierce*, *l'accord de quarte*, etc.

Nous avons dit plus haut qu'on peut faire aussi des triples et des quadruples notes, et que plusieurs notes à la fois produisent différentes espèces d'accords (Voyez fig. n. 53), où l'on a une quadruple note, c'est-à-dire quatre notes qu'il faut exécuter simultanément.

Examinons les différentes espèces d'intervalles que ces notes produisent :

Les notes n. 1 et n. 2 forment intervalle de *sixte mineure*.

Les notes n. 1 et n. 3 forment intervalle de *tierce mineure*.

Les notes n. 1 et n. 4 forment intervalle de *sixte mineure éloignée*.

Les notes n. 2 et n. 3 forment intervalle de *quinte juste*.

Les notes n. 2 et n. 4 forment intervalle d'*octave juste*.

Les notes n. 3 et n. 4 forment intervalle de *quarte juste*.

D'après cela, on doit conclure qu'on entend six espèces d'accords différents, c'est-à-dire l'accord de *sixte mineure*, de tierce mineure, de sixte mineure éloignée, de quinte juste, d'octave juste et de quarte juste.

Qu'on s'exerce à faire de triples ou de quadruples, etc., notes en plaçant même chaque note sur une portée différente, ou bien deux ou trois notes sur une portée, tandis que deux ou trois notes se trouveront sur une autre portée, comme à la figure n. 54.

On pourra écrire des notes quelconques, soit barrées, soit non barrées, soit altérées, soit non altérées. On pourra aussi écrire chaque note sur une clé différente, ou bien deux ou trois notes sur une clé, et d'autres sur d'autres clés, ensuite on distinguera toutes les espèces d'accords que ces diverses notes peuvent produire.

Nous prions nos lecteurs de ne point quitter les chapitres des intervalles sans les avoir bien compris, et de s'habituer à la lecture des simples, des doubles, des triples, etc., notes sur différentes clés, et l'on aura une idée de l'éloignement plus ou moins grand qu'il peut y avoir entre les sons. Ces chapitres, pour être compris, demandent une attention soutenue; mais nous ne doutons pas que si on les possède bien, on rencontrera peu de difficulté dans le reste de l'ouvrage, et l'on pourra parvenir même à la haute composition musicale.

CHAPITRE XXIV.

(Tableau N° 4.)

Des Voix et des Instruments.

Il y a deux espèces de sons : le vocal et l'instrumental.

Le premier est produit par la voix, le second par ce qu'on appelle instruments de musique.

Qu'on ait sous les yeux le 1 er et le 5e tableau.

On appelle *chant* l'émission des sons par la voix.

Il y a deux espèces de voix : celle de l'homme et celle de la femme.

On distingue trois voix d'homme : la voix de *basse*, de *baryton* et de *ténor* ou *taille*.

La voix de basse émet des sons graves , le *ténor* donne des sons aigus. Le *baryton* est une voix qui tient le milieu, entre le grave et l'aigu, ou pour mieux dire, on a une voix de *baryton* quand on n'est ni *basse*, ni *ténor*.

On distingue trois espèces de voix de femme : la voix de premier *soprano*, la voix de deuxième *soprano* et la voix de *contr'alto*.

La voix de premier soprano émet des sons élevés.

La voix de contr'alto donne des sons graves.

Et la voix de deuxième *soprano* tient le milieu entre le grave et l'aigu, ou pour mieux dire, on a la voix de deuxième *dessus*, quand on n'est ni premier *soprano*, ni *contr'alto*. La voix de *contr'alto* est bien rare en France; mais la voix de *haute-contre* remplace celle de *contr'alto*.

La voix de *haute-contre* descend moins bas que la voix de *contr'alto*. L'étendue de chaque espèce de voix s'appelle *diapason*.

On appelle aussi *diapason* un petit instrument d'acier qui, heurté contre un corps solide, donne le son *la*, n. 70 du 1ᵉʳ tableau, et sert à donner ce qu'on appelle le *ton*.

Le *diapason* de chaque espèce de voix diffère selon la complexion des individus, cependant on distingue deux espèces de *diapason* : le *diapason* ordinaire et le *diapason exceptionnel*.

On appelle voix d'un *diapason* ordinaire celle dont l'étendue peut convenir à plusieurs : elle sert pour ce qu'on appelle *chanter en chœur*.

La voix d'un *diapason* exceptionnel est celle dont l'étendue varie selon les dons qu'on a reçus de la nature et les soins qu'on a apportés pour la perfectionner. On peut dire pourtant que ce *diapason* est plus grand que le *diapason* ordinaire. Sur le 5ᵉ tableau, nous fixons à peu près le *diapason* de chaque espèce de voix. Quand la voix d'homme descend par exception, plus bas que les voix ordinaires de *basse*, on appelle cela voix de *basse-contre*.

Chaque espèce de voix a trois registres de sons : les registres de sons appelés de poitrine, du milieu et de tête ou fausset.

On *vocalise* quand on fait entendre le *ton* (qu'on doit prendre ici pour *son*) sans prononcer le nom des notes.

On solfie quand on prononce le nom des notes.

On chante quand on prononce des paroles en modulant des *sons*. (On dit pourtant chanter un air.)

Les instruments de musique se classent en trois catégories : instruments à cordes, instruments à vent, instruments à percussion. Sont appelés instruments à cordes : le violon, l'alto, le violoncelle, la contre-basse, etc., etc. On peut y ajouter la guitare, la harpe, la vielle, la mandoline; mais ces derniers instruments sont peu en usage dans un orchestre.

La flûte, le hautbois, la clarinette, le cor anglais, la trompette à clés, la trompette à pistons, le flageolet, le cor, l'ophicléide, le serpent, le trombone, etc., sont des instruments à vent.

Les timbales, les cymbales, le beffroi, le tambour, la grosse caisse, le triangle, l'harmonica, etc., sont des instruments à percussion, ainsi que le piano, l'orgue, l'accordéon, etc.

Par les différents systèmes de fabrication, on produit des instruments qui donnent des sons graves et d'autres qui donnent des sons aigus, c'est pour cela qu'on les écrit tantôt sur une clé, tantôt sur une autre. Les voix s'écrivent aussi sur différentes clés.

On appelle musique vocale, celle qui est écrite pour les voix, et musique instrumentale celle qui est écrite pour les instruments.

Il y a des personnes qui pensent que, pour combiner un air à grand orchestre, il faut connaître tous les instruments, et que pour composer, par exemple, un morceau de chant pour *ténor*, il est nécessaire d'avoir une voix de *ténor*, ou du moins de

savoir chanter; cela n'est pas, car on peut composer ou combiner un morceau à grand orchestre
sans, pour cela, savoir chanter ni jouer de tous les
instruments. Il suffit de connaître par théorie la
portée de chaque espèce de voix ou d'instrument,
et les ressources qu'on peut en tirer, ainsi que nous
le verrons dans ce chapitre.

Lorsqu'on veut composer un brillant concerto
pour un instrument, alors la théorie ne suffit pas;
car il faut savoir pour ainsi dire découvrir les secrets
de l'instrument qu'on veut faire briller.

Généralement les concertos ne sont composés que
par ceux qui excellent dans l'exécution d'un instrument; dans ce cas, chaque artiste a son style et
son genre particulier d'exécution, selon le goût et le
degré d'habileté qu'il a acquis.

Il y a bien des gens qui, ne voulant point se donner à la composition, disent que la connaissance
théorique de toutes les voix et de tous les instruments est inutile, et qu'il suffit, pour s'amuser, de
savoir jouer d'un instrument. Cela est une erreur ;
aussi, bien souvent, dans un concerto, on applaudit l'habileté d'un artiste, sans avoir une idée de
l'instrument dont il joue, et sans comprendre les
difficultés qu'il sait vaincre. Il résulte de là, que
certaines phrases d'une exécution très-difficile pas-
sent inaperçues, et qu'on applaudit l'artiste au moment où il s'y attend le moins.

Nous pensons, d'après cela, qu'il est très-utile
d'avoir une idée théorique de chaque instrument :
d'ailleurs, il suffit de lire ce chapitre et d'examiner
le tableau n. 5, où l'on a le dessin de tous les ins-

truments les plus usités en France, soit dans l'orchestre, soit dans les salons.

Dans le tableau n. 5, outre la forme, on peut remarquer le *diapason* de chaque instrument.

Il y a aussi des personnes qui commencent le
chant ou quelque instrument, sans le connaître
d'abord théoriquement et sans avoir une idée de la
musique. Cela retarde beaucoup les progrès dans
l'exécution, et conduit même bien souvent au dégoût, à cause des difficultés qu'on y découvre.

Pourquoi ne pas s'efforcer d'acquérir un peu de
théorie musicale? D'ailleurs, que dirait-on de quelqu'un qui, voulant voyager, se mettrait en route
sans savoir où il va, sans connaître, par les cartes
géographiques, dans quelle direction tel chemin
peut conduire? Certainement un pareil voyageur
aurait un grand désavantage avec un autre qui
connaîtrait déjà d'avance le lieu où il se propose
d'arriver.

Nous allons donner une idée de chaque instrument.

Nous commencerons d'abord par ceux à vent et
en bois; ils sont au nombre de six, du moins nous
ne parlerons que de six : flûte, hautbois, clarinette,
cor anglais, basson et flageolet.

L'invention de la flûte se perd dans la plus haute
antiquité. On fit des flûtes de plusieurs espèces de
bois, de plusieurs matières et de plusieurs dimensions. De nos jours, on en fait de buis, d'ébène,
d'argent, de cuivre, de cristal, d'or, etc.

Il y a des flûtes de trois dimensions, savoir : celle
appelée grande flûte, celle appelée flûte tierce et

celle appelée petite flûte. La grande flûte est celle dont on se sert le plus souvent dans les salons. La tierce et la petite flûte ne sont en usage que dans la musique militaire.

Il y a deux espèces de grande flûte : *l'ordinaire* et la flûte *Bohem*. Cette dernière, quoique plus avantageuse que la première, n'est pas encore bien répandue en France. Nous parlerons d'abord de la première.

Il y en a à une clé et avec plusieurs clés. Celle à une clé n'est pas bien en usage à cause de la difficulté qu'on éprouve lorsqu'il faut jouer dans des tons bémolisés ou dans des tons à plus de trois dièses à la clé. D'ailleurs, la flûte, avec une seule clé, ne peut exécuter nettement une gamme chromatique qui résulte fausse, et sourde, tandis que, avec la flûte à plusieurs clés, on peut jouer dans tous les tons, et les sons résultent plus nets, plus sonores, et les cadences se font plus facilement.

Il y a des flûtes d'une à seize clés : celles à quatre, cinq, six, sept, huit, dix, sont les plus usitées. On commence ordinairement par celle à quatre clés, dont nous donnons le doigté à la figure n. 1.

Pour prendre l'embouchure de la flûte, il faut faire ce qui suit : on approche les lèvres du trou de l'embouchure, et l'on prononce la syllabe *tu* jusqu'à ce qu'on fasse sortir un son agréable à l'oreille. On pose la flûte entre le pouce et l'index de la main gauche, vis-à-vis la clé n. 1 (Voyez fig. n. 1), de manière que le pouce puisse agir sur cette clé.

On doit tenir la flûte horizontalement, et la clé n. 4 doit être à la hauteur des épaules et touchée

par le petit doigt de la main droite. Entre le pouce
et l'index de la main droite, on place l'autre moitié
de la flûte, vis-à-vis de la clé n. 2, de manière que
le pouce puisse toucher cette clé.

Lorsqu'on obtient un son de la manière indiquée
plus haut, on place les doigts un à un sur chacun
des six trous, en commençant par ceux qu'on a à la
main gauche, et, après avoir posé le doigt, on essaie
de faire sortir un son.

La flûte commence par rendre le son n. 51, *ré* du
1ᵉʳ tableau, et elle monte jusqu'au *son* n. 85, *do*, ainsi
qu'on peut le voir à la figure n. 1 (5ᵉ tableau).

Le doigté qu'il faut prendre pour produire les
différents sons est indiqué par le mot *position*. On
remarque qu'on a sur la flûte 35 positions, afin de
rendre 35 sons différents. Plusieurs de ces positions
sont synonymes, comme par exemple, celle du n. 3
est synonyme de celle n. 15; dans ce cas, c'est le
souffle qui doit faire exister la différence entre les
deux sons, c'est-à-dire que pour obtenir le son *mi*,
par la position n. 15, il faut mettre plus de vent
dans le tuyau qu'il n'en faudrait pour obtenir le *mi*
n. 3 par la position n. 3.

Il en est de même en comparant la position n. 4
avec celle n. 16, ainsi de suite. Il va sans dire que
les trous noirs indiquent qu'il faut les boucher, et
que les trous ouverts indiquent qu'il faut les ouvrir.

Il existe d'autres positions pour l'exécution des
trilles; mais cela n'étant pas absolument nécessaire
pour la connaissance théorique de l'instrument, on
pourra en prendre connaissance d'un maître de
musique.

La flûte tierce et la petite flûte ont les mêmes positions que la flûte ordinaire. La seule différence, c'est que la flûte *tierce* rend toutes les mêmes notes à une tierce mineure plus haut, et que la petite flûte rend toutes les mêmes notes à une octave plus haut que la grande flûte, ainsi que nous le verrons dans le deuxième traité, au chapitre des transpositions.

Il y a aussi la petite flûte en *fa*, et celle appelée en *mi* bémol. La petite en mi bémol est d'un demi-ton plus haut que la petite flûte en *ré*, et celle en *fa* est d'une octave plus haute que la grande flûte tierce. Il n'est pas besoin de dire que la série des notes du milieu sont celles qui sont les plus brillantes sur la flûte, et que ce sont celles par conséquent dont on fait le plus d'usage.

Lorsqu'on joue de la flûte, il ne faut pas remuer le corps, ni les bras, ni la tête. On doit rester immobile et droit, afin que la respiration soit libre. Il faut pincer les lèvres vers les coins de la bouche, bien tendues et bien jointes, former avec le milieu de la bouche une petite ouverture qu'on applique à l'embouchure de la flûte afin d'y faire passer l'air qui fait raisonner l'instrument.

A la figure n. 2, nous donnons à peu près le dessin ou la forme de la flûte Bohem ; elle est à peu près comme la flûte ordinaire. Il y a six trous, les trois supérieurs sont bouchés par la main gauche, les trois inférieurs sont bouchés par la main droite et les petits doigts agissent sur des clés.

Par cette espèce de flûte, on a 1° l'avantage d'avoir un support en bois par lequel le pouce et l'index ne sont pas gênés pour soutenir la flûte ; 2° au

bord de l'embouchure il y a une excavation destinée
à la lèvre inférieure; cela facilite la respiration et
fait éviter le *sifflement*, défaut ordinaire aux flû-
tistes; 3° le doigté est plus régulier que celui de la
flûte ordinaire. Quoique cette flûte ait beaucoup de
clés, on voit par la figure n. 2 qu'il n'y a que onze
trous pour la position du doigté : cela tient à des
anneaux mobiles qui font agir des clés éloignées.

On voit que le *diapason* de cet instrument est depuis *do, son* n. 49 inclusivement, jusqu'à *ré, son*
n. 87.

La flûte est un instrument d'une grande ressource
dans un orchestre, c'est par elle qu'on exprime principalement ce qui est pathétique, pastoral, tendre
et affectueux; elle s'accorde très-bien avec les instruments à cordes et en bois, ainsi qu'avec les voix
de *ténor* et de *soprano*; enfin, elle est pour ainsi dire
l'âme d'un orchestre.

En Allemagne et en Italie, lorsqu'il y a seulement
une réunion de trois amateurs pour exécuter de la
musique, on y voit ordinairement une grande flûte,
parce qu'il n'y a pas d'instrument à vent qui puisse
s'accorder aussi facilement que la flûte avec tout
espèce d'instruments.

CLARINETTE.

A la figure n. 3, nous donnons une idée de la
forme de la clarinette et de son étendue. Nous parlerons des positions de celles à six clés; il y a cependant des clarinettes qui dépassent le nombre
de six clés; mais cette dernière est la plus usitée.

On voit à la figure ci-dessus que l'étendue de la clarinette en *ut* est depuis *mi*, son n. 44, jusqu'à *sol* son n. 80.

On appelle *sons du chalumeau* ceux qu'elle donne au grave, dans sa première octave, et *sons du clairon* ceux qu'elle donne depuis *do*, son n. 61, jusqu'à *do* son n. 73.

Les sons aigus ne sont usités, que lorsqu'elle joue en *solo*. Elle brille dans la série des sons entre le grave et l'aigu. Cet instrument s'écrit en clé de *sol*, ainsi que la flûte. On l'emploie plutôt dans les orchestres que dans les salons. C'est cependant un instrument d'une grande ressource et bon à exprimer tout espèce de grande sensation.

Il y a cinq espèces de clarinettes : celle en *si* bémol, celle en *ut*, celle en *la ;* il y a ensuite la petite clarinette en *mi* bémol et celle en *fa ;* ces deux dernières ne sont guère usitées que dans un orchestre. Le doigté pour ces cinq espèces de clarinettes est le même que celui que nous indiquons à la figure n. 3.

Lorsqu'on écrit de la musique pour cet instrument, on emploie la série entre le grave et l'aigu, à moins qu'on ne compose de la musique pour deux ou trois clarinettes ; dans ce cas, on donne à la troisième clarinette les sons plus graves, à la première les sons plus aigus et à la deuxième les sons du milieu, comme pour les flûtes.

La clarinette ne joue pas dans tous les tons comme la flûte ; elle joue ordinairement dans les tons de *mi* bémol, si bémol, *fa, ut, sol, ré, la.* Rarement elle dépasse les armures de ces tons à cause de la difficulté des positions pour l'exécution des notes diésées ou bémolisées. D'ailleurs, les sons de cet instrument ne brillent que dans les tons faciles.

HAUTBOIS.

Le hautbois, instrument très-répandu en Italie, ne l'est encore guère en France. Tout au plus si l'on peut en voir au théâtre ; cela tient à la rareté des professeurs pour cet instrument ; cependant les sons en sont très-agréables et se lient très-bien avec les instruments à cordes et en bois.

Le hautbois est aussi d'une grande ressource ; car il peut jouer dans tous les tons. Les plus favorables sont ceux d'*ut*, de *sol*, de *ré*, de *la*, de *fa* et de *si* bémol. On voit par la figure n. 4 que cet instrument est très-étendu, et qu'il peut faire, 'ainsi que les flûtes et les clarinettes, toutes les notes diésées et bémolisées. En écrivant de la musique pour cet instrument, on donne la préférence à la série des notes qui se trouvent entre le grave et l'aigu. On écrit sur la clé de *sol*.

COR ANGLAIS.

A la figure n. 5, on voit à peu près la forme du cor anglais. Cet instrument s'écrit sur la clé de sol ou sur la clé de *do*, deuxième ligne. Il imite à peu près le son de la clarinette et du hautbois ; comme on le voit, il commence par la note *mi*, *son* n. 41, et monte jusqu'à la note *si* bémol, inclusivement, *son* n. 71. Les zéros barrés indiquent qu'il faut boucher la moitié des trous. Cet instrument s'emploie ordinairement en *solo* dans l'orchestre ; il a, comme on

le voit, plusieurs clés, entre autres celle appelée clé
à octavier : elle sert à adoucir les sons rendus par
les positions n. 23, 24, 25, etc., ainsi qu'il est indiqué. Cette clé sert aussi à lier les notes graves avec
les notes aiguës des positions ci-dessus.

Les tons les plus favorables à cet instrument sont
ceux de *fa*, *ut*, *sol*, *ré*, *si* bémol, *mi* bémol. La série des sons les plus favorables est celle qui tient le
milieu entre les sons les plus graves et les plus aigus. Cet instrument est très-doux ; on l'emploie toujours avec succès dans un orchestre.

FLAGEOLET.

Il y a des flageolets à clés, d'autres sans clés. Ceux
à clés sont les plus usités, parce que certaines notes
diésées ou bémolisées sont plus facilement rendues,
elles sont même plus justes et plus sonores. Cet instrument ne s'emploie guère dans un orchestre ; mais
il ne manque pas d'effet dans un salon ; car lorsqu'on en sait jouer, on en obtient des sons très-
doux et très-agréables.

A la figure n. 6, nous donnons les positions du
flageolet à deux clés, il y en a qui surpassent ce
nombre.

Les flageolets à pompe sont préférables à ceux
sans pompe, car ceux-là sont plus doux que les autres. Le flageolet en *la* est le plus usité. Les zéros barrés indiquent qu'il faut boucher les trous à moitié.
Le petit doigt de la main droite sert quelquefois à
boucher à demi le trou du bout du flageolet indiqué
par le signe (I), afin d'obtenir l'*ut* dièse d'en bas et

le *ré* plus aigu : ces deux notes cependant sont très peu usitées. Le flageolet produit tous les sons contenus dans deux octaves, ainsi qu'on peut le voir par la figure n. 6. Cet instrument joue ordinairement de la musique dansante à cause de ses sons aigus, qui sont plus propres au gai qu'au pathétique. Il joue ordinairement dans des tons faciles , comme par exemple les tons de *fa*, de *sol*, de *ré* et d'*ut*, et l'on écrit par conséquent des airs dans ces tons qui sont les plus favorables pour cet instrument. On l'écrit sur la clé de *sol*.

BASSON.

A la figure n. 7, on a l'étendue du basson. Cet instrument, dans un orchestre , sert ordinairement de basse aux autres instruments en bois, parce qu'il donne des sons graves.

Il s'écrit sur la clé de *fa*, et lorsqu'il monte haut , on lui substitue la clé d'*ut*, quatrième ligne. Les sons du basson ont quelque ressemblance avec ceux du hautbois.

Le basson a , comme on le voit, six trous, trois à la partie supérieure et trois à la partie inférieure ; il possède en outre plusieurs clés. Dans cette figure, nous donnons le basson à seize clés. Les mêmes positions peuvent servir également pour un basson à dix clés. Celui à seize clés est le meilleur. Nous avons numéroté toutes les clés, et les numéros posés près des trous indiquent le numéro de la clé qu'il faut ouvrir.

Cet instrument peut jouer dans tous les tons, et on l'emploie avec succès. Il commence par la note *la* dièse (*son* n. 23 du 1er tableau), et il monte jusqu'à la note *fa* (*son* n. 66) ; les quatre ou cinq dernières notes aiguës sont peu usitées. Pour cet instrument, on emploie de préférence la série des sons qui se trouvent entre les graves et les aigus. Il y a, comme on le voit, plusieurs positions différentes à prendre pour l'exécution d'une même note. Lorsqu'on veut jouer, on place la partie inférieure de cet instrument sur la hanche droite. On soutient l'instrument par un cordon passé à l'anneau qui porte la marque (1). On tourne le bocal de manière à emboucher l'anche qui s'appuie sur la lèvre inférieure et qui doit entrer dans la bouche à peu près à trois lignes de l'anneau. Il n'est pas nécessaire de souffler beaucoup pour obtenir les sons. Il suffit que la langue et les lèvres de celui qui joue fassent comme s'il voulait jeter une paille de la bouche. Pour arriver à obtenir de beaux sons, il faut s'habituer dès le commencement à faire durer longtemps le même son. Dans un orchestre, la flûte, la petite flûte, la clarinette, la petite clarinette, le hautbois, le cor anglais et le flageolet, sont des instruments chantants, c'est-à-dire qu'on doit le plus souvent leur donner à exécuter des phrases assez mélodiques pour qu'ils puissent inspirer de l'intérêt.

Le basson traité en *solo* peut également briller dans des motifs.

Nous allons maintenant donner quelques notions sur les instruments en cuivre. Les plus usités sont au nombre de seize, c'est-à-dire n. 1, cor d'harmonie; n. 2, cor à pistons; n. 3, trompette à pistons; n. 4, bugle ou trompette à clés; n. 5, cornet à deux pistons; n. 6, à trois pistons; n. 7, cor de chasse; n. 8, clavicor; n. 9, ophibaryton; n. 10, basse à pistons; n. 11, trombone à trois pistons; n. 12, trombone-basse; n. 13, ophicléide-alto; n. 14, ophicléide-basse; n. 15, serpent; n. 16, trompette d'harmonie.

Lorsqu'on emploie ces instruments ensemble, ils se divisent en trois classes, savoir : instruments chantants, instruments intermédiaires et instruments graves.

Le cornet à deux pistons, le cornet à trois pistons, le clavicor, le cor à pistons, la trompette à clés ou bugle, la trompette à pistons sont des instruments chantants. Le cor d'harmonie, le cor de chasse, le trombone à trois pistons, l'ophicléide-alto, la basse à pistons et la trompette d'harmonie, sont des instruments intermédiaires. L'ophicléide-basse, le trombone-basse, le serpent et l'ophicléide-baryton, sont des instruments graves.

Nous allons commencer par les instruments chantants.

A la figure n. 8, nous avons le cor à pistons qui est une espèce de cor d'harmonie, avec la différence que ce dernier n'a point de pistons.

Le cor à pistons a plusieurs petites pièces en cuivre qui s'appellent *corps de rechange*. Ces pièces sont ordinairement au nombre de 12 ou 13, c'est-à-dire qu'il y a le corps de rechange en *si* bémol grave, en *si* naturel grave, en *ut* grave, en *ré*, en *mi* bémol, en *mi*, en *fa*, en *sol*, en *la*, en *la* bémol, en *si* bémol aigu, en *si* naturel, en *ut* aigu.

On applique une de ces pièces à la branche d'embouchure à l'endroit marqué *B*. Après cela, on applique au bout du corps de rechange une autre petite pièce en cuivre ou en argent appelée *embouchure*. On la porte à la bouche de manière que la lèvre supérieure entre à deux tiers de cette pièce. La lèvre inférieure est appuyée pour empêcher que le souffle ne s'évade avant de produire le son, on respire une colonne d'air suffisante qu'on lance de suite dans l'embouchure. Pour lancer cet air, il faut que la langue et les lèvres fassent pour ainsi dire l'action de rejeter quelque chose de la bouche.

On doit se tenir debout, la tête haute et immobile.

On emploie l'index pour faire agir le piston marqué n. 1 sur la figure n. 8, et l'on se sert du médium pour faire agir le piston n. 2. On pince les lèvres pour obtenir des sons aigus, et on les relâche à mesure qu'on descend à des sons graves.

Pour obtenir plus facilement l'embouchure, il vaut mieux s'exercer à rendre des sons avec la petite pièce *embouchure* séparée du cor. Lorsqu'on saura pincer et relâcher les lèvres, faire avec la langue et les lèvres le bruit qu'on ferait en rejetant quelque chose de la bouche, obtenir plusieurs sons en montant et en descendant, on appliquera la petite pièce *embouchure* au corps de rechange en *mi*, ou en *mi* bémol, ou en *fa*. A la figure n. 8, on voit des notes marquées du signe 3|5, cela veut dire que la main qui doit se trouver au pavillon indiqué par la lettre *D*, doit s'arrondir, former un creux, et les doigts rapprochés les uns des autres. On fait ensuite entrer trois quarts de la main dans le pavillon. Par le n. 0, zéro posé au-dessus des notes, nous indiquons que la note doit se faire sans le secours des pistons et sans mettre la main au pavillon. On appelle cela sons ouverts. Le n. 1, posé au-dessus des notes, indique qu'il faut enfoncer le piston n. 1 avec l'index. Le n. 2, au-dessus des notes, indique que, pour exécuter la note, il faut enfoncer le piston n. 2. Les numéros 1|2 indiquent qu'il faut enfoncer les deux pistons à la fois.

Comme on le voit, par la figure n. 8, le cor à piston s'écrit sur la clé de *sol*. Lorsqu'on lui donne des notes bien graves, elles s'écrivent alors sur la clé de *fa*, quatrième ligne. Ces notes graves, nous les avons indiquées par les mots *rarement usitées*. Lors donc qu'on écrit de la musique pour cet instrument, on doit employer principalement les notes que nous avons écrites sur la clé de *sol :* toutefois, les notes les plus brillantes et les mieux rendues sont celles qui, sur la clé de *sol*, tiennent le milieu, entre les graves et les aiguës, comme par exemple, celles en commençant à la position n. 23, *mi*, jusqu'à la position n. 41, *la*. Pour tous les corps de rechange, il faut prendre les mêmes positions que celles indiquées dans la figure n. 8; par conséquent, pour chaque corps de rechange, on peut obtenir la même série de notes, avec la différence que le corps de rechange rend plus ou moins graves toutes les notes de cette figure. On voit que par la position n. 1, on obtient la note appelée *fa* dièse, que par la position n. 2, on obtient la note appelée *sol*, ainsi de suite. Or, ce *fa* dièse, par exemple, est *son* n. 17, du tableau n. 1, lorsque le cor à pistons est en *si* bémol grave, c'est-à-dire lorsqu'au cor on applique le corps de rechange appelé *si* bémol.

Nota. Au bout de toutes les petites pièces est écrit le nom de l'espèce du corps de rechange.

Ce même *fa* dièse devient d'un demi-degré plus haut, c'est-à-dire *son* n. 18, si au corps de rechange en *si* bémol grave, on substitue celui en *si* naturel grave, et ce même *fa* dièse devient d'un degré plus haut, c'est-à-dire *son* n. 19; si au corps de rechange en *si* bémol grave, on substitue celui de *do* naturel.

Ce *fa* dièse devient de quatre demi-degrés plus haut, c'est-à-dire son n. 21, si au corps de rechange en *si* bémol grave, on substitue celui de *ré* naturel.

Ce même *fa* dièse devient de cinq demi-degrés plus haut, c'est-à-dire *son* n. 22, si au corps primitif de rechange en si bémol, on substitue, par exemple, celui en *mi* bémol, ainsi de suite en montant.

On doit comprendre, par ces explications, que le corps de rechange en *ut* grave est destiné à donner, par la position n. 1, la note *sol*, son n. 20 du tableau n. 1, que par la position n. 2 on aura, par conséquent, la note *sol* dièse ou *la* bémol, *son* n. 21; que par la position n. 3, on obtiendra la note *la* naturel, *son* n. 23, ainsi de suite.

On comprendra également que chaque note de la figure n. 8 deviendra d'un degré plus bas si au corps de rechange en *ut* on substitue celui en *si* bémol grave, que chaque note deviendra d'un demi-degré plus bas, si au corps de rechange en *ut* grave on substitue celui en *si* grave ; que chaque note deviendra d'un degré plus haut, si au corps de rechange en *ut* on substitue celui en *ré;* que chaque note deviendra de trois demi-degrés plus haut, si au corps de rechange en *ut* on substitue celui en *mi* bémol, ainsi de suite.

Lorsqu'on écrit de la musique pour deux cors à pistons, les notes écrites en clé de *fa*, ou celles graves en clé de *sol*, sont destinées au deuxième cor, et les notes plus aiguës sont destinées au premier cor.

Les airs pour le cor à pistons s'écrivent ordinairement dans les tons suivants : ton de *sol*, *ut*, *fa*, quelquefois *si* bémol, *mi* bémol, et presque jamais dans les autres tons, à cause des difficultés qui se présentent ; car, plus il y a de notes altérées, plus on s'expose à faire une série de sons sourds et à peu d'effets.

CLAVICOR.

A la figure n. 9, nous donnons la forme d'un instrument appelé *clavicor.* Cet instrument n'est pas encore bien connu en province, il est cependant très-utile. Ce n'est autre chose qu'une modification du cor à deux pistons. Le clavicor possède trois pistons, ce qui fait qu'il peut facilement exécuter une musique chantante, comme le cornet à pistons. Le clavicor s'écrit en clé de *sol*. Par la position n. 1, on obtient la note *fa* dièse ; par la position n. 2, on obtient la note *sol* naturel, ainsi de suite.

Tout ce que nous avons dit du cor à pistons, quant à l'embouchure s'applique également au *clavicor*.

A la figure n. 9, nous indiquons par le zéro les sons ouverts; par le n. 1, nous indiquons qu'il faut faire agir le piston n. 1 pour exécuter la note. Par les n. 2 et 3, nous indiquons les pistons n. 2 et n. 3, ainsi de suite. Il est inutile de parler plus amplement de l'étendue et du doigté de cet instrument, puisque la figuré n. 9 le fait suffisamment connaître.

Les airs pour cet instrument s'écrivent ordinairement dans les tons d'*ut, sol, fa.*

Les notes les plus usitées sont celles qui s'écrivent généralement sur la grande portée.

CORNET A TROIS PISTONS.

A la figure n. 10, nous avons l'étendue et le doigté du cornet à trois pistons.

CORNET A DEUX PISTONS.

A la figure n. 11, nous avons le cornet à deux pistons.

TROMPETTE A PISTONS.

A la figure n. 12, nous avons la trompette à pistons.

D'après ce que nous venons de dire sur le cor à pistons et sur le clavicor, et d'après les trois figures ci-dessus, on ne sera pas embarrassé pour connaître la théorie de ces trois instruments. Nous n'en parlerons donc pas plus au long, car nous serions obligés de nous répéter.

On emploie à peu près les mêmes moyens pour l'embouchure, avec la différence que pour ces instruments, il faut pincer un peu plus les lèvres que pour les cors, parce qu'ils sont à une octave plus haut. On ne fait pas non plus usage de la main dans le pavillon, comme pour les cors.

Les instruments des figures n. 10, 11, 12 ont également tous leurs corps de rechange, et les notes qui font le plus d'effet sont celles qui se trouvent sur la grande portée.

On tient ces instruments de la main gauche, et l'on se sert des pistons au moyen de l'*index* et du *médium* de la main droite, etc.

COR D'HARMONIE.

A la figure n. 13, nous avons le cor d'harmonie. Cet instrument est très-connu et offre moins de ressource que le cor à pistons, car la plupart des notes du cor d'harmonie s'exécutent, faute de piston, au moyen de la main dans le pavillon. Ce qui fait que les sons ne sont pas tous bien sonores, excepté ceux pourtant qu'on fait sans le secours de la main dans le pavillon, et qu'on appelle sons ouverts. Ce que nous avons dit sur l'embouchure du cor à pistons, sur ses corps de rechange et sur leurs effets, s'applique également au cor d'harmonie.

Lorsque le cor à pistons et le cor d'harmonie jouent ensemble, on destine à celui-ci les notes les plus graves.

Le cor d'harmonie doit avoir à la clé des armures simples, c'est-à-dire un dièse, un bémol, quelquefois deux ou trois , et rarement d'autres armures , généralement même il n'a aucune armure à la clé, c'est-à-dire que les airs s'écrivent dans le ton d'*ut*. Lorsque cet instrument sert de basse aux instruments chantants, on doit principalement lui choisir des sons ouverts. Le cor d'harmonie a une grande étendue, c'est-à-dire qu'il fait les sons contenus dans quatre octaves pour chaque corps de rechange.

Lorsqu'on écrit pour deux ou trois cors d'harmonie, le premier fait les notes plus aiguës, le troisieme fait les notes plus graves, et le deuxième fait les notes du milieu.

On écrit les notes de ces trois différents cors sur la clé de *sol*, quelquefois les notes du troisième cor s'écrivent, dans quelques phrases, sur la clé de *fa* pour éviter les notes barrées d'en bas. Lorsqu'on écrit pour deux cors, le premier fait les notes aiguës et les intermédiaires , le second fait les notes intermédiaires et les graves. Le premier, s'appelle alors cor-alto, et le second cor-basse. Lorsqu'on écrit pour un cor seul, on doit distinguer si l'on veut écrire pour cor-basse ou pour cor-alto ; car il est très-difficile que la petite pièce *embouchure* puisse servir à l'exécution de toutes les notes. Il faut généralement deux embouchures d'une dimension différente , l'une sert à faire les notes aiguës et l'autre les notes graves.

On remarque à la figure n. 27 (5e tableau), à l'endroit *cor d'harmonie*, comment cet instrument exprime la série des sons qu'on a à la portée n. 1, selon le corps de rechange qu'on lui applique. Dans cette figure l'indication des corps de rechange est faite ainsi qu'il suit : cor d'harmonie en *si* bémol, en *si*, en *ut*, en *ré*, etc.

Lorsqu'on veut écrire de la musique pour le cor d'harmonie, il faut qu'on ait recours à cette figure, qu'on se serve de la série des notes du corps de rechange qu'on veut appliquer au cor et qu'on fasse la notation des sons, ainsi que nous l'avons indiqué pour chaque corps de rechange; de cette manière , on évitera une mauvaise notation qui ne serait point comprise ou point exécutable. Dans la figure n. 13, nous avons marqué le doigté de cet instrument, c'est-à-dire la position que la main doit prendre au *pavillon* pour l'exécution de la note : ainsi , lorsqu'il ne faut point de main au *pavillon*, c'est-à-dire que les sons doivent être ouverts, nous l'indiquons par un zéro au-dessus de la note ; lorsque le pavillon doit être plus ou moins bouché, nous l'indiquons par les fractions 1/4, un quart, 1/2, 3/4 , que nous plaçons au-dessus de la note. Ainsi, lorsqu'il y a 1/4, cela veut dire que le pavillon ne doit être fermé que d'un quart ; lorsqu'il y a la fraction 1/2, cela veut dire que le pavillon ne doit être bouché qu'à moitié ; ainsi de suite. On voit par là que si l'on veut que le cor prolonge un son pendant quelque temps, il faut lui donner une note ouverte , différemment, le cor produirait la prolongation d'une note sourde, qui ne s'entendrait pas lorsqu'il joue avec d'autres instruments, ou ferait un mauvais effet. Les notes aux fractions 1/2 et 3/4 principalement doivent être de courte durée, et se résoudre de suite sur une note ouverte. On remarque également que cet instrument ne fait point toutes les notes contenues dans l'étendue des quatre octaves, et que même dans certains corps de rechange, il ne fait pas des notes qu'il fait dans d'autres. Nous croyons inutile d'énumérer ici les notes qu'il ne fait pas, puisqu'on peut le découvrir sans notre secours. Nous ferons remarquer seulement que nous indiquons par des *accolades* la série des sons qu'il faut employer lorsqu'on écrit de la musique, soit pour cor-alto ou premier cor, soit pour cor-basse ou deuxième cor. Nous ferons remarquer également que la note *fa* dièse, qui se trouve toujours sur la cinquième ligne de la clé de *sol*, sur tous les corps de rechange devient toujours plus impraticable à mesure que le corps de rechange est élevé, comme, par exemple, les corps de rechange *la* bémol, *la, si* bémol aigu, etc.

TROMPE.

A la figure n. 14, nous donnons les notes que peut faire la trompe, appelée communément cor de chasse. On fait usage de trois espèces de trompes, des grandes, des moyennes et des petites. Les sons de la grande trompe sont sonores ; mais elle fait difficilement les notes aiguës. La petite trompe fait facilement les sons aigus, mais elle fait difficilement les sons graves. Avec la moyenne, on peut faire les graves et les aigus, c'est pour cela qu'elle est préférée. Ce que nous avons dit pour l'embouchure des cors peut également s'appliquer à la trompe. On ne peut guère écrire pour cet instrument que de la musique simple, et toujours dans le ton *d'ut*, parce que la trompe, comme on le voit par cette figure, ne fait qu'un très-petit nombre de notes et même toutes naturelles. Généralement, on donne à la trompe des airs de chasse, c'est pour cela qu'on appelle cet instrument *cor de chasse*. Les airs qu'il joue sont de courte durée, comme on peut le voir en demandant chez les marchands de musique, des airs de chasse pour la trompe.

Elle s'écrit sur la clé de *sol*, et dans les notes aiguës, on substitue la clé d'*ut*, quatrième ligne.

BASSE A PISTONS.

A la figure n. 15, on a la forme de la basse à pistons. Elle s'écrit en clé de *fa* ; elle a quatre pistons, que nous avons numérotés. On doit placer la main gauche à l'endroit *b*, et la main droite à l'endroit *c*. Le piston n. 1 doit être touché par le doigt annulaire de la main gauche ; le piston n. 2, par le *médium* de la même main ; le piston n. 3 doit être baissé par le doigt annulaire de la main droite, et le piston n. 4, par le *médium* de la même main. Pour l'embouchure de cet instrument, on suit à peu près ce que nous avons dit pour les cors. Nous avons placé au-dessus de chaque note le numéro des pistons qu'il faut baisser pour la rendre, et lorsqu'il y a 0, zéro, cela veut dire que le son doit être ouvert, c'est-à-dire qu'on ne doit point faire usage des pistons. C'est alors en donnant plus ou moins de souffle et en pinçant plus ou moins les lèvres, qu'on produit des sons ouverts, graves ou aigus. On donne à faire à cet instrument surtout la série des notes qui ne se trouvent point aux deux extrémités ; il peut avoir à la clé une armure quelconque.

TROMBONE A TROIS PISTONS.

A la figure n. 16, on a le trombone à trois pistons, qui sert, pour ainsi dire, d'*alto* au trombone-basse. On donnera à celui-ci les notes plus graves, et à celui-là les notes plus aiguës, c'est-à-dire que le trombone à trois pistons exécute ordinairement des phrases chantantes.

La main gauche doit soutenir l'instrument ; le piston n. 1 doit être touché par l'index de la main droite ; le piston n. 2 par le *médium*, et le piston n. 3, par l'annulaire. Cet instrument peut jouer dans tous les tons, et n'a point de corps de rechange. Nous indiquons le doigté par les numéros des pistons posés au-dessus des notes.

Quant à l'embouchure de cet instrument, on doit suivre ce que nous avons dit pour les cors. Lorsqu'on veut écrire de la musique pour le trombone à pistons, on doit principalement faire usage de la série des sons qui ne se trouvent point aux deux extrémités du *diapason*, que nous donnons dans la figure n. 16. Cet instrument peut donner également l'octave au-dessous des huit premières notes de cette figure ; mais comme elles ne sont pas fort usitées, nous croyons inutile d'en parler.

TROMBONE-BASSE.

A la figure n. 17, nous avons le trombone-basse.

Cet instrument a une pièce qu'on fait agir sur différents endroits appelés *positions*, sur lesquelles on fait sept notes, dont les cinq premières s'appellent pleines et les deux autres factices. On n'emploie ces deux dernières que fort rarement, et elles doivent être de courte durée : il y a d'une position à l'autre la distance convenue d'un certain nombre de millimètres. Dans chaque position, on fait les notes de la gamme d'un ton, ainsi que nous l'indiquons par les différentes armures placées à côté du trombone, c'est-à-dire, qu'à la position 6 , on fait des notes appartenant au ton de *si* bémol ou *la* dièse majeur, ce qui revient au même.

A la deuxième position, on fait des notes appartenant au ton de *ré* majeur. A la troisième position, on fait des notes appartenant au ton de *la* bémol, ou de *sol* dièse majeur. A la quatrième position, on fait des notes appartenant au ton de *do* majeur. A la cinquième position , on fait des notes appartenant au ton de *si*. A la septième position on fait des notes appartenant au ton de *la* majeur. Dans chaque position on fait quatre espèces de notes , que nous appellerons plus loin *harmoniques dominantes*, c'est-à-dire qu'à chaque position et pour notes plus graves, on fait résonner la cinquième note de la gamme du ton ; pour note suivante , on fait résonner la deuxième note de la gamme du ton ; pour troisième note suivante , on fait résonner l'octave de la première note grave ; pour quatrième note suivante , on fait résonner la septième note de la gamme du ton ; pour cinquième note suivante, on fait résonner l'octave de la deuxième note précédente ; pour sixième note, on fait résonner la quatrième note de la gamme du ton ; pour septième note , on fait résonner l'octave de la troisième note précédente , qui est la cinquième note de la gamme du ton. Comme pour ces notes , qu'on fait dans chaque position , on ne prend point une position nouvelle , c'est en introduisant plus ou moins de souffle dans le tuyau et en pinçant plus ou moins les lèvres qu'on peut obtenir sept nuances de sons. D'ailleurs, en prenant un piano ou un autre instrument pour guide , on peut habituer l'oreille à faire exister , dans chaque position , ces sept différentes nuances de sons. Si celui qui commence le trombone est déjà familiarisé avec les sons des harmoniques dominantes, il pourra facilement saisir la résonnance qu'il faudra donner à la première note, à la deuxième, à la troisième, etc. Dans chaque position, il suffira même de bien saisir la résonnance des notes d'une position pour savoir de suite trouver la résonnance des autres.

Le trombone-basse s'écrit en clé de *fa*, quatrième ligne , et sert généralement à accompagner les instruments chantants : il n'a point de corps de rechange et peut jouer dans tous les tons. On remarque dans cette figure que parfois en partant de la note d'une position on peut faire résonner la note qui se trouve à un demi-degré plus haut, et qu'on est obligé d'aller chercher dans une autre position. C'est ce qui fait la difficulté de l'instrument qui, pour cela , demande une grande habitude : ainsi supposons qu'à la note n. 1 , *la* dièse ♯ , qui se trouve à la première position , on veuille faire résonner la note *si* naturel qui se trouve à un demi-degré plus haut. Dans ce cas on est obligé d'aller prendre *si* dans la septième position , où il se trouve comme deuxième note de la position. En effet , *si* naturel ne se trouve en aucune autre position que dans la septième. Il en est de même pour les autres notes ; c'est pourquoi les numéros posés au-dessus des notes dans la gamme chromatique qu'on voit à la figure n. 17 indiquent les positions qu'il faut prendre pour l'exécution des notes. On doit ensuite se rappeler si la note qu'on a à exécuter est première, deuxième, troisième, etc., de la position , afin de faire résonner la note qu'il faut.

OPHICLÉIDE-BASSE.

A la figure n. 18 , on a l'instrument appelé ophicléide-basse , qui sert ordinairement à accompagner les instruments chantants. Les notes de cet instrument s'écrivent en clé de *fa* , quatrième ligne.

Lorsqu'on emploie l'ophicléide en *solo* et qu'on lui donne une série de notes aiguës , on les écrit en clé de *sol*.

Néanmoins les notes les plus fréquentes , les plus usitées et les mieux rendues sont celles que nous avons fait contenir dans une accolade. Cet instrument n'a point de corps de rechange et peut jouer dans tous les tons.

Il a neuf clés , sur lesquelles sont des numéros par ordre.

Les numéros que nous avons posés au-dessus de chaque note indiquent que , pour exécuter la note, il faut ouvrir la clé qui porte le même numéro ; lorsqu'il y a deux ou trois numéros , cela veut dire qu'il faut ouvrir tout à la fois les deux ou trois clés

correspondantes. Le zéro indique qu'il ne faut ouvrir aucune clé. Pour l'embouchure de cet instrument , il faut suivre ce que nous avons dit pour
l'embouchure des cors , avec la différence qu'il faut
moins pincer les lèvres.

Il y a aussi l'ophicléide qu'on appelle en *si* bémol;
on s'en sert principalement dans la musique militaire.

Tout ce que nous venons de dire sur l'ophicléide-
basse, appelée ordinairement ophicléide-basse en *ut*,
peut s'appliquer à celle en *si* bémol : il n'y a de différence entre les deux qu'en ce que celle-ci est d'un
degré plus bas que celle en *ut*.

OPHICLÉIDE–ALTO.

A la figure n. 19 , on voit l'ophicléide-alto.

Cet instrument est le dessus de l'ophicléide-basse
en *ut* ; par conséquent l'ophicléide-*alto* est un instrument chantant: on l'appelle ophicléide-*alto* en *mi*
bémol, et s'écrit sur la clé de *sol*. Tout ce que nous
venons de dire sur l'ophicléide-basse en *ut* s'applique
également à l'ophicléide-*alto*. A la figure n. 19, on
a toute la série des sons que cet instrument peut
faire : les plus usités sont ceux qui se trouvent
aux deux extrémités, et que nous avons indiqués
par une accolade. Le doigté y est également
marqué.

SERPENT.

A la figure n. 20, on a l'instrument appelé *ser-*

pent : il n'est guère usité que dans quelques églises. Il s'écrit sur la clé de *fa*, et sert principalement à accompagner des cantiques. On voit par cette figure, l'étendue et le doigté de cet instrument.

Lorsqu'on écrit une série de notes aiguës, on subtitue la clé d'*ut*, quatrième ligne, à la clé de *fa*.

OPHIBARYTON.

A la figure n. 21, on a l'instrument appelé *ophibaryton* ou *serpent droit*. Son étendue et son doigté sont marqués sur la même figure. L'ophibaryton est une espèce du précédent, et s'écrit sur la clé de *fa*, quatrième ligne; il sert généralement de basse aux parties chantantes.

Cet instrument a six trous, dont trois supérieurs, près de l'embouchure, et trois inférieurs. Il a, de plus, trois clés.

La série des sons contenus dans l'accolade est celle dont on fait le plus d'usage, lorsqu'on écrit pour cet instrument.

TROMPETTE A CLÉS.

A la figure n. 22, on a la trompette à clés, qui s'appelle également *Bugle*. C'est un instrument chantant qui s'écrit sur la clé de *sol*, et a, comme les cors, tous les corps de rechange, ainsi qu'on peut le voir à la figure n. 27 du 5ᵉ tableau.

Pour l'embouchure de cet instrument, on suit à

peu près ce que nous avons dit pour les cors. Les notes renfermées dans l'accolade sont celles dont l'usage est le plus fréquent.

Cet instrument a sept clés. Nous indiquons par des numéros que nous avons placés sur chaque note, les clés qu'il faut appuyer pour l'exécution de la note, et le zéro indique toujours qu'il ne faut faire agir aucune clé. Les airs pour cet instrument s'écrivent généralement dans le ton d'*ut*, de *sol* ou de *fa*, quel que soit le corps de rechange qu'on emploie.

TROMPETTE D'HARMONIE,

A la figure n. 23, on a la forme de la trompette d'harmonie. On se sert pour cet instrument des corps de rechange en **ut**, en *ré*, en *mi* bémol, en *mi*, en *fa* et en *sol*. Il n'est guère en usage d'employer les corps de rechange aigus. La trompette d'harmonie joue ordinairement dans le ton d'*ut*, et dans les orchestres, on l'emploie lorsque tous les instruments agissent ensemble. On lui donne principalement la tonique ou la dominante du ton d'*ut*. On voit dans cette figure le diapason de cet instrument, et l'on peut y remarquer qu'il est privé de plusieurs notes intermédiaires.

Nous parlerons maintenant des instruments à cordes. Ils sont au nombre de six : le Violon, l'Alto, le Violoncelle, la Contre-basse, la Harpe et la Guitare. Il serait trop long de donner des détails sur l'attitude du corps et sur le doigté de tous ces instruments ; car chaque gamme demande un doigté particulier, et nous nous mettrions dans le cas de faire plutôt des méthodes qu'une théorie, si nous voulions entrer dans toutes les particularités de l'exécution; d'ailleurs , cela nous serait parfaitement inutile , parce que nous ne ferions que répéter ce qu'on peut trouver dans toutes les méthodes , et elles ne sont pas si rares qu'on ne puisse facilement se les procurer.

Au reste, qui croirait pouvoir parvenir à chanter ou à jouer convenablement d'un instrument sans le secours d'un maître pour lui servir de guide?

Notre but à nous, c'est de rendre quelqu'un capable d'écrire de la musique pour un instrument quelconque sans avoir besoin de posséder la connaissance du chant ni de l'exécution. Il suffit, pour cela, de connaître le *diapason* des voix et des instruments, et de savoir quelques autres particularités que nous jugeons à propos de donner pour pouvoir arriver à la composition, et pouvoir se créer des exercices qui seront très-utiles pour parvenir à déchiffrer avec aisance un morceau de musique, en cas qu'on se livre à l'exécution.

Si nous avons donné le doigté des instruments à vent, c'est que cela ne nous a point entraînés à de longues explications, ce doigté étant toujours invariable. Il n'en est pas de même pour les instruments à cordes ; néanmoins, outre le *diapason* de ces derniers instruments, nous donnerons quelques notions qui pourront être utiles dans le cours de cet ouvrage.

Le violon, qu'on appelle avec raison le roi des instruments, est assez généralement connu pour que ñous puissions nous dispenser d'en donner ici la forme et d'en faire ici la description.

A la figure n. 27 du 5e tableau, nous donnons l'étendue de cet instrument, ainsi que de l'alto, du violoncelle et de la contre-basse. On peut y remarquer aussi que ces instruments ont chacun quatre cordes, hors la contre-basse qui n'en n'a que trois.

Le violon s'écrit sur la clé de *sol*, l'alto, espèce de violon, s'écrit sur la clé d'*ut*, troisième ligne.

Le violoncelle et la contre-basse s'écrivent sur la clé de *fa*, quatrième ligne.

A la figure n. 24 (5e tableau), nous avons posé les notes des cordes à vide de chacun de ces instruments.

Voici, en résumé, ce qu'il faut observer pour l'exécution : la tenue de l'instrument, la tenue de l'archet, la tenue de la main, le mouvement des doigts de la main gauche, le mouvement de la main droite et du bras droit, le mouvement de l'archet, la division de l'archet dans l'exécution, les différentes positions sur le manche, l'attaque de la corde par l'archet, la position de l'archet sur la corde, le doigté des gammes sur chaque position, les notes glissées, le *staccato*, les sons harmoniques, la double corde et la connaissance de toutes le notes qu'on peut faire sur le manche. On peut s'instruire de toutes ces différentes choses par les méthodes et par les maîtres de ces instruments ; car, comme nous l'avons dit, ce n'est point là de la matière à devoir être insérée dans notre théorie.

Le piano, la harpe et la guitare, dont nous donnons l'étendue à la figure n. 27 du 5e tableau, entrent dans la même catégorie que les instruments ci-dessus, quant au doigté et à l'attitude du corps.

Le piano, ainsi que la harpe, s'écrivent en clé de *fa* et en clé de *sol*.

La guitare s'écrit en clé de *sol*.

La musique pour la harpe est la même que celle pour le piano.

Il est à remarquer que tous ces instruments à cordes peuvent faire des notes doubles, triples, etc.

A la figure n. 25 et 26, nous donnons la manière d'écrire de la musique pour les instruments à percussion, tels que les timbales, la grosse caisse, le pavillon chinois, le tambour, les castagnettes et les cymbales.

On y remarque qu'il y a plusieurs espèces de timbales, c'est-à-dire des timbales appelées en *ut*, en *ré*, bémol, en *ré*, en *mi* bémol, en *mi*, en *fa*, en *sol* bémol, en *sol*, en *la* bémol, en *la*, en *si* bémol, en *si* : elles s'écrivent en clé de *fa*, quatrième ligne, et elles font deux notes, la tonique et la dominante de chaque ton; ainsi, lorsqu'un morceau est en *ré*, on se sert des timbales en *ré*, et l'on donne à faire la *tonique* ou la *dominante* de la gamme du ton de *ré*, selon la série des harmoniques qu'on a dans une case, comme nous le verrons plus loin.

La grosse caisse et le tambour s'écrivent en clé de *fa*, et lorsqu'on veut faire agir ces instruments, on leur écrit la note *do*.

Les cymbales, le pavillon chinois, le triangle et les castagnettes s'écrivent en clé de *sol*, et lorsqu'on veut faire jouer ces instruments, on leur donne la note *do* à exécuter, ainsi qu'on peut le voir à la même figure.

Remarque. Lorsque sur les notes de la clarinette il y a le mot *chalumeau*, cela signifie que les notes doivent être exécutées une octave plus bas.

On distingue trois classes de corps de rechange, les graves, les intermédiaires et les aigus. Les graves sont ceux en *si* bémol grave, en *si* grave, en *ut*, en *ré* bémol, en *ré*, en *mi* bémol.

Les intermédiaires sont ceux en *mi*, en *fa*, en *sol* bémol, en *sol*. Les aigus sont ceux en *la* bémol, en *la*, en *si* bémol, en *si* aigu et en *ut* aigu. Les graves sont propres à exprimer des effets sombres, silencieux, etc.

Les aigus sont propres à exprimer le brillant, le joyeux, l'éclatant, etc.

Les intermédiaires servent à tempérer les nuances des graves et des aigus, et participent des uns et des autres.

L'indication du corps de rechange que l'instrument doit avoir, se fait toujours en tête du morceau de musique, et avant la clé. Cette indication se fait ordinairement par les mots : en *ut*, en *ré*, en *mi* bémol, etc., ainsi qu'on peut le voir à la figure n. 27 du 5ᵉ tableau.

Il y a des compositeurs qui font cette indication au moyen des lettres de l'alphabet. Au chapitre des clés, on peut prendre connaissance des lettres de l'alphabet qui peuvent remplacer les syllabes d'*ut*, *ré*, *mi*, etc.

CHAPITRE XXV.

Des Gammes.

Une succession de *sons*, déterminée par certaines règles, s'appelle gamme.

Les différentes espèces de gammes sont très-nombreuses : elles sont la source où l'on puise toute composition musicale.

La voix se forme à force d'exécuter des gammes.

Si l'on veut devenir habile sur un instrument quelconque, on doit avoir soin d'exécuter le plus souvent possible toute espèce de gammes : elles sont pour ainsi dire le guide le plus sûr pour parvenir à une brillante exécution.

On peut en trouver quelques-unes sur différentes méthodes de chant ou d'instrument; mais, comme le nombre en est très-grand, nous donnerons les moyens d'en former de toute espèce. On pourra ensuite les écrire à la portée de la voix ou de l'instrument qu'on a, et s'y exercer constamment.

Les différentes espèces de gammes se classent en deux séries : la série des gammes mélodiques et celle des gammes en accords. Nous traiterons d'abord de la série des gammes mélodiques. La gamme mélodique est celle dont les sons se succèdent les uns aux autres pour former ce qu'on appelle *mélodie*.

On divise les gammes mélodiques en cinq séries dont nous parlerons au chapitre XXXII; dans celui-ci, nous traiterons des gammes appelées diatoniques et chromatiques.

Il y a deux espèces de gammes diatoniques : les gammes diatoniques majeures et les gammes diatoniques mineures.

Nous parlerons d'abord des gammes diatoniques majeures; pour les former, il faut suivre les règles suivantes :

1° On posera une succession de huit notes, montant par degrés conjoints en partant d'une note quelconque, soit altérée, soit naturelle, de manière qu'on ait aussi une succession régulière de huit syllabes en montant. (Voir les chap. IV et V.)

2° On posera un numéro au-dessous de chaque note, le n. 1 pour la note qui est le point de départ, le n. 2 pour la note qui se trouve à la marche supérieure suivante, ainsi de suite, et l'on formera le signe X entre les numéros 3 et 4, ainsi qu'entre les numéros 7 et 8.

3° On fera en sorte que de la tonique à la sous-médiante, on ait la distance d'un degré, ainsi que de la sous-médiante à la médiante, de la sous-dominante à la dominante, de la dominante à la sous-sensible, de la sous-sensible à la sensible, et l'on fera attention que de la médiante à la sous-dominante, il existe la distance d'un demi-degré, ainsi que de la sensible à l'octave. (Voir chapitre III.) D'après les numéros posés au-dessous des notes, on verra que par le signe X, qui se trouve entre les n. 3 et 4 et entre les n. 7 et 8, on désigne le lieu où l'on doit faire exister, entre les deux notes, la distance d'un demi-degré.

C'est au moyen des signes *dièse, double dièse, bémol, double bémol,* qui servent à hausser ou à baisser le son naturel d'un demi-degré ou d'un degré qu'on pourra obtenir d'une note à une autre, la distance d'un degré ou d'un demi-degré pour se conformer à la règle n. 3. C'est en suivant ces quatre règles qu'on formera la gamme diatonique appelée *majeure.*

Comme il y a douze *sons* dans le système musical (Voir le chapitre I), en commençant une gamme par chacun des douze sons, on trouvera la formation de douze gammes majeures différentes les unes des autres, quoique formées par les mêmes règles, et puisqu'il y a des sons à double dénomination (Voir le chapitre XII), comme *do* dièse, *ré* bémol qui n'indiquent que le même son, on aura des gammes majeures appelées synonymes, comme nous le verrons plus loin.

On distingue une gamme majeure d'une autre, en ajoutant au mot gamme le nom de la première note, c'est-à-dire de la tonique, ainsi on dira : la gamme majeure de *do* dièse, de *ré* bémol, de *ré*, etc.

Pour qu'on puisse mieux comprendre ce que nous venons d'expliquer, nous allons former deux ou trois gammes majeures qui serviront de modèle.

Qu'on ait sous les yeux le premier et le sixième tableau.

A la figure n. 1, nous prenons pour point de départ la note *do* naturel. Nous posons une succession de huit notes montant par degrés conjoints, et par le nom de chaque note posé au-dessus , nous avons une succession régulière de huit syllabes en montant , le tout conforme à la règle n. 1. Nous avons placé des numéros sous chaque note. Le signe X doit indiquer l'endroit où, d'une note à une autre, on doit avoir la distance d'un demi-degré ; le tout conforme aux règles n. 2 et n. 3.

Nous allons former la gamme majeure de *do*, et faire le raisonnement suivant : de la tonique à la *sous-médiante*, il doit exister la distance d'un degré, de la note n. 1 à la note n. 2 cette distance existe. (Voir le 1er tableau.) De la *sous-médiante* à la *médiante*, il doit exister la même distance ; de la note n. 2 à la note n. 3, il y a cette distance. (Voir le 1er tableau.) De la *médiante* à la *sous-dominante*, il doit exister la distance d'un demi-degré, de la note n. 3 à la note n. 4, on a cette distance. (Voir le 1er tableau.) De la *sous-dominante* à la *dominante*, il doit exister la distance d'un degré, de la note n. 4 à la note n. 5 , il y a cette distance ; de la *dominante* à la *sous-sensible*, il doit exister la même distance, de la note n. 5 à la note n. 6, il y a cette distance ; de la *sous-sensible* à la *sensible*, ou de la note n. 6 à la note n. 7, il y a la distance voulue ; de la *sensible* à l'octave, il doit exister la distance d'un demi-degré, de la note n. 7 à la note n. 8, on a cette distance. (Voir le 1er tableau.) Puisque par la succession de ces huit notes, telles qu'elles sont posées, on remplit les quatre règles voulues, on doit conclure que ces huit notes forment la gamme majeure de *do*.

Il y a à remarquer que cette gamme remplit

toutes les règles prescrites, sans qu'on ait besoin de l'emploi d'aucun signe accidentel, ce qui n'arrive pas, comme nous le verrons, aux autres gammes majeures, si l'on commence par un autre *son* quelconque ; c'est pourquoi on l'appelle *gamme naturelle*. Cette manière de faire succéder huit *sons* est si agréable que l'oreille la moins musicienne serait choquée si l'on ne remplissait pas exactement la règle n. 3 ; si, par exemple, de la *médiante* à la *sous-dominante* on faisait exister la distance d'un *degré* au lieu d'un *demi-degré*, en plaçant un dièse devant le *fa*, et qu'on essayât cette gamme sur un instrument, on dirait de suite qu'elle est fausse.

Supposons qu'on veuille former la gamme majeure de *do* dièse, on doit faire le raisonnement suivant (Voyez fig. n. 2.) A l'exemple n. 1, nous avons placé une succession de huit notes montant par degrés conjoints, conformément aux règles n. 1 et 2. On a pour premier point de départ la note *do* dièse. A l'exemple n. 2, nous avons la gamme majeure de *do* dièse toute formée selon la règle n. 3. Qu'on examine cette gamme, et l'on verra que d'une note à la suivante, il existe la distance voulue par la règle n. 3. Néanmoins, afin d'être plus clair, nous allons l'analyser. On voit que nous avons placé un trait horizontal au bout duquel, en dessus et en dessous, se trouve une note, comme par exemple, au n. 2, on a un trait horizontal au bout duquel se trouve, en dessous, la note *ré* et, en dessus, la note *mi*. Nous avons fait cela pour éviter, dans notre analyse, les expressions : la note n. ... qui se trouve à l'exemple n. ... etc., car nous dirons simplement la note

n. ..., etc., au-dessus ou au-dessous du trait. Qu'on relève sur un papier de musique l'exemple n. 1 et qu'on fasse avec nous l'exercice suivant :

De la tonique à la *sous-médiante*, il doit exister la distance d'un degré, à l'exemple n. 1 : de *do* dièse à *ré* naturel, il n'existe que la distance d'un demi-degré. On devra donc mettre le son naturel à un demi-degré plus haut, afin que de *do* dièse à la note suivante, on ait la distance d'un degré, qu'on place un dièse devant la note *ré*, comme nous l'avons fait à l'exemple n. 2, et de *do* dièse à *ré* dièse, on aura la distance d'un dégré; de la *sous-médiante* à la *médiante*, il doit exister la distance d'un degré, de *ré* dièse à *mi* naturel au-dessus du trait, il n'y a que la distance d'un demi-degré. Qu'on place donc le *son mi* à un demi-degré plus haut, au moyen d'un dièse, comme nous l'avons fait à l'exemple n. 1.

Nota. On ne doit pas dire de *ré* naturel à *mi* naturel, parce que le *ré* a été altéré par le dièse, et c'est en partant de *ré* dièse, à l'exemple n. 2, qu'on doit régler la distance où doit se trouver la note suivante.

De la *médiante* à la *sous-dominante*, il doit exister la distance d'un demi-degré; de *mi* dièse à *fa* naturel au-dessus du trait, il n'y a aucune distance, qu'on place un dièse devant le *fa*, comme nous l'avons fait à l'exemple n. 2; de *mi* dièse à *fa* dièse, on aura alors la distance d'un demi-degré. (Voir sur le 1er tableau.)

Nota. On ne dira pas de *mi* naturel à *fa* naturel, parce que le *mi* a été diésé, et c'est en partant de la note *mi* dièse à l'exemple n. **2**, qu'on doit régler la distance où doit se trouver la note suivante.

De la *sous-dominante* à la *dominante*, il doit y avoir la distance d'un degré ; de *fa* dièse à *sol* naturel au-dessus du trait, il n'y a qu'un demi-degré. Qu'on place un dièse devant le *sol*, comme nous l'avons fait à l'exemple n. 2, et de *fa* dièse à *sol* dièse, on aura la distance d'un degré. On ne dira pas de *fa* naturel à *sol* naturel, parce que le *fa* a été diésé, et l'on doit maintenant partir de *fa* dièse pour régler la distance où doit se trouver la note suivante. Qu'on procède de la même manière jusqu'à la fin de la succession, et l'on découvrira que le *la* doit être diésé, le *si* de même, le *do* de même, et l'on aura trouvé la gamme de *do* dièse.

Supposons qu'on veuille former une gamme majeure en prenant pour point de départ la note *mi* dièse.

Qu'on se trace une succession de huit notes conforme aux règles n. 1 et n. 2, comme nous l'avons fait à la figure n. 3.

De la *tonique* à la *sous-médiante*, il doit exister la distance d'un degré, de *mi* dièse à *fa* naturel, à l'exemple n. 1, il n'y a aucune distance ; qu'on mette pour lors le *son fa* naturel à un degré plus haut au moyen d'un double dièse, comme nous l'avons fait à l'exemple n. 2, et de *mi* dièse à *fa* double dièse, on aura la distance d'un degré. (Voir le 1ᵉʳ tableau). De la *sous-médiante* à la *médiante*, il doit y avoir la distance d'un degré, de *fa* double dièse à *sol* naturel , qui se trouve au-dessus du trait, il n'y a aucune distance ; qu'on place donc un double dièse à *sol* , comme nous l'avons fait à l'exemple n. 2 , et de *fa* double dièse à *sol* double dièse , il existera alors la distance d'un degré.

Nota. On ne dira pas de *fa* naturel à *sol* naturel parce que le *fa* a été doublement diésé, et l'on doit partir du *fa* double dièse de l'exemple n. 2, pour régler la distance où doit se trouver la note suivante.

Qu'on procède de la même manière juqu'à la fin de la succession , et l'on découvrira que le *la* sera dièse , le *si* de même , le *do* sera doublement dièse , le *ré* de même et le *mi* dièse.

Supposons qn'on veuille former une gamme majeure en prenant, pour point de départ, la note *fa* naturel. Qu'on se trace une succession de huit notes conforme aux règles n. 1 et n. 2 , comme nous l'avons fait à la figure n. 4. (Exemple n. 1).

De la *tonique* à la *sous-médiante*, il doit exister la distance d'un degré , à l'exemple n. 1 de *fa* naturel à *sol* naturel ; cette distance existe , par conséquent on pose les notes *fa* et *sol* comme nous l'avons fait à l'exemple n. 2.

De la *sous-médiante* à la *médiante*, il doit y avoir la distance d'un degré, de *sol* naturel (exemple n. 2) à *la* naturel, qui se trouve au-dessus du trait, il y a la distance exigée ; qu'on pose donc la note *la* naturel , comme nous l'avons fait à l'exemple n. 2.

De la *médiante* à la *sous-dominante* doit être la distance d'un demi-degré , de *la* naturel (exemple

n. 2) à *si* naturel, qui se trouve au-dessus du trait, il existe la distance d'un degré ; qu'on mette donc le *son si* naturel à un demi–degré plus bas au moyen d'un bémol , et qu'on écrive *si* bémol comme nous l'avons fait à l'exemple n. 2 , et de *la* naturel à *si* bémol , on aura la distance d'un demi-degré , conformément à la règle n. 3. De la *sous-dominante* à la *dominante* , il doit exister la distance d'un degré , de *si* bémol (exemple n. 2) à *do* naturel, qui se trouve au-dessus du trait, cette distance existe ; qu'on pose donc la note *do* naturel après le *si* bémol , comme nous l'avons fait à l'exemple n. 2. En procédant de la même manière, on verra que les notes *ré, mi, fa*, qui doivent succéder , seront des notes naturelles , comme ont peut s'en assurer par l'exemple n. 2.

Supposons qu'on veuille former une gamme majeure en prenant , pour point de départ , la note *fa* bémol; qu'on se trace une succession de huit notes, conformément aux règles n. 1 et n. 2 , comme nous l'avons fait à la figure n. 5. (Exemple n. 1).

De la tonique à la sous-médiante , il doit y avoir la distance d'un degré, de *fa* bémol à *sol* naturel (exemple n. 1) il existe la distance d'un degré et demi; qu'on mette donc le *son sol* naturel à un demi-degré plus bas au moyen d'un bémol , et qu'on écrive *fa* bémol, *sol* bémol comme nous l'avons fait à l'exemple n. 2 , et l'on aura alors , entre les deux notes, la distance d'un degré , conformément à la règle n. 3.

De la sous-médiante à la médiante, il doit exister la distance d'un degré , de *sol* bémol (exemple n. 2) à *la* naturel , qui se trouve au-dessus du trait , il y a la distance d'un degré et demi ; qu'on pose après la note *sol* bémol la note *la* bémol , comme nous l'avons fait à l'exemple n. 2, et l'on aura la distance d'un degré.

De la *médiante* à la *sous-dominante*, il doit y avoir la distance d'un demi-degré. De la note *la* bémol (exemple n. 2) à la note *si* naturel, qui se trouve au-dessus du trait, on a la distance d'un degré et demi ; qu'on mette donc le *son si* naturel à un degré plus bas au moyen d'un double bémol , et qu'on fasse , par conséquent , succéder à *la* bémol la note *si* double bémol, comme nous l'avons fait à l'exemple n. 2, et il y aura entre ces deux notes la distance d'un demi-degré ; qu'on procède de la même manière , et l'on découvrira que les notes *do* , *ré* , *mi* seront bémolisées, et que la note *fa* sera doublement bémolisée , comme on peut le voir à l'exemple n. 2.

Au moyen des raisonnements que nous avons faits pour la formation des gammes majeures : *do* naturel , *do* dièse , *mi* dièse , *fa* naturel , *fa* bémol ; qu'on s'exerce à former des gammes majeures en prenant, pour point de départ, une note quelconque, soit naturelle , soit altérée par le dièse ou par le bémol.

Nous ne dirons point qu'elle soit altérée par le double dièse ou par le double bémol, parce que cela n'est point usité ; ainsi on aura à former les gammes de *do* bémol , de *do* naturel , de *do* dièse ; de *ré* bémol , de *ré* naturel , de *ré* dièse ; de *mi* bémol , de *mi* naturel , de *mi* dièse ; de *fa* bémol , de *fa* naturel , de *fa* dièse ; de *sol* bémol, de *sol* naturel, de *sol* dièse ; de *la* bémol, de *la* naturel, de *la* dièse ; de *si* bémol, de *si* naturel, de *si* dièse.

La figure n. 6 contient la formation de toutes ces gammes majeures, qu'on pourra confronter, au besoin, pour voir si l'on a bien saisi les règles données à cet égard.

Qu'on choisisse, sur le 5e tableau, une voix ou un instrument quelconque, et qu'on forme une gamme majeure pour cette voix ou pour cet instrument, ayant soin que les notes ne dépassent point le *diapason* de la voix ou de l'instrument qu'on aura choisi.

CHAPITRE XXVI.

(Tableau N° 6.)

Gammes diatoniques mineures.

Pour former les gammes diatoniques mineures, il faut observer les règles suivantes :

1o On posera une suite de huit notes, montant par degrés conjoints, de manière qu'on ait aussi une suite régulière de huit syllabes en montant. (Voir les chapitres IV et V.)

La note, qui sera le point de départ, peut être naturelle ou altérée par le dièse ou par le bémol. Nous dirons, comme nous avons dit en parlant de la gamme majeure, que la note par laquelle une gamme commence ne pourra pas être altérée par le double dièse ou le double bémol, parce que cela n'est point usité.

2º On posera un numéro au-dessous de chaque note : le n. 1 pour la note qui est le point de départ, le n. 2 pour celle qui se trouve à la marche supérieure suivante ; ainsi de suite, et l'on posera le signe X entre les n. 2 et 3, les n. 5 et 6, et les n. 7 et 8.

3º On fera en sorte que de la *tonique* à la *sous-médiante* on ait la distance d'un degré, de la *sous-médiante* à la *médiante* un demi-degré, de la *médiante* à la *sous-dominante* un degré, de la *sous-dominante* à la *dominante* un degré, de la *dominante* à la *sous-sensible* un demi-degré, de la *sous-sensible* à la *sensible* un degré et demi, de la *sensible* à l'*octave* un demi-degré.

4º Comme il **y** a douze *sons* dans le système musical, en commençant une gamme par chacun des douze sons, on trouvera la formation de douze gammes mineures différentes les unes des autres, quoique formées d'après les mêmes règles, et puisqu'il y a des sons à double dénomination, comme *do* dièse, *ré* bémol qui n'indiquent que le même *son*, on aura des gammes mineures appelées synonymes, comme nous le verrons plus loin.

On distingue une gamme mineure d'une autre, en ajoutant, au mot gamme, le nom de la première note, c'est-à-dire de la tonique ; ainsi on dira, par exemple, la gamme mineure de *do*, de *ré*, etc., etc.

Supposons qu'on veuille former une gamme mineure, en prenant, pour point de départ, la note *la* naturel ; qu'on se trace une succession de huit notes, conformément aux règles n. 1 et n. 2 , comme nous l'avons fait à l'exemple n. 1 de la figure n. 7 ; qu'on pose le signe X aux endroits où il faut faire exister la distance d'un demi-degré ou d'un degré et demi, selon la règle n. 3.

De la *tonique* à la *sous-médiante* , il doit exister la distance d'un degré, de *la* naturel à *si* naturel (exemple n. 1) il y a cette distance ; qu'on fasse par conséquent succéder la note *si* naturel à la note *la* naturel, comme nous l'avons fait à l'exemple n. 2.

De la *sous-médiante* à la *médiante* , il doit exister la distance d'un demi-degré , de *si* naturel (exemple n. 2) à *do* naturel, qui se trouve au-dessus du trait , il existe cette distance ; qu'on fasse donc succéder la note *do* naturel à la note *si* naturel, comme nous l'avons fait à l'exemple n. 2.

Qu'on procède de la même manière pour faire la succession des notes *ré* , *mi* , *fa* , et l'on verra qu'elles sont naturelles , ainsi que le prouve l'exemple n. 2.

De la *sous-sensible* à la *sensible* , il doit exister la distance d'un degré et demi , de *fa* naturel (exemple n. 2) à *sol* naturel , qui se trouve au-dessus du trait , il y a la distance d'un degré , on doit par conséquent mettre le *son sol* à un demi-degré plus haut au moyen du dièse : on fera alors succéder la note *sol* dièse à la note *fa* naturel , comme nous l'avons fait à l'exemple n. 2.

De la *sensible* à l'*octave* , il doit y avoir la distance d'un demi-degré , de *sol* dièse (exemple n. 2) à *la* naturel , qui se trouve au-dessus du trait , cette distance existe ; qu'on fasse , par censéquent , succéder la note *la* naturel à la note *sol* dièse , comme nous avons fait à l'exemple n. 2.

Cette manière de faire succéder les notes est très-agréable à l'oreille. Nous verrons plus loin pourquoi on l'appelle gamme mineure. On a plusieurs moyens de la former ; mais dans notre système nous adoptons la gamme mineure , faite conformément au n. 3.

Plus loin nous indiquerons les autres manières de la former.

Supposons qu'on veuille former une gamme mineure en prenant , pour point de départ , la note *la* dièse.

Qu'on se trace une suite de huit notes , conformément à la règle n. 1 et n. 2 , comme nous avons fait à la figure n. 8 et à l'exemple n. 1.

De la tonique à la sous-médiante , il doit exister la distance d'un degré , de *la* dièse à *si* naturel (exemple n. 1) il y a la distance d'un demi-degré ; qu'on fasse , par conséquent , succéder la note *si* dièse à la note *la* dièse , comme nous avons fait à l'exemple n. 2 , et l'on aura la distance d'un demi-degré.

Qu'on procède de la même manière , pour faire succéder les notes *ré* , *mi* , *fa* , et l'on verra qu'elles seront diésées.

De la sous-sensible à la sensible , il doit y avoir la distance d'un degré et demi , de *fa* dièse (exemple n. 2) à *sol* naturel , qui se trouve au-dessus du trait , il y a la distance d'un demi-degré ; qu'on fasse , par conséquent , succéder la note *sol* double dièse à la note *fa* dièse , comme nous avons fait à l'exemple n. 2 , et l'on aura la distance d'un degré et demi.

De la sensible à l'octave , il doit y avoir la distance d'un demi-degré , de *sol* double dièse (exemple n. 2) à *la* naturel, qui se trouve au-dessus du trait, il n'y a aucune distance ; qu'on fasse, par conséquent , succéder la note *la* dièse à la note *sol* double dièse , comme nous l'avons fait à l'exemple n. 2 , et l'on aura la distance d'un demi-degré.

D'après ces raisonnements , on ne sera pas embarrassé de former , sans notre secours , les gammes mineures de *do* bémol , *do* naturel, *do* dièse ; de *ré* bémol , *ré* naturel, *ré* dièse ; de *mi* bémol , *mi* naturel, *mi* dièse ; de *fa* bémol, *fa* naturel, *fa* dièse ; de *sol*, bémol, *sol*, naturel, *sol* dièse ; de *la* bémol, *la* naturel , *la* dièse; de *si* bémol , *si* naturel , *si* dièse. D'ailleurs, par la figure n. 9 , qui contient toutes les gammes mineures, on pourra s'assurer si l'on a bien formé la gamme mineure qu'on aura voulu faire.

Qu'on choisisse sur le cinquième tableau une voix ou un instrument quelconque, et qu'on forme une gamme mineure pour cette voix ou pour cet instrument, ayant soin que les notes ne dépassent pas le diapason de la voix ou de l'instrument qu'on aura choisi. D'après ce que nous venons de dire sur les gammes diatoniques majeures et mineures, nous découvrons qu'il y a vingt-une gammes majeures et autant de mineures; mais elles ne sont pas toutes usitées, et nous allons voir pourquoi.

Ceux qui jouent de quelque instrument ont plus de facilité à tirer des sons naturels qu'à tirer des

sons altérés, et un morceau de musique qui contient une quantité de sons altérés paraît plus difficile à déchiffrer que celui qui ne se compose que
de notes naturelles. Or, il y a des gammes majeures
qui sont synonymes entre elles; ainsi, de deux gammes majeures synonymes, on doit préférer celle qui
a le moins de notes altérées. On fera de même pour
les gammes mineures. Qu'on mette en parallèle,
comme nous faisons à la figure n. 10, les deux gammes majeures de *mi* bémol et de *ré* dièse.

On voit au n. 1, que dire *ré* dièse, dire *mi* bémol,
c'est désigner le même son. Au n. 2, dire *mi* dièse,
dire *fa* naturel, c'est désigner aussi le même son,
ainsi de suite, jusqu'à la fin; on fait les mêmes sons,
quoique chaque son soit présenté à la vue sous deux
formes différentes. De ces deux gammes majeures,
on doit préférer celle de *mi* bémol, parce que la lecture des notes en est plus facile que celle de *ré* dièse
dont toutes les notes se trouvent altérées. Il en est
de même pour les gammes mineures. D'après cela,
voici les gammes majeures usitées : la gamme de *do*
naturel, de *do* dièse, de *ré* bémol (ces deux dernières gammes, quoique synonymes entre elles, sont
toutes les deux usitées), de *ré* naturel, de *mi* bémol,
de *mi* naturel, de *fa* naturel, de *fa* dièse, de *sol* naturel, de *la* bémol, de *la* naturel, de *si* bémol, de
si naturel. Ces gammes sont au nombre de treize.

Qu'on prenne pour point de départ deux sons
synonymes, et qu'on s'exerce à mettre en parallèle
deux gammes synonymes en prenant pour modèle
la figure n. 10, et l'on verra qu'on peut supprimer
huit gammes majeures sur le nombre trouvé ci-
dessus.

Voici les gammes mineures usitées : la gamme de *do* naturel, de *do* dièse, de *ré* bémol, de *ré* naturel, de *mi* bémol, de *mi* naturel, de *fa* naturel, de *fa* dièse, de *sol* naturel, de *sol* dièse, de *la* bémol, de *la* naturel, de *si* bémol, de *si* naturel. Les gammes mineures de *do* dièse et de *ré* bémol, quoique synonymes, sont toutes deux usitées, ainsi que les gammes de *sol* dièse et de *la* bémol. Les gammes mineures sont au nombre de quatorze.

Qu'on prenne pour point de départ deux sons synonymes, et qu'on s'exerce à mettre en parallèle deux gammes synonymes en prenant pour modèle la figure n. 10, on verra qu'on peut supprimer sept gammes mineures sur les vingt-une qu'on peut former, comme nous l'avons dit plus haut.

L'audition d'une gamme majeure ou mineure fait éprouver différentes sensations, soit de plaisir, de tristesse, de joie, etc.

L'effet que produit en nous l'audition d'une gamme s'appelle en musique ton ou mode. C'est pourquoi le compositeur choisit une gamme, et se sert des notes qui concourent à la former pour composer des airs gais ou tristes, etc., selon le sujet qu'il veut traiter.

Ainsi, ton ou mode veut dire succession des notes de telle ou telle gamme. D'après cela, au lieu de dire tel air se compose des notes de la gamme de *do*, de *ré*, on dit avec plus de signification tel air est dans le ton ou dans le mode de *do* ou de *ré* majeur ou mineur; et au lieu de dire ton de *do* majeur ou mineur, ton de *ré* majeur, etc., on peut dire plus brièvement *do* majeur ou mineur, *ré* majeur ou *ré* mineur, etc.

Les sons de la gamme de *do* majeur causent en nous des sensations sombres, et l'on compose dans le ton de *do* majeur pour peindre le silence de la nuit, la prière d'un malheureux, un chant funèbre, etc.

Quand on dit tel morceau est dans le ton de *do*, on doit comprendre par là que le sujet a quelque chose de sombre, de triste, etc.

Quand on dit ton de *fa* majeur, on doit comprendre que l'air doit avoir une expression de guerre, de gloire, parce qu'on se sert de ce ton pour les marches militaires et pour peindre tout ce qui est chevaleresque.

On se sert du ton de *ré* pour peindre la joie, le bonheur, etc.

Du ton de *mi* pour peindre ce qui doit être éclatant, chaleureux.

Du ton de *sol* pour des sujets champêtres, etc.

Du ton de *la* pour peindre des choses brillantes, imprévues, etc.

Du ton de *si* pour peindre l'amour, la tendresse, etc., etc.

En résumé, les gammes dont les notes sont altérées par des dièses servent à exprimer le bonheur, la joie, la simplicité, l'éclat, etc.; et les gammes dont les notes sont altérées par des bémols servent à exprimer la tristesse, le calme, la prière et tout ce qui est saint et majestueux. Toutes les gammes majeures expriment ces différentes sensations d'une manière décisive; les gammes mineures les expriment aussi, mais faiblement et avec langueur : elles servent, par leur expression tendre, à tempérer pour ainsi dire l'ardeur du ton majeur. Les morceaux de musique où l'on fait alterner le ton majeur et le ton mineur produisent beaucoup d'effet sur nos organes.

On appelle faire une gamme majeure et mineure double, triple, quadruple, etc., lorsqu'on répète la même gamme deux ou plusieurs fois de suite à des octaves supérieures.

A la figure n. 11, la gamme de *ré* majeur est répétée trois fois; à la deuxième fois, elle est répétée à une octave supérieure ; à la troisième fois, elle est répétée à une autre octave supérieure, ce qui fait qu'elle est triple.

Pour prendre l'habitude de se familiariser au diapason des différentes voix et des différents instruments, qu'on se fasse un cahier où l'on s'exercera à écrire pour chaque voix et pour chaque instrument, toutes les gammes majeures et mineures, en les doublant ou les triplant, etc. , selon l'étendue de la voix ou de l'instrument, et qu'on ait sous les yeux le 5e tableau.

Supposons qu'on veuille faire la gamme de *sol* majeur pour le violon. Qu'on prenne le 5e tableau pour voir quel est le *sol* le plus grave et le plus aigu que cet instrument puisse faire. On verra que le *sol* le plus grave, pour cet instrument, est le *son* n. 44, et le plus aigu, le son n. 92 : or, qu'on commence par le *sol* n. 44, et qu'on aille jusqu'à *sol* n. 92, on aura la figure n. 12 du 6e tableau. On conclut que le violon, par son étendue , peut répéter trois fois la gamme de *sol* majeur.

Qu'on fasse le même exercice en écrivant pour chaque espèce de voix et d'instrument , quelque gamme que ce soit, et en la répétant deux ou plusieurs fois, à des octaves supérieures, selon l'étendue de la voix ou de l'instrument.

Voici ce qu'on peut avoir remarqué à la formation des gammes majeures et mineures :

A la gamme majeure de *sol*, ainsi qu'à la gamme mineure de *mi*, on a une note altérée, c'est-à-dire que dans l'une et dans l'autre la note *fa* est diésée.

Nous appellerons n. 1, le dièse placé devant le *fa*.

Nota. Pour le moment, nous regarderons comme nul le signe accidentel qui se trouve posé devant la sensible de chaque gamme mineure : ainsi, dans la gamme mineure de *mi* par exemple, nous ne ferons point attention au dièse qui se trouve devant la note *ré*. Nous donnerons plus loin la raison de cela.

A la gamme majeure de *ré*, on a deux notes altérées, de même qu'à la gamme mineure de *si*, en ne comptant point le dièse posé devant la *sensible* du *mineur*.

Dans l'une et l'autre gamme, les notes *fa* et *do* sont diésées.

Nous appellerons n. 2, le dièse posé devant la note *do*.

A la gamme majeure de *la* et à la gamme mineure de *fa* dièse, on a les notes *fa*, *do*, *sol* diésées.

Nous appellerons n. 3, le dièse posé devant le *sol*.

A la gamme majeure de *mi* et à la gamme mineure de *do* dièse, les notes *fa*, *do*, *sol*, *ré* sont diésées.

Nous appellerons n. 4, le dièse posé devant la note *ré*.

A la gamme majeure de *si* et à la gamme mineure de *sol* dièse, les notes *fa, do, sol, ré, la*, sont diésées.
1 2 3 4 5

Nous appellerons n. 5, le dièse posé devant la note *la*.

A la gamme majeure de *fa* dièse et à la gamme mineure de *ré* dièse, les notes *fa, do, sol, la, ré, mi*,
1 2 3 4 5 6
sont diésées.

Nous appellerons n. 6 , le dièse posé devant la note *mi*.

A la gamme majeure de *do* dièse et à la gamme mineure de *la* dièse, les notes *fa, do, sol, ré, la, mi*,
1 2 3 4 5 6
si, sont diésées.
7

Nous appellerons n. 7, le dièse posé devant la note *si*.

A la gamme majeure de *fa* et à la gamme mineure de *ré*, la note *si* est bémolisée. (On ne compte point le dièse posé devant la sensible du mineur.)

Nous appellerons n. 1, le bémol placé devant la note *si*.

A la gamme majeure de *si* bémol et à la gamme mineure de *sol*, les notes *si* et *mi* sont bémolisées.

Nous appellerons n. 2, le bémol posé devant le *mi*.

A la gamme majeure de *mi* bémol, et à la gamme mineure de *do*, les notes *si, mi, la*, sont bémolisées.
1 2 3

Nous appellerons n. 3, le bémol posé devant la note *la*.

A la gamme majeure de *la* bémol et à la gamme

mineure de *fa*, les notes *si*, *mi*, *la*, *ré*, sont bémolisées.

Nous appellerons n. 4, le bémol posé devant la
note *ré*.

A la gamme majeure de *ré* bémol et à la gamme
mineure de *si* bémol, les notes *si*, *mi*, *la*, *ré*, *sol*,
sont bémolisées.

Nous appellerons n. 5, le bémol posé devant la
note *sol*.

A la gamme majeure de *sol* bémol et à la gamme
mineure de *mi* bémol, les notes *si*, *mi*, *la*, *ré*, *sol*, *do*,
sont bémolisées.

Nous appellerons n. 6, le bémol posé devant la
note *do*.

A la gamme majeure de *do* bémol et à la gamme
mineure de *la* bémol, les notes *si*, *mi*, *la*, *ré*, *sol*, *do*,
fa, sont bémolisées.

Nous appellerons n. 7, le bémol posé devant la
note *fa*.

Nous avons dit qu'à la gamme de *ré*, nous appelons dièse n. 2 celui qui se trouve posé devant le
do, parce que le dièse posé devant la note *fa* le précède ayant été déjà numéroté dans la gamme de *sol*,
et se trouvant répété dans la gamme de *ré*.

Par les mêmes motifs, les autres dièses qui succèdent prennent leur numéro d'ordre selon le nombre des dièses précédents. Il en est de même pour
les bémols.

Pour connaître l'ordre de succession des dièses,
on n'a qu'à retenir le mot *fadosolrélamisi*, et pour

les bémols, *similarésoldofa*. D'après cela, on voit
que les dièses qui doivent précéder celui posé devant la note *la*, sont ceux posés devant les notes *fa*,
do, *sol*, *ré*, ainsi de suite. Que les bémols qui doivent précéder celui posé devant le *la*, sont ceux
posés devant le *si* et le *mi*, ainsi de suite. Dans la
composition d'un morceau, au lieu de placer devant
les notes les dièses et les bémols qui concourent à la
formation du ton, on est convenu de les placer en
tête de chaque portée et immédiatement après la clé.

On appelle *armure* un ou plusieurs dièses ou bémols qu'on place après la clé.

L'armure peut contenir depuis un jusqu'à sept
dièses ou bémols, et l'on doit conclure que par *elle*,
on désigne les notes altérées du ton dans lequel
l'air se trouve.

Pour placer les dièses et les bémols qui concourent à la formation d'une armure, on doit observer
les trois règles suivantes :

1° On doit les placer par ordre de succession,
c'est-à-dire qu'après le dièse n. 1 doit venir le dièse
n. 2, ainsi de suite, et qu'après le bémol n. 1 doit
venir le bémol n. 2, ainsi de suite, conformément
aux numéros que nous avons établis plus haut à
chaque dièse et à chaque bémol, selon leur ordre
de succession ;

2° On doit placer les dièses et les bémols sur la
même marche que les notes qui doivent être altérées,
d'après la formation de la gamme, en observant
qu'ils ne peuvent se placer que sur les marches de
la grande portée, et qu'ils indiquent pareillement
l'altération des notes barrées.

3º Les dièses et les bémols doivent se placer alternativement en montant et en descendant, c'est-à-dire qu'après avoir placé le dièse ou le bémol n. 1, on doit passer à une marche inférieure pour placer le dièse ou le bémol n. 2, de là à une marche supérieure pour placer le dièse ou le bémol n. 3, ainsi de suite alternativement, ou bien, après avoir placé le dièse ou le bémol n. 1, on passera à une marche supérieure pour placer le dièse ou le bémol n. 2, ensuite à une marche inférieure pour placer le dièse ou le bémol n. 3, ainsi de suite alternativement. Cependant, après avoir placé trois ou quatre dièses ou bémols, selon la règle n. 3 , on peut aussi descendre ou monter deux fois de suite pour placer les suivants, comme nous le verrons.

On doit observer la règle n. 1, afin de se conformer à l'ordre de succession des dièses et des bémols.

On doit observer la règle n. 2 et 3, parce que les dièses et les bémols doivent se trouver sur la marche de la grande portée, afin qu'on puisse distinguer quelles sont les notes qu'on veut altérer. Hors de la grande portée, au-dessus et au-dessous, on ne peut pas mettre plus d'un dièse ou d'un bémol, parce que cela conduirait à des erreurs ; la série des notes barrées étant hors de la grande portée , on ne pourrait pas distinguer la note qui devrait être altérée de celle qui ne le serait point, à moins qu'on ne plaçât les dièses et les bémols sur une petite portée, ce qui n'est pas en usage.

Si nous voulions démontrer la manière de placer un à un sur la portée, et sur différentes clés, les dièses et les bémols, nous serions obligés d'entrer dans de longs détails ; afin d'éviter cela , nous donnons, avec les trois règles ci-dessus, la figure n. 13, qu'on pourra consulter au besoin , et l'on verra comment on place ordinairement depuis un jusqu'à sept dièses ou bémols sur différentes clés. Nous allons néanmoins, pour plus de clarté, donner quelques explications.

A l'exemple n. 1, on descend deux fois de suite ; en effet, du dièse n. 3, on descend pour placer le dièse n. 4 et le dièse n. 5, on fait de même aux exemples n. 3, 7, 12, 13, 16, 17, 20. Ce sont des exceptions à la règle n. 3 que nous avons donnée plus haut.

Au lieu de l'exemple n. 1, on pourrait se servir de l'exemple n. 23 (Voyez fig. n. 13.); mais le premier est plus usité que l'autre.

Dans tous les autres exemples, nous avons suivi, pour le placement des dièses et des bémols, l'ordre de succession, conformément aux trois règles établies ci-dessus. Pour apprendre plus facilement à placer un nombre quelconque de dièses ou de bémols pour armure sur toutes les clés, on doit, dans cette même figure n. 13, remarquer le nom des notes, posé sur chaque dièse ou bémol, on verra que pour placer le dièse à une marche inférieure, on descend d'une quarte , et que pour le placer à une marche supérieure, on monte d'une quinte; en effet, à l'exemple n. 1, le dièse n. 1 est posé sur la même *marche* que le *fa*. Le dièse n. 2 se trouve posé sur la même marche que la note *do*; ainsi, pour placer le dièse n. 2, on est descendu d'une quarte, comme on le voit, *fa, mi, ré, do*. Le dièse n. 3 est posé sur
1   2   3   4

la même marche que le *sol*. Ainsi, pour le placer, on est monté d'une quinte ; en effet, de *do* à *sol*, il y a une quinte, *do, ré, mi, fa, sol*.

On remarque aussi que pour placer le bémol à une marche inférieure, on descend d'une quinte, et que pour le placer à une marche supérieure, on monte d'une quarte. En terme de musique, on dit placer les dièses de quarte en descendant et de quinte en montant, et placer les bémols de quinte en descendant et de quarte en montant.

Puisque les dièses et les bémols, qui résultent de la formation d'une gamme majeure et mineure (en ne comptant pas le signe accidentel posé devant la sensible du mode mineur) se placent à la clé, on doit d'après l'armure, savoir de suite dans quel ton se trouve un morceau de musique, il suffira pour cela de se rappeler ce qui suit :

L'armure d'un dièse marque le ton de *sol* majeur ou de *mi* mineur.

L'armure de deux dièses marque le ton de *ré* majeur ou de *si* mineur.

L'armure de trois dièses marque le ton de *la* majeur ou de *fa* dièse mineur.

L'armure de quatre dièses marque le ton de *mi* majeur ou de *do* dièse mineur.

L'armure de cinq dièses marque le ton de *si* majeur ou de *sol* dièse mineur.

L'armure de six dièses marque le ton de *fa* dièse majeur ou de *ré* dièse mineur.

L'armure de sept dièses marque le ton de *do* dièse majeur ou de *la* dièse mineur.

L'armure d'un bémol marque le ton de *fa* majeur ou de *ré* mineur.

L'armure de deux bémols marque le ton de *si* bémol majeur ou de *sol* mineur.

L'armure de trois bémols marque le ton de *mi* bémol majeur ou de *do* mineur.

L'armure de quatre bémols marque le ton de *la* bémol majeur ou de *fa* mineur.

L'armure de cinq bémols marque le ton de *ré* bémol majeur ou de *si* bémol mineur.

L'armure de six bémols marque le ton de *sol* bémol majeur ou de *mi* bémol mineur.

L'armure de sept bémols marque le ton de *do* bémol majeur ou de *la* bémol mineur.

On sait que quand on n'a point d'armure à la clé, c'est-à-dire qu'il n'y a ni dièse ni bémol, on est dans le ton de *do* majeur ou de *la* mineur. (Voyez fig. n. 14 où nous avons placé toutes ces différentes armures sur la clé de *sol*.) D'après cette figure et les explications que nous avons données, on voit qu'une même armure marque deux tons, le majeur et le mineur, ces deux tons s'appellent relatifs : ainsi, le ton relatif de *mi* mineur, par exemple, serait le ton de *sol* majeur, par conséquent le ton relatif de *sol* majeur serait le ton de *mi* mineur.

Qu'on s'exerce à répondre aux questions suivantes :

Quel est le ton relatif de *la* majeur?

Quel est le ton relatif de *la* mineur? ainsi de suite.

Pour aider la mémoire à retenir facilement les tons majeurs et mineurs qui sont relatifs entre eux, qu'on fasse la remarque suivante : la tonique du ton mineur relatif au ton majeur se trouve à une tierce mineure plus bas que la tonique du ton majeur. Ainsi, cherchons à savoir quel est le ton mineur relatif au ton majeur de *ré*. La tierce mineure de la tonique *ré* en descendant est *si* naturel. (Voir les intervalles de *ré, do, si.*) On dira, par conséquent, que *si* est la tonique du ton mineur, on conclura que le ton mineur relatif au ton majeur *ré* serait le ton mineur *si*.

Cherchons à savoir quel est le ton majeur relatif au ton mineur *si*.

Règle. La tonique du ton majeur se trouve à une tierce mineure plus haut que la tonique du ton mineur : ainsi la tierce de *si* en montant serait *ré* naturel, *si, do, ré*. On conclura que le ton majeur relatif à *si* mineur serait le ton de *ré* majeur. Qu'on s'exerce, par ce moyen, à trouver tous les tons qui sont relatifs entre eux.

Nous avons vu à la figure n. 14 qu'une même armure marque deux tons, le majeur et le mineur. On peut cependant distinguer l'un de l'autre, si l'on fait la remarque suivante :

Nous avons dit plus haut que le signe accidentel, placé devant la note sensible du mode mineur, ne se marque pas à la clé. Il arrive que dans la composition des airs dans le mode mineur, on se sert très-souvent de cette note, ainsi que de la tonique, parce qu'elles font mieux sentir l'intonation mineure, et, dès le commencement d'un morceau, cette tonique et cette sensible dominent de préférence aux autres notes de la gamme mineure. On distingue alors de suite le ton mineur du majeur. (Voyez fig. n. 15.) Ici, on ne saurait point, au premier coup-d'œil, si l'air se trouve écrit dans le ton de *do* majeur ou de *la* mineur; mais on remarque la sensible du ton mineur, c'est-à-dire la septième note *sol* dièse, et la tonique *la*, on conclura donc qu'on est en *la* mineur. Si l'on plaçait à la clé le signe accidentel qui se trouve devant la sensible du mode mineur, on distinguerait de suite le mode mineur du majeur; mais cela ne se fait pas, parce que dans la composition, le ton mineur jetant du faible et du langoureux, on ne s'arrête guère sur ce ton : on fait dominer de préférence le ton majeur, et pour lors ce signe accidentel placé à la clé deviendrait inutile.

Pour aider la mémoire à retenir dans quel ton on est, selon l'armure qu'on voit à la clé, il faut qu'on remarque ce qui suit :

Le dernier dièse posé à la clé se trouve sur la même marche que la sensible du mode majeur , par conséquent qu'on monte d'un demi-degré, et l'on aura l'octave de la tonique du ton majeur. Ce dernier dièse se trouve aussi sur la même marche que la sous-médiante du ton mineur; qu'on descende donc d'un degré, et l'on aura la tonique du mode mineur.

Supposons qu'on cherche à savoir dans quel ton on est quand on a l'armure de quatre dièses à la clé. (Voir fig. n. 14). Le dernier dièse de l'armure est le n. 4 , la note posée sur la même marche que ce dièse s'appelle *ré* dièse, à cause du signe accidentel n. 4 posé à l'armure; qu'on monte d'un demi-degré, et l'on aura *mi* octave de la tonique ; *ré* dièse n. 4 est aussi la note sous-médiante du mode mineur ; qu'on descende d'un degré, et l'on aura la note *do* dièse, qui sera la tonique du mode mineur. On conclura qu'on est dans le ton de *mi* majeur ou de *do* dièse mineur.

Quand on a des bémols pour armure, il faut faire la remarque suivante : L'avant-dernier bémol se trouve posé sur la même marche que la tonique du mode majeur, et sur la même marche aussi que la médiante du mode mineur relatif ; qu'on descende d'une tierce mineure de la médiante à la tonique, et l'on aura la tonique du mineur.

Supposons qu'on veuille savoir dans quel ton on est lorsqu'on a l'armure de deux bémols à la clé. L'avant-dernier bémol se trouve sur la même marche que la tonique, c'est-à-dire qu'il marque la note *si* bémol : celle-ci est aussi la médiante du mineur relatif.

De *si* bémol, en descendant d'un demi-degré, on a *la* naturel, qui est la sous-médiante, et de *la*, en descendant d'un degré, on a *sol* naturel, qui est la tonique. On est, par conséquent, dans le ton de *si* bémol majeur ou de *sol* mineur. Qu'on s'exerce, par ces moyens, à connaître de suite dans quel ton on est selon l'armure posée à la clé.

Les instruments sont disposés de manière à pouvoir faire les notes naturelles et les notes altérées.

Avec la voix, on fait les notes altérées en faisant une note qui soit plus grave ou plus aiguë que la note naturelle d'un demi-degré ou d'un degré, selon le signe accidentel.

Les dièses et les bémols, posés à la clé, exercent leur influence dans tout le morceau de musique, sur toutes les notes qui doivent être altérées, n'importe à quelle octave elles se trouvent.

Qu'on relise le chapitre sur la prolongation des effets du signe accidentel.

A la figure n. 16, on est dans le ton de sol. Toutes les notes *fa*, à quelque octave que ce soit, doivent être diésées à cause du dièse n. 1, qui en désigne l'altération ; par conséquent les fa n. 1, 2, 3 seront diésés. Si l'on faisait *fa* naturel, on s'exposerait à exécuter faux, parce qu'on n'exécuterait pas dans le ton que l'air est noté ; d'ailleurs on ne ferait point ce que le compositeur a voulu écrire.

A la figure n. 17, on est dans le ton de *do* dièse majeur.

Toutes les notes, d'après cette armure, doivent être diésées.

A la figure n. 18, on est dans le ton de *mi* bémol. Toutes les notes appelées *si*, *mi*, *la*, n'importe à quelle octave, seront baissées d'un demi-degré à cause des bémols n. 1, 2, 3 ; ainsi les notes n. 2, 4, 6, 8, 11, 13 seront bémolisées.

On appelle cela *notes qui sont diésées* ou bémolisées à la clé ou à l'armure.

Si le signe bécarre se trouve devant une note qui est bémolisée ou diésée à la clé, l'effet du dièse ou du bémol est détruit, et la note devient naturelle jusqu'au retour du dièse ou du bémol, qui la remet à la valeur qu'elle avait d'abord à la clé.

A la figure n. 19, le *do* n. 1 est diésé, parce qu'il est désigné tel à la clé. Le *do* n. 2 est naturel, à cause du bécarre. Le *do* n. 3 est aussi naturel. (Voir le chapitre de la prolongation des effets du signe accidentel.) Le *do* n. 4 devient de nouveau diésé , à cause du retour du dièse qui met la note à l'expression primitive.

Il en est de même pour le bécarre placé devant une note qui est bémolisée à la clé.

On trouve quelquefois le signe double dièse devant une note qui est diésée à la clé : dans ce cas, on doit faire le son où il se trouve à un nouveau demi-degré plus haut.

A la figure n. 20 , le *fa* n. 1 est diésé , il se trouve par conséquent à un demi-degré plus haut , c'est-à-dire qu'on doit faire le son n. 55. (Voir sur le 1ᵉʳ tableau). Le *fa* n. 2 est doublement diésé, on doit alors le faire à un nouveau demi-degré plus haut, c'est-à-dire qu'on fera le son n. 79. Le *fa* n. 3 se trouve dans le même cas que le *fa* n. 2.

Le *fa* n. 4 , à cause du bécarre qui détruit l'effet d'un dièse, retourne à l'expression primitive , c'est-à-dire qu'il est simplement diésé.

On fera les mêmes observations pour le double bémol, posé devant une note qui serait bémolisée à la clé.

Il arrive parfois que , dans un morceau de musique , le compositeur change d'armure en diminuant ou en augmentant le nombre des dièses ou des bémols posés primitivement , ou bien en substituant à une armure de dièses celle de bémols , *et vice versâ*.

Lorsque par une nouvelle armure on diminue le nombre des dièses ou des bémols , posés primitivement , afin de passer dans un autre ton , on place des bécarres à la place des dièses ou des bémols qu'on veut supprimer. Ces bécarres détruisent alors l'effet des dièses et des bémols de l'armure précédente.

A la figure n. 21 et à l'exemple n. 1 , on est dans le ton de *mi* majeur.

A l'exemple n. 2 , par les trois bécarres qui se trouvent à la place des dièses n. 1 , 2 , 3 , on détruit l'effet de ces trois dièses , et l'on est par conséquent dans le ton de *mi* mineur.

Nota. On est dans le ton de *mi* mineur et non dans le ton de *sol,* parce qu'on y voit la tonique et la sensible de *mi* mineur.

A l'exemple n. 3 , on est dans le ton de *do* majeur à cause du bécarre mis à la place du dièse n. 1.

Voilà comment on s'y prend quand on veut détruire l'effet des bémols posés à la clé.

Cela arrive principalement quand le compositeur passe du ton majeur au ton mineur , en conservant la même tonique : ainsi , à l'exemple n. 1 , on est dans le ton de *mi* majeur , à l'exemple n. 2 , en supprimant trois dièses , on passe dans le ton de *mi* mineur , où l'on voit qu'on a conservé la même tonique *mi*.

Les gammes diatoniques majeures et mineures peuvent être simples ou composées : elles sont simples quand on ne fait qu'une succession de huit notes : elles sont composées lorsqu'on double ou qu'on triple , etc., la même succession à des octaves supérieures , ainsi que nous l'avons déjà vu.

Les gammes peuvent se faire en montant ou en descendant.

On les fait en montant quand on va à des sons aigus.

On les fait en descendant quand on vient à des sons inférieurs ou graves. On les appelle incomplètes : 1° lorsque au lieu de les commencer par la tonique, on les commence par la sous-médiante ou la médiante , etc. ; 2° lorsque au lieu de les finir par la tonique ou l'octave , on les finit par la sous-médiante ou la médiante , etc. ; 3° lorsqu'on ne fait qu'une partie des huit notes , deux, trois, quatre, etc., en commençant par la tonique ou par la sous-médiante , etc.

Les gammes diatoniques majeures *incomplètes* peuvent aussi être simples , doubles, triples , etc, et peuvent être faites soit en montant, soit en descendant.

A la figure n. 32 , on verra plusieurs espèces de ces gammes *incomplètes* ; qu'on s'exerce à en faire de semblables sur un ton quelconque , majeur ou mineur , et à les écrire pour une voix ou pour un instrument.

Au moyen des gammes incomplètes , on peut parcourir une gamme majeure ou mineure sur toute l'étendue d'une voix ou d'un instrument.

CHAPITRE XXVII.

(Tableau N° 7.)

Des Gammes chromatiques.

On appelle gamme chromatique une succession de notes en montant ou en descendant par demi-degrés.

Pour obtenir cette distance d'une note à une autre, on doit nécessairement se servir des signes accidentels.

Qu'on prenne le 7° tableau à la figure n. 1. De la note n. 1 à celle n. 2, il y a un demi-degré ; de celle-ci à celle du n. 3, il y a aussi la distance d'un demi-degré. La même distance existe d'une note à la suivante jusqu'à la fin de la figure.

Il n'y a aucune règle à suivre quant au choix des signes qu'on doit placer devant les notes; cependant on ne doit point mettre le double dièse ou le double bémol devant une note qui ne serait point diésée ou bémolisée à la clé. Ainsi, à la figure n. 2, on ne pourrait pas faire la succession des notes n. 2, 3, 4.

On a trois espèces de gammes chromatiques : la simple, la composée et l'incomplète.

On fait gamme chromatique simple, quand on commence par la tonique du mode majeur ou mineur, et qu'on va inclusivement jusqu'à l'octave de la tonique, comme celle, par exemple, de la figure n. 1.

On fait gamme chromatique composée , quand la simple est doublée ou triplée , etc. , à des octaves supérieures. L'une et l'autre peuvent se faire en montant et en descendant. (Voyez figure n. 3.)

Une gamme chromatique soit simple , soit composée est incomplète , lorsqu'on la commence ou qu'on la finit par une note quelconque , hors la tonique du ton , ou lorsqu'on ne fait qu'une partie de la gamme chromatique simple. (Voyez la fig. n. 4.) Qu'on s'exerce à en former de semblables pour voix ou instruments , selon leur diapason.

CHAPITRE XXVIII.

(Tableau N° 7.)

Des notes harmoniques.

On appelle *harmoniques* , quatre notes qui , entendues successivement, produisent un effet agréable à l'oreille.

Chaque ton majeur ou mineur possède huit séries d'harmoniques , et chaque série est composée de quatre notes.

Voici comment il faut procéder pour trouver ces huit séries.

On doit d'abord examiner la figure n. 1 du 7e tableau. On y voit une suite d'intervalles de seconde, en montant *do* , *ré* , *mi* , *fa* ; en effet, de *do* à *ré*, il y a intervalle de seconde ; de *ré* à *mi* de même , ainsi de suite.

A la figure n. 2, on voit une suite d'intervalles de tierce en montant, *sol*, *si*, *ré*, *fa* ; en effet, de *sol* à *si*, il y a intervalle de tierce, de *si* à *ré* de même, ainsi de suite.

A la figure n. 3, on voit une suite d'intervalles de tierce en descendant ; en effet, de *mi* on descend à *do*, de *do* à *la*, ainsi de suite.

Or, pour trouver une série de quatre notes harmoniques, on choisit un ton, on commence par poser une des huit notes de la gamme de ce ton, et puis on fait une suite de trois intervalles de tierce en montant : bien entendu que les trois autres notes qui résultent, en procédant de la sorte, doivent appartenir également à la gamme du ton qu'on aura choisi.

Nous allons donner un exemple : Supposons qu'on veuille trouver dans le ton de *do* majeur une série de quatre notes harmoniques. Les notes dont est composée la gamme de ce ton sont : *do*, *ré*, *mi*, *fa*, *sol*, *la*, *si*, *do*.

Supposons qu'on veuille commencer par la note *sol*.

On la pose la première, ainsi que nous l'avons fait à la figure n. 2 ; ensuite on fait le raisonnement qui suit : La tierce de *sol* en montant est *si*, donc la note *si* doit succéder à *sol*. On écrit *si*. (Voyez fig. n. 2.) La tierce de *si* en montant est *ré*. (Voy. fig. n. 2.)

La tierce de *ré* en montant est *fa*. On écrit cette note à la suite de *ré*. (Voyez fig. n. 2).

Nous venons de trouver les quatre notes harmoniques *sol*, *si*, *ré*, *fa* ; car de *sol* à *si*, on a la première tierce, de *si* à *ré* on a la deuxième, et de *ré* à *fa* la troisième.

On voit également que ces quatre notes appartiennent à la gamme de *do* majeur. On doit conclure d'après cela que les notes *sol*, *si*, *ré*, *fa*, sont des harmoniques du ton de *do* majeur.

Si l'on voulait commencer par la note *do*, qui est une des huit notes de la gamme de *do* majeur, on aurait pour *harmoniques* la série suivante : *do, mi, sol, si.*

Si l'on voulait commencer par la note *ré*, on aurait pour *harmoniques, ré, fa, la do*, ainsi de suite.

Puisque la gamme diatonique d'un ton est composée de huit notes, et qu'on peut prendre pour point de départ chacune des huit notes de la gamme, afin de trouver une série de quatre notes harmoniques, on doit conclure, comme nous l'avons dit plus haut, que chaque ton majeur ou mineur possède huit séries d'harmoniques.

Il est à remarquer que si l'on prend pour point de départ la première note de la gamme d'un ton, on ne doit faire qu'une suite de deux tierces en montant, au lieu de faire une suite de trois tierces : ainsi, dans le ton de *do*, par exemple, la première note de la gamme est *do* ; en prenant cette note pour point de départ, et en ne faisant qu'une suite de deux tierces en montant, on aura *do, mi, sol*, c'est-à-dire trois notes *harmoniques* au lieu de quatre. (Voyez la fig. n. 4.)

Pour ne point confondre une série avec une autre, on a donné un nom à chaque série d'harmoniques, et voici comment :

On sait que la première note de la gamme s'appelle *tonique*, que la deuxième s'appelle *sous-médiante*, etc.

Or, on appellera :

N. 1. Harmoniques toniques, les trois notes qui résultent en prenant pour point de départ la première note de la gamme.

N. 2. Harmoniques sous-médiantes, les quatre notes qui résultent en prenant pour point de départ la deuxième note de la gamme ;

N. 3. Harmoniques médiantes, les quatre notes qui résultent en prenant pour point de départ la troisième note de la gamme ;

N. 4. Harmoniques sous-dominantes, les quatre notes qui résultent en prenant pour point de départ la quatrième note de la gamme;

N. 5. Harmoniques dominantes, les quatre notes qui résultent en prenant pour point de départ la cinquième note de la gamme ;

N. 6. Harmoniques sous-sensibles, les quatre notes qui résultent en prenant pour point de départ la sixième note de la gamme ;

N. 7. Harmoniques sensibles, les quatre notes qui résultent en prenant pour point de départ la septième de la gamme ;

N. 8. Harmoniques octaves, les quatre notes qui résultent en prenant pour point de départ la huitième de la gamme.

Qu'on s'exerce à trouver les huit séries d'harmoniques de chaque ton majeur et mineur, et qu'on ait recours à la figure n. 5, pour vérifier si l'on a bien réussi.

La première note harmonique d'une série, c'est-à-dire celle qui sert de point de départ, prend le numéro 1 ; la suivante qui en résulte prend le numéro 2 ; la troisième, le numéro 3 ; la quatrième, le numéro 4. (Voyez la fig. n. 2.)

Une série d'harmoniques est en état direct ou indirect : elle est en état direct lorsque toutes les quatre notes se succèdent par tierce en montant ; ainsi, à la figure n. 5, chaque série d'harmoniques est en état direct. Différemment elle serait en état indirect ; ainsi, à la figure n. 6, on a une série d'harmoniques en état indirect ; qu'on la mette en ét direct, c'est-à-dire qu'on fasse en sorte qu'en partant d'une des quatre notes harmoniques, on ait une succession de trois tierces en montant. Or, c'est en partant de la note *sol*, qu'on pourra obtenir la succession de trois tierces en montant, d'où il résulterait les harmoniques *sol*, *si*, *ré*, *fa*, notes qui se trouvent également à la figure n. 6, puisqu'il y a *ré*, *si*, *fa*, *sol*, harmoniques en état indirect.

Qu'on s'exerce sur la figure n. 7, ou sur d'autres semblables, afin de savoir mettre en état direct chaque série d'harmoniques.

On appelle *harmoniques consonnantes*, les harmoniques toniques, dominantes et sensibles des tons majeurs et mineurs.

On appelle harmoniques dissonnantes, celles dont les notes produisent des intervalles de septième majeure ou de seconde mineure. Ainsi, dans la série suivante *do*, *mi*, *sol*, *si*, en combinant *do* avec la note *si*, on formera un intervalle de septième majeure ou de seconde mineure.

On appelle mi-consonnantes, les notes harmoniques de toutes les autres séries. Les harmoniques consonnantes sont les plus usitées, principalement dans la mélodie.

CHAPITRE XXIX.

(Tableau N° 7.)

De la manière de distinguer les différentes séries d'harmoniques.

On appelle *case* l'espace qu'on a d'une barre à une autre.

La barre peut traverser une ou plusieurs portées.

Lorsque dans une case on a une série de trois ou quatre notes harmoniques, on doit s'occuper à connaître si ce sont des harmoniques toniques d'un ton majeur ou mineur, ou des harmoniques dominantes ou sensibles d'un ton mineur, ou des harmoniques mi-consonnantes ou dissonnantes.

Pour connaître cela, qu'on pose en état direct les trois ou quatre notes harmoniques et qu'on remarque ce qui suit :

On a des harmoniques toniques d'un ton majeur lorsque la première tierce est majeure, et que la deuxième tierce est mineure. Donc, si dans une case on a la série suivante : *do, mi, sol,* on dira qu'on a des harmoniques toniques d'un ton majeur.

On a des harmoniques toniques d'un ton mineur

lorsque la première tierce est mineure, et que la deuxième tierce est majeure. Donc, si dans une case, on a la série suivante : *la, do, mi,* on dira qu'on a des harmoniques toniques d'un ton mineur, parce que de *la* à *do*, il y a intervalle de tierce mineure, et de *do* à *mi* intervalle de tierce majeure.

On a des harmoniques dominantes lorsque la première tierce est majeure, et que la deuxième et la troisième tierce sont mineures. Donc, si dans une case on a la série suivante : *sol, si, ré, fa,* on dira qu'on a des harmoniques dominantes ; car de *sol* à *si*, il y a un intervalle de tierce majeure ; de *si* à *ré* et de *ré* à *fa*, on a un intervalle de tierce mineure.

On a des harmoniques sensibles d'un ton mineur lorsque les trois tierces sont mineures. Donc, si dans une case on avait la série suivante : *sol* dièse, *si ré, fa,* on aurait des harmoniques sensibles d'un ton mineur, puisque de *sol* dièse à *si* on a intervalle de tierce mineure, ainsi que de *si* à *ré* et de *ré* à *fa*.

On a des harmoniques dissonnantes lorsque parmi les quatre notes harmoniques, on a de celles qui produiraient des intervalles de seconde mineure ou de septième majeure ; donc, si dans une case on a la série suivante : *do, mi, sol, si,* on a des harmoniques dissonnantes, puisque en combinant *do, si,* il résulte un intervalle de seconde mineure ou de septième majeure.

On a des harmoniques mi-consonnantes lorsque la première tierce est mineure, et que parmi les quatre notes harmoniques on a de celles qui produisent des intervalles de seconde majeure ou de septième mineure. Donc, si, dans une case, on avait la série suivante : *ré, fa, la, do,* on aurait des harmoniques mi-consonnantes, puisque de *ré* à *fa* on a une tierce mineure, et qu'en combinant *ré* avec *do,* il en résulterait un intervalle de seconde majeure ou de septième mineure.

Il nous faut apprendre également à connaître le ton auquel peut appartenir une série d'harmoniques qu'on aurait dans une case.

On doit d'abord disposer la série en état direct, et examiner si l'on a des harmoniques dominantes ou dissonnantes, etc.

Or, si l'on a des harmoniques toniques d'un ton majeur, la première note de la série indiquera aisément le ton auquel la série appartient. En effet, qu'on suppose avoir dans une case *do, mi, sol,* on dira que ces harmoniques appartiennent au ton de *do* majeur ; car la note *do,* qui est la première, indique de suite le ton. Il en serait de même si l'on avait des harmoniques toniques d'un ton mineur, comme *do, mi, sol.*

Lorsqu'on a des harmoniques dominantes, qu'on descende d'une quinte de la première note de la série, et l'on aura la tonique du ton auquel appartiennent les harmoniques dominantes.

Supposons que dans une case on ait les harmoniques dominantes *sol, si, ré, fa,* qu'on descende d'une quinte de *sol,* qui est la première note de la série, et l'on aura la note *do.* En effet, *sol, fa, mi,* $_1$ $_2$ $_3$ *ré, do.* On doit donc conclure que les harmoniques $_4$ $_5$ dominantes *sol, si ré, fa,* appartiennent au ton de *do* majeur ou de *do* mineur.

Lorsqu'on a des harmoniques sensibles d'un ton mineur, qu'on monte d'un demi-degré en partant de la première note de la série, et l'on aura la tonique du ton mineur auquel elles appartiennent. Supposons qu'on ait dans une case *sol* dièse, *si, ré, fa*; qu'on monte d'un demi-degré de la première note *sol* dièse, et l'on aura la note *la,* qu'on doit considérer comme note tonique de la gamme de *la* mineur. On doit conclure que *la* mineur est le ton auquel appartiennent les notes *sol* dièse, *si, ré, fa.*

Nous croyons inutile d'expliquer comment on doit agir pour connaître à quel ton peuvent appartenir les *harmoniques* mi-consonnantes et *dissonnantes*, puisqu'elles sont rarement usitées. D'ailleurs, d'après ce chapitre, on pourra aisément employer des moyens semblables pour savoir distinguer à quel ton ces espèces de séries peuvent appartenir.

On doit s'exercer 1° à poser des séries d'harmoniques en état indirect; 2° à découvrir la manière de les mettre en état direct; 3° à distinguer si ce sont des harmoniques toniques, dominantes ou sensibles, etc.; 4° connaître à quel ton la série peut appartenir.

La figure n. 5 peut être d'un grand secours pour ces espèces d'exercices.

CHAPITRE XXX.

(Tableau N° 7.)

Des Modulations.

On sait par le chapitre précédent, que chaque ton, soit majeur, soit mineur, contient huit séries de notes harmoniques. Or, puisqu'on a vingt-huit tons différents (les tons mineurs compris), on aura deux cent vingt-quatre séries de notes harmoniques.

On module lorsqu'à une série on fait succéder une série différente.

On ne module pas lorsqu'on répète la même série de notes harmoniques.

A la figure n. 8 et à la case n. 1, on a la série *do, mi, sol, do.*

A la case n. 2, on a la série *sol, si, ré, fa.* Puisque dans cette dernière case on a fait changement de série, on dira que de la case n. 1 à celle du n. 2 on module. A la case n. 3, on a la série *sol, si, ré, fa,* puisque dans cette dernière case on a répété la même série on dira que de la case n. 2 à celle de n. 3, on ne module point.

Il ne faut par croire qu'on puisse faire succéder une série quelconque d'harmoniques à une série qu'on aurait posée dans une case précédente.

Il y a pour cela des règles à suivre.

Deux tons sont relatifs entre eux lorsque leur armure est la même, ou qu'elle ne diffère que d'un dièse ou d'un bémol de plus ou de moins, ou que la tonique est la même, comme *do* majeur, *do* mineur; différemment ils ne sont point relatifs, et on les appelle tons non relatifs ou tons éloignés.

D'après cela, on pourra aisément découvrir que chaque ton majeur et mineur possède six tons relatifs.

Supposons qu'on veuille connaître quels sont les tons relatifs de *do* majeur; voici ce qu'on dira :

Do mineur doit être ton relatif de *do* majeur, puisque leurs notes toniques sont les mêmes *do*, *do*.

Ré mineur est ton relatif de *do* majeur, puisque l'armure de *ré mineur* n'est que d'un bémol.

L'armure de *mi* mineur n'est que d'un dièse; donc *mi* mineur est un ton relatif de *do* majeur. Il en est de même de *sol* majeur.

La mineur est un ton relatif de *do* majeur, puisque l'armure de *la* mineur est la même que celle de *do* majeur ; c'est-à-dire que l'un et l'autre ton n'ont aucun signe accidentel pour armure.

D'après ce que nous venons de dire, on pourra facilement trouver tous les tons relatifs d'un ton quelconque. D'ailleurs on pourra consulter la figure n. 9.

En mélodie, les séries d'harmoniques les plus convenables pour moduler sont les harmoniques toniques, les dominantes et les sensibles. Ce n'est que dans l'harmonie qu'on se sert des harmoniques mi-consonnantes ou dissonnantes.

Il est à remarquer que l'oreille est en suspens

lorsqu'elle n'entend pas les harmoniques toniques; c'est pour ainsi dire sur elles qu'elle se repose.

On appelle ton principal celui qui est désigné par l'armure à la clé. Donc, pour moduler convenablement, il faut observer ce qui suit :

1º Le point de départ; 2º le point d'arrivée; 3º le point de retour; 4º faire succéder à une série d'harmoniques toniques, dominantes ou sensibles, une série d'harmoniques toniques, dominantes ou sensibles d'un ton relatif de celui auquel appartient la série qui précède.

Les harmoniques toniques du ton principal doivent servir de point de départ. Les harmoniques toniques d'un ton relatif au ton principal doivent servir de point d'arrivée. Les harmoniques toniques du ton principal doivent ensuite servir de point de retour.

Après qu'on est arrivé aux harmoniques toniques d'un ton relatif, on peut néanmoins suspendre le *point de retour*, et arriver à des harmoniques toniques d'un autre ton relatif du précédent ou du ton principal. Un exemple que nous allons expliquer servira de modèle pour trouver les moyens de moduler convenablement.

A la figure n. 10, on voit, d'après l'armure et les harmoniques de la case n. 1, que le ton principal est *sol*. A la case n. 2, on fait succéder les harmoniques dominantes du ton de *sol*, c'est-à-dire *ré*, *fa* dièse, *la*, *do*. A la case n. 3, on revient aux harmoniques toniques du ton principal *sol*. Au moyen de ces trois séries, on établit l'intonation du ton principal; c'est ainsi qu'on doit toujours faire. Nous allons ensuite voir à la figure n. 9, et nous cherchons les tons relatifs de *sol* majeur. Nous voyons par les harmoniques toniques *ladomi*, *siréfa* dièse, *domisol*, *réfa* dièse *la*, *misolsi*, *solsi* bémol *ré*, que nous avons pour tons relatifs les suivants : *la* mineur, *si* mineur, *do* majeur, *ré* majeur, *mi* mineur, *sol* mineur. Nous choisissons le ton de *la* mineur; c'est-à-dire que pour point d'arrivée nous choisissons les harmoniques toniques *ladomi*. Nous allons ensuite voir, à la figure n. 5, les séries harmoniques de notes appartenant à *la* mineur, et nous voyons figurer *siréfala*, *domisolsi*, *réfalado*, *misolsiré*, *faladomi*, *sol* dièse *siréfa*, nous choisissons cette dernière série, et nous la posons à la case n. 4; et puis nous mettons à la case n. 5 les harmoniques toniques, notre point d'arrivée.

Comme les harmoniques toniques du ton principal doivent être notre point de retour, nous faisons entendre, à la case n. 6, les harmoniques dominantes de *sol* majeur, et à la case n. 7, nous terminons par les harmoniques toniques du ton principal *sol*.

Autre Exemple.

A la figure n. 11, nous établissons dans les trois premières cases l'intonation du ton principal; ensuite, pour point d'arrivée, nous nous proposons de faire entendre les harmoniques toniques *domisol* appartenant au ton de *do* majeur relatif de *sol* majeur, ton principal. C'est pourquoi nous allons voir à la figure n. 5, et nous trouvons que les harmoniques dominantes du ton de *do* majeur sont *sol-siréfa*. Nous posons par conséquent cette série à la case n. 4.

A la case n. 5, nous faisons succéder la série des harmoniques toniques *domisol*, point d'arrivée.

Nous suspendons ici le point de *retour*, c'est-à-dire que nous ne voulons point encore retourner au ton principal; au contraire, nous nous proposons de faire entendre les harmoniques toniques d'un ton relatif du précédent qui est *do* majeur, dont les harmoniques toniques sont à la case n. 5.

A cet effet, nous allons voir à la figure n 9, où nous trouvons que *ré* mineur est un des tons relatifs de *do* majeur; ensuite nous allons voir à la figure n. 5 pour savoir quelles sont les harmoniques dominantes ou sensibles de *ré* mineur, et nous trouvons *la-do* dièse *misol* et *do* dièse *misolsi* bémol. Nous choisissons ces dernières, que nous posons à la case n. 6.

A la case n. 7, nous terminons à *ré* mineur par les harmoniques toniques *ré*, *fa* naturel, *la*. Après cette modulation, il nous faut revenir au ton principal; aussi nous allons voir, à la figure 9, les tons relatifs de *ré* mineur dont les harmoniques toniques sont à la case n. 7, et nous choisissons le ton de sol mineur parce qu'il est également relatif de *sol* majeur, dont les harmoniques toniques doivent servir pour notre point de retour.

Nous posons à la case n. 8 les harmoniques sensibles *fa* dièse, *la*, *do*, *mi* bémol appartenant à *sol* mineur. A la case n. 9, nous terminons par les harmoniques toniques de *sol* mineur, *solsi* bémol *ré*.

A la case n. 10, nous faisons succéder les harmoniques dominantes de *sol* majeur, et à la case n. 11, nous finissons par *sol* majeur.

Autre exemple.

A la figure n. 12, case n. 3, nous nous proposons d'arriver à *mi* mineur; mais nous ne voulons pas faire entendre les harmoniques dominantes ou sensibles appartenant à ce ton. Cela peut se faire; car on peut aux harmoniques toniques, dominantes ou sensibles d'un ton, faire succéder les harmoniques toniques ou dominantes ou sensibles d'un ton relatif, ainsi que nous l'avons dit plus haut.

Par ces motifs, l'exemple de la figure 13 sera également très-bon, et pourra servir de modèle : en effet, à la case n. 2, on arrive de suite aux harmoniques toniques appartenant à *la* mineur.

A la case n. 3 on suspend le point de retour, et l'on arrive aux harmoniques toniques appartenant à *mi* mineur, ton relatif de *sol* majeur, et de *la* mineur.

A la case n. 5, on revient au ton principal.

A la case n. 6, on fait succéder les harmoniques toniques appartenant à *mi* mineur, ton relatif.

A la case n. 7, on revient au ton principal.

A la case n. 8, on fait succéder les harmoniques toniques appartenant au ton de *do* majeur, relatif au ton de *sol*.

A la case n. 10, on revient au ton principal.

Qu'on se trace des thèmes dans un ton quelconque, qu'on s'exerce à faire succéder des séries d'harmoniques en procédant selon les règles que nous venons de donner, et en se basant sur les quatre exemples que nous venons d'expliquer.

Lorsqu'on aura fait plusieurs de ces exercices, et qu'on sera bien habitué à revenir souvent aux harmoniques toniques du ton principal, et à moduler dans des tons relatifs, on pourra prendre connaissance de ce qui suit :

Les harmoniques sensibles d'un ton mineur peuvent être considérées comme appartenant égalemen au ton majeur dont la tonique est la même que celle du ton mineur comme *do* majeur, *do* mineur ; ainsi, par exemple, les harmoniques sensibles *siréfala* bémol, appartiennent, selon la figure n. 5, au ton de *do* mineur. Or, elles peuvent être considérées comme appartenant également au ton de *do* majeur.

Au lieu de dire les harmoniques sensibles d'un ton mineur, nous dirons simplement les *sensibles mineures*. Au lieu de dire les harmoniques sensibles d'un ton majeur, nous dirons les *sensibles majeures*. Au lieu de dire les harmoniques dominantes, les toniques, on peut dire les *dominantes*, les *toniques*.

A la figure n. 14, et à la case n. 1, on a les dominantes *solsiréfa*. A la case n. 2, on a les *dominantes la*, *do*, dièse *mi*, *sol*. On remarque que la note *sol* se trouve et dans la première série à la case n. 1 et dans la série suivante à la case n. 2.

Parmi ces deux séries, il n'y a que la note *sol* qui soit répétée : nous l'appellerons *note commune*. Ainsi, toutes les fois que dans deux séries qui se succèdent, il se trouvera une ou plusieurs notes répétées, nous les appellerons *notes communes*.

RÈGLES DE MODULATION.

Règle N. 1.

A des toniques , on peut faire succéder les mêmes toniques , les dominantes , les sensibles majeures et mineures appartenant au ton auquel appartiennent les toniques précédentes , ou bien on peut faire succéder les toniques , les dominantes ou les sensibles majeures ou mineures d'un ton relatif de celui auquel appartiennent les toniques précédentes ou les sensibles mineures d'un ton quelconque , ou bien les toniques , les dominantes , les sensibles majeures d'un ton non relatif, pourvu que parmi les deux séries on ait une note commune.

Règle N. 2.

A des dominantes, on peut faire succéder les mêmes dominantes ou bien les toniqnes , les sensibles majeures ou mineures du ton auquel appartiennent les dominantes précédentes ou bien les toniques , les sensibles majeures d'un ton relatif de celui auquel appartiennent les dominantes précédentes , ou les sensibles mineures d'un ton quelconque , ou bien les toniques , les dominantes ou les sensibles majeures d'un ton non relatif, pourvu que parmi les deux séries on ait une note commune.

Règle N. 3.

A des sensibles mineures, on peut faire succéder les mêmes sensibles mineures ou les toniques , les dominantes , les sensibles majeures du ton auquel appartiennent les sensibles mineures précédentes ou les toniques, les dominantes, les sensibles majeures ou mineures d'un ton relatif de celui auquel appartiennent les sensibles mineures précédentes, ou les sensibles mineures d'un ton quelconque, ou bien les toniques, les dominantes, les sensibles majeures d'un ton non relatif, pourvu que parmi les deux séries on ait une note commune.

Règle N. 4.

Après des sensibles majeures, on peut faire succéder les mêmes sensibles majeures, ou les toniques, les dominantes, les sensibles mineures appartenant au ton auquel appartiennent les sensibles majeures précédentes, ou les toniques, les dominantes, les sensibles majeures ou mineures d'un ton relatif de celui auquel appartiennent les sensibles majeures précédentes, ou bien les toniques, les dominantes, les sensibles mineures d'un ton non relatif, pourvu que parmi les deux séries on ait une note commune.

Ces quatre règles donnent la clé pour faire toute modulation possible et permise, soit en mélodie, soit en harmonie.

On peut s'exercer à remplir plusieurs pages en faisant une suite de séries d'harmoniques d'après les règles que nous venons de donner, sans oublier, toutefois, qu'il faut le plus souvent possible revenir au ton principal, et se proposer toujours d'avance le point d'arrivée.

Supposons qu'on ait posé une série d'harmoniques dominantes, et qu'on veuille savoir quelle est la série qu'on pourrait faire succéder. On aura recours , dans ce cas, à la règle n. 2, où l'on choisira à volonté une espèce de série quelconque. On verra ensuite la figure n. 5, dans la colonne des harmoniques dominantes, ou la figure n. 9 dans la colonne des tons relatifs de celui auquel appartiennent les harmoniques dominantes qu'on a précédemment dans une case. En procédant toujours de la sorte, on acquerra facilement l'habitude de moduler. On pourra ensuite essayer sur un instrument toutes les séries d'harmoniques qu'on aurait posées, ou si l'on ne connaît pas d'instrument, on pourra les vocaliser.

CHAPITRE XXXI.

(Tableau No 7.)

Notions de plusieurs expressions musicales.

Avant d'expliquer la formation des différentes gammes mélodiques, nous allons d'abord faire connaître la signification de certains mots dont nous nous servirons dans la suite de cette théorie. A la figure n. 12, et à la case n. 1, on a les notes *sol*, *si*, *ré*, toniques du ton de *sol* majeur. Or, toutes les notes qui ne seront point *sol*, *si*, *ré*, seront appelées notes *étrangères*. A la case n. 2, on a les harmoniques *ré*, *fa* dièse, *la*, *do* ; toutes les notes qui ne seront point *ré*, *fa* dièse, *la*, *do*, s'appelleront notes étrangères. Ainsi, à la case n. 1, on aurait pour notes *étrangères* : *la* dièse, *la* bémol, *si* bémol, *si* dièse, *do*, *do* dièse ; *ré* bémol, *ré* dièse ; *mi* bémol, *mi* naturel, *mi* dièse ; *fa* naturel, *fa* dièse ; *sol* bémol.

A la case n. 2, on aurait pour notes *étrangères* : *ré* dièse, *mi* bémol, *mi* naturel, *mi* dièse, *fa* naturel, *sol* dièse, *sol* naturel, *la* bémol, *la* dièse, *si* bémol, *si* naturel.

Il y a deux espèces de notes étrangères, les tonales et les non tonales.

Les tonales sont celles qui dérivent de la gamme du ton auquel appartiennent les harmoniques qu'on a dans une case. Ainsi, à la figure n. 12 et à la case n. 1, on a les harmoniques *sol*, *si*, *ré*, toniques du ton de *sol* majeur. Les notes de la gamme de *sol* majeur sont : *sol*, *la*, *si*, *do*, *ré*, *mi*, *fa* dièse. Qu'on retranche de cette gamme les harmoniques qu'on a dans la case n. 1, c'est-à-dire *sol*, *si*, *ré*, et il ne restera que les notes *la*, *do*, *mi*, *fa* dièse. Ces quatre notes seront appelées tonales, parce qu'elles font partie du ton auquel appartiennent les harmoniques *sol*, *si*, *ré*, qu'on a à la case n. 1.

A la case n. 2, on a les harmoniques *ré*, *fa* dièse, *la*, *do*, dominantes appartenant au ton de *sol* majeur ou mineur. Les notes de la gamme de *sol* majeur ou mineur sont *sol*, *la*, *si* bémol ou *si* naturel, *do*, *ré*, *mi*, bémol ou *mi* naturel, *fa* dièse. Qu'on retranche de cette gamme les harmoniques qu'on a à la case n. 2, c'est-à-dire *ré*, *fa* dièse, *la*, *do*, et l'on appellera *tonales* le reste des notes.

On appellera par conséquent non *tonales* toutes celles qui ne seront ni harmoniques, ni *tonales* ainsi, à la case n. 1 de la figure n. 12, les notes non tonales seraient, par exemple, *sol* dièse, *la* bémol, *la* dièse, *si* bémol, *do* dièse, *ré* bémol, *mi* dièse, *fa* naturel.

En disant notes étrangères, on est convenu de désigner en même temps et les tonales et les non tonales.

On appelle *notes du premier modèle*, ou simplement premier modèle, les notes contenues dans une première case ; ainsi, à la figure n. 15, les notes du premier modèle seraient celles contenues à la case n. 1.

On appelle *notes du second modèle*, ou simplement *second modèle*, la dernière note d'une première case, et la première note de la case suivante; ainsi, à la figure n. 15, les notes du second modèle sont le *sol*, dernière note de la case n. 1, et le *ré*, première note de la case n. 2. On surmonte ordinairement du signe ⌒ les deux notes qui forment le second modèle

A la figure n. 15, et à la case n. 1, on remarque que de la première à la deuxième note de la case, on descend *do*, *si*; que de la deuxième à la troisième, on monte *si*, *ré*; que de la troisième à la quatrième, on monte *ré*, *sol*. A la case n. 2, les notes font le même mouvement ascendant et descendant, c'est-à-dire, que de la première à la deuxième note de la case, on descend *ré*, *do*; que de la deuxième à la troisième, on monte; que de la troisième à la quatrième, on monte.

A la case n. 3, les notes font le même mouvement que celles de la première case. On appelle cela *imiter le mouvement des notes du premier modèle*.

On peut remarquer à la même figure, et à la case n· 1, que de la quatrième à la première note de la case suivante on descend.

On remarque aussi, à la case n. 2, que de la quatrième note *la* à la première de la case suivante, on descend également. On appelle cela imiter le mouvement des notes du second modèle.

A la même figure, et à la case n. 1, on remarque que de la première à la deuxième note, on descend d'une seconde, *do, si*; que de la deuxième à la troisième, on monte d'une tierce, *si*, *ré*; que de la troisième à la quatrième, on monte d'une quarte, *ré*, *sol*. A la case n. 2, on remarque que les notes font le même mouvement et les mêmes intervalles que celles du premier modèle : en effet, de la première à la deuxième note de la case n. 2, on descend d'une seconde ; de la deuxième à la troisième, on monte d'une tierce, ainsi de suite.

Il en est de même à la case n. 3. On appelle cela imiter le *mouvement* et les *intervalles* des notes du premier modèle.

A la même figure, et à la case n. 1, on remarque également que de la quatrième note à la première de la case suivante, on descend d'une quarte. Il en est de même à la case n. 2 ; car de la quatrième note *la* à la première de la case suivante, on descend également d'une quarte. On appelle cela imiter le mouvement et l'intervalle que font les notes du second modèle.

A la même figure, on remarque qu'à la case n. 1 on a quatre notes. Il en est de même aux cases n. 2 et 3. On appelle cela imiter le nombre des notes du premier modèle.

A la figure n. 16, et à la case n. 1, il est à remarquer que de la troisième à la quatrième note, on descend d'une seconde mineure.

Aux cases n. 2 et 3, de la troisième à la quatrième note, on descend également d'une seconde mineure. On appelle cela imiter le mouvement et l'espèce d'intervalle que font les notes n. 3 et 4 du premier modèle.

CHAPITRE XXXII.

(Tableau N⁰ 7.)

Des Gammes simples Modulatives.

Les gammes se divisent en deux classes, savoir : gammes mélodiques et gammes harmoniques. Nous parlerons plus loin de ces dernières.

On divise les gammes mélodiques en cinq séries :
1º Série des gammes simples modulatives.
2º Série des gammes fleuries modulatives.
3º Série des gammes simples progressives.
4º Série des gammes fleuries progressives.
5º Séries des gammes irrégulières.

Pour qu'on sache former des gammes simples modulatives, nous allons expliquer la figure n. 17.

A la portée n. 2, nous avons fait succéder différentes séries d'harmoniques, selon les règles de modulation données au chapitre XXX.

A la portée n. 1, case n. 1, il faut remarquer que nous avons placé des notes harmoniques prises de la série inférieure *sol*, *si*, *ré*. Il en est de même aux cases n. 2, 3, 5, etc.

On remarque également que dans chaque case on a le même nombre de notes ; que toutes les notes de la portée n. 1 se trouvent dans la même octave ; que de la dernière note d'une case à la première de la case suivante, il y a toujours intervalle de seconde, c'est-à-dire qu'on résout toujours la dernière note d'une case par degré conjoint sur la note suivante.

Au lieu de placer toutes les notes dans la même octave, il suffit d'observer que d'une note à la suivante on ne dépasse point le saut d'octave.

Au lieu de placer quatre notes dans chaque case, on aurait pu en placer moins ou davantage. D'après les explications sur cette figure, on voit que pour former une gamme simple modulative, il faut observer ce qui suit :

1° On prépare un certain nombre de cases à volonté.

2° Sur la portée n. 2, et dans chaque case, on place, en état direct, une série d'harmoniques.

3° Pour faire une suite de séries, on doit se conformer à ce que nous avons déjà dit à ce sujet au chapitre XXX.

4° A la portée n. 1, et à la case n. 1, on place à volonté des notes harmoniques, qu'on prend dans la série qui se trouve en-dessous en état direct. On fait en sorte que d'une note à la suivante on ne dépasse point le saut d'octave.

5° On peut placer un nombre quelconque de notes harmoniques ; mais il vaut mieux se tenir dans les limites de deux à six, à moins qu'on ne veuille répéter plusieurs fois une même note harmonique.

6º On doit résoudre la dernière note d'une case , plutôt par degré conjoint que par degré disjoint, sur la première note de la case suivante.

7º On doit se proposer un ton principal, commencer la gamme par les toniques du ton principal, et la finir par les dominantes et les toniques du même ton , ainsi que nous l'avons fait aux cases n. 1 , 6 , 7.

On pourra s'exercer à composer des gammes simples modulatives dans tous les tons , cela est utile , soit aux personnes qui se destinent à la composition, soit aux personnes qui se livrent au chant ou à l'instrumentation.

Dans ce dernier cas on devra écrire ces gammes à la portée de la voix ou de l'instrument qu'on voudra ; les exécuter, afin d'en entendre l'effet et d'habituer l'oreille à distinguer le son des harmoniques toniques , dominantes ou sensibles ; et parvenir ensuite à comprendre un morceau de musique qu'on entendrait exécuter.

CHAPITRE XXXIII.

(Tableau Nº 7.)

De la Gamme Fleurie Modulative.

La gamme fleurie modulative est une modification de la gamme simple modulative dont nous venons de parler dans le chapitre précédent. La gamme fleurie modulative est ainsi appelée , parce que dans les cases on fait usage de notes étrangères qu'on pose en petites notes devant les notes harmoniques.

Voici comment nous avons agi pour former cette espèce de gamme qu'on trouve à la figure n. 18.

Nous avons d'abord composé une gamme simple modulative, selon les règles qui ont été données au chapitre précédent. D'ailleurs, la figure n. 17 nous a servi de modèle, car nous l'avons reproduite dans la figure n. 18 ; en effet, on y voit la succession des mêmes séries d'harmoniques, avec la seule différence que dans cette dernière figure nous avons ajouté de petites notes.

Voici comment nous avons fait pour placer des notes étrangères que nous avons écrites en petites notes.

Nous savons , d'après le chapitre XXXI, que les notes *tonales* qui résulteraient de la série *sol*, *si*, *ré*, qu'on trouve à la case n. 1, portée n. 2, seraient : *la*, *do*, *mi*, *fa* dièse ; par conséquent, les notes non *tonales* seraient *sol* dièse, *ré* dièse, *mi* bémol, *la* dièse, *si* bémol, *do* dièse, *ré* bémol, *mi* dièse, *fa* naturel.

En examinant les notes harmoniques, *sol*, *si*, *ré*, et les notes *tonales la*, *do*, *mi*, *fa* dièse, on voit qu'en montant d'une seconde de *sol*, on aurait pour note *tonale la;* en descendant d'une seconde de *sol*, ou aurait pour note tonale *fa* dièse. On doit conclure que la note harmonique *sol* est entourée de deux notes *tonales la* et *fa* dièse. En procédant de la même manière, on voit que la note harmonique *si* est entourée des deux notes tonales *la* , *do* , que la note harmonique *ré* est entourée des deux notes tonales *do*, *mi*, etc.

A la portée n. 3, nous avons placé les deux notes *tonales*, dont chaque note harmonique de la portée n. 2 et de la case n. 1, est entourée. Nous verrons ensuite comment nous nous sommes servis de ces notes *tonales* à la portée n. 1.

Nous avons cru qu'il était inutile de placer, à la portée n. 3, les notes non tonales dont chaque note hormonique est entourée, car on peut facilement retenir ce qui suit :

Chaque note harmonique et chaque note *tonale* pourra être altérée à volonté par des signes accidentels.

D'après cela, à la case n. 1 et à la portée n. 2, on peut voir de suite que la note harmonique *sol* pourra être diésée ou bémolisée, ainsi que la note *si* et la note *ré*.

Il en est de même des notes tonales *la*, *do*, *mi*, *fa* dièse, placées à la portée n. 3, case n. 1.

Pour qu'on sache faire bon usage des notes non *tonales* dont on voudra entourer à volonté les notes harmoniques, on doit savoir que la note non tonale étant diésée tend à monter d'un demi-degré sur la première note suivante, et principalement sur une note harmonique; que la note non tonale étant bémolisée tend à se résoudre en descendant, c'est-à-dire qu'elle tend à descendre d'un demi-degré sur la première note suivante et principalement sur une note harmonique.

Or, supposons qu'à la case n. 1, portée n. 1, on veuille placer devant la note harmonique *ré*, une des deux notes tonales *do*, *mi*, qu'on trouve au n. 5, 6, à la portée n. 3 ; qu'on choisisse par exemple *do*, et qu'on veuille le transformer en note tonale au moyen du dièse, ce *do* dièse tendrait à se résoudre en montant sur la note harmonique *ré*.

Supposons qu'on ait choisi la note tonale *mi*, et qu'on veuille la transformer en note non tonale au moyen du bémol, ce *mi* bémol tendrait à se résoudre en descendant sur la note harmonique *ré*.

D'après ces observations, nous croyons qu'on ne sera pas embarrassé d'entourer de notes non tonales les notes harmoniques qu'on voudra et de résoudre ces notes non tonales, selon les règles que nous venons de donner.

Il est à remarquer que la note tonale doit être également résolue en montant, et en descendant par degré conjoint sur une note suivante, et principalement sur une note harmonique.

Nous laissons aux maîtres de l'art les exceptions à faire aux règles que nous venons d'établir sur la résolution des notes étrangères.

Après avoir placé à la portée n. 3 les petites notes dont les harmoniques peuvent être entourées, nous avons choisi à volonté des notes harmoniques parmi les séries placées à la portée n. 2, afin de former à la portée n. 1 une gamme simple modulative; ensuite pour la transformer en gamme fleurie, nous avons choisi, à volonté, à la série n. 3 des notes tonales dont nous avons ensuite entouré les notes harmoniques placées à la portée n. 1. Ainsi, dans cette portée la note harmonique, n. 1 est *ré* ; nous avons voulu ajouter à la suite de ce *ré* une note tonale; à cet effet, nous sommes allés voir à la portée n. 3 les notes tonales dont le *ré* est entouré, et nous avons vu au n. 5 et au n. 6 *do mi*. Nous avons choisi *do* parce que à la portée n. 1, la première note harmonique suivante est *si*.

Or, nous savons que la note tonale doit généralement se résoudre par degré conjoint sur une note suivante, et puisque de la *tonale do* à la note suivante *si*, on peut descendre par degré conjoint, nous préférons *do*, que nous plaçons à la suite de la note harmonique *ré* et que nous écrivons en petite note.

Nous aurions pu mettre cette note tonale *do* devant le *ré* ; mais il vaut mieux commencer une gamme par une note harmonique.

A la portée n. 1, case n. 1, la note harmonique n. 2 est *si*. Nous avons voulu ajouter devant ce *si* une note tonale. Nous voyons à la portée n. 3, que le *si* est, au n. 3 et au n. 4, entouré de *la* et *do* : ces deux notes sont également bonnes, parce que, à la portée n. 1, à la suite de la note harmonique n. 2, *si*, vient celle du n. 3, pareillement, *si*. Or, soit avec le *do*, soit avec le *la*, on peut aller à *si* par degré conjoint. Nous choisissons à volonté la note tonale *do*, et nous la plaçons en petite note devant le *si*, à la suite duquel nous mettons *la*, que nous transformons en note non tonale, au moyen du dièse, parce que la note suivante étant *si*, on peut faire résoudre le *la* dièse de manière à monter d'un demi-degré sur le *si* suivant.

On peut même considérer ce *la* dièse comme entourant soit le *si* n. 2, soit le *si* n. 3 (toujours portée n, 1, case n.1) cela n'importe. Il est inutile de prolonger nos explications sur les autres petites notes qu'on trouve dans chaque case, à la portée n. 1 ; car d'après ce que nous venons de dire nous croyons qu'on pourra facilement comprendre comment nous avons procédé pour le placement des notes étrangères.

Nous ferons seulement remarquer que les gammes diatoniques majeures et mineures, ainsi que les gammes chromatiques dont nous avons parlé aux chapitres n. 26 et 27, doivent être considérées comme des fragments de gamme fleurie modulative ; car c'est à cette espèce de gamme qu'elles prennent leur source.

Nous remarquons à la case n. 3, portée n. 1 que la note harmonique n. 1 est *sol*, celle du n. 2 est *si*, celle du n. 3 est *ré*, celle du n. 4 est *sol*. Qu'on entoure ces harmoniques de tonales, en montant, ainsi que nous l'avons fait, et l'on aura dans cette case la succession *sol, la, si, do, ré, mi, fa* dièse, *sol*, gamme diatonique du ton de *sol* majeur.

A la case n. 5 et à la portée n. 1, les notes harmoniques sont *la, do, mi* ; qu'on les entoure de notes tonales, en montant, ainsi que nous l'avons fait, et l'on aura la succession suivante *sol* dièse, *la*, *la* dièse, *si*, *do*, *do* dièse, etc., gamme chromatique. Il en sera de même en descendant.

Les personnes qui se donnent principalement à la composition, doivent examiner ce que nous venons de dire sur les cases n. 3 et 5 ; car on peut être parfois embarrassé pour placer un accord sur une phrase mélodique, montant ou descendant en forme de gamme diatonique ou chromatique, et, d'après ce que nous venons d'établir, on peut voir de suite, aux cases n. 3 et n. 5 comment on doit procéder pour appliquer l'harmonie. Il en est de même pour les notes étrangères. D'ailleurs, nous reviendrons sur ces gammes lorsque nous parlerons de la manière d'appliquer des accompagnements à un air de mélodie quelconque où les notes étrangères sont écrites ordinairement comme les autres notes , c'est pourquoi on doit d'abord s'exercer à composer plusieurs gammes fleuries modulatives, en prenant pour modèle la figure n. 18, et en se guidant sur les explications que nous venons de faire pour le placement des petites notes.

Qu'on compose à la portée de la voix ou de l'instrument qu'on a, et qu'on essaie ensuite ce qu'on aura fait.

Il est inutile de dire que les notes n'ayant ici aucune valeur, on pourra les exécuter à volonté, soit lentement, soit en se pressant. Lorsque nous parlerons du rhythme, nous indiquerons comment il faut procéder ponr l'exécution des différentes gammes.

CHAPITRE XXXIV.

(Tableau N° 7.)

De la Gamme simple progressive.

Pour faire comprendre la formation d'une gamme simple progressive, nous allons expliquer la figure n. 19.

On peut remarquer que nous avons choisi le ton de *do* majeur. A la case n. 1, nous avons placé pour premier modèle les harmoniques toniques du ton principal, car c'est par elles qu'on doit toujours commencer une gamme.

Nous avons placé six notes pour premier modèle ; dans les cases suivantes, nous imitons le nombre des notes du premier modèle ; en effet, partout il y a six notes.

Dans toutes les cases, nous imitons également le mouvement et l'intervalle que font les notes du premier et du second modèle ; en effet, à la case n. 1, de la note n. 1 à celle du n. 2, *do, mi*, on monte d'une tierce ; à la case n. 2 et aux suivantes, on monte également d'une tierce, de la note n. 1 à celle du n. 2. Il en est de même des notes n. 2 et n. 3 de chaque case.

On remarque au second modèle, que de la note n. 6 à la note n. 1, qui est la première de la case suivante, on descend d'une seconde. Il en est de même dans chaque case en partant de la dernière note d'une case à la première de la case suivante. Nous avons produit par ce moyen une gamme modulative par progression. En effet, toutes les notes marchent d'une manière déterminée et progressive, soit en montant, soit en descendant jusqu'à la case n. 6, où la gamme étant arrivée de nouveau à la note *do*, par laquelle elle a commencé, nous pourrions la poursuivre de la même manière, sauf que les notes se trouveraient alors à une octave plus haut. Après avoir procédé de la sorte, nous avons posé dans chaque case, à la portée n. 2, la série d'harmoniques dont se compose chaque case de la portée n. 1.

C'est ainsi qu'on doit toujours agir ; car en voulant imiter l'intervalle et le mouvement des notes du premier et du second modèle, on module, pour ainsi dire, forcément ; ainsi, pour le placement des notes harmoniques à la portée n. 1, on ne peut pas avoir recours aux séries posées en dessous ; et qu'on n'oublie pas que pour la formation de premier modèle, on doit se servir des notes harmoniques toniques du ton principal. Or, puisque dans la première case on place des notes harmoniques, il est concluant que dans les cases suivantes, où l'on imite la marche des harmoniques de la première case, il en résulte également des notes harmoniques ; par conséquent, à la portée n. 2, on place en état direct telle série dans laquelle on puisse trouver toutes les notes harmoniques posées en dessus, et dans ce cas, voici le raisonnement qu'on fait : Puisque à la case n. 2 et à la portée n. 1, on a pour harmoniques *ré*, *fa*, *la*, il est évident qu'on a les harmoniques toniques appartenant au ton de *ré* mineur. (Voir la fig n. 5.) On doit donc, à la portée n. 2 et à la case n. 2, poser en état direct *ré*, *fa*, *la*.

Il faut raisonner de même pour le placement des séries d'harmoniques en état direct dans chaque case suivante.

A la figure n. 20, nous avons également une gamme simple progressive, et pour la former nous avons agi comme ci-dessus, c'est-à-dire que nous avons placé deux notes pour premier modèle. On peut remarquer que dans chaque case, nous avons

imité le même nombre. On peut, pour premier modèle, placer plusieurs notes à volonté et principalement de deux à huit.

A la figure n. 20, et à la case n. 1, de la note
n. 1 à celle du n. 2, on descend d'une tierce. Dans
chaque case, nous avons imité le même mouvement
et le même intervalle ; en effet, de la note n. 1 à
celle du n. 2, de chaque case, on descend d'une
tierce.

Au second modèle de la note n. 2, *do*, à celle du
n. 1 de la case suivante, *ré*, on monte d'une seconde. Dans chaque case, nous avons imité le même
intervalle et le même mouvement ; en effet, de la
deuxième note d'une case à la première de la case
suivante, on monte d'une seconde.

Après avoir formé à la portée n. 1 la gamme
simple progressive, nous avons cherché à poser à la
portée n. 2, et dans chaque case, une série d'harmoniques contenant les notes harmoniques posées
en dessus, à la portée n. 1 ; en effet, puisque au
premier modèle les notes *mi*, *do* doivent être considérées comme toniques du ton principal, on doit
poser à la portée en dessous la série des harmoniques
toniques du ton de *do* majeur.

Puisque les notes du premier modèle sont considérées comme notes harmoniques, on doit également
ment considérer comme telles toutes les notes placées à la portée n. 1. Or, à la case n. 2 et à la portée n. 1, on a les notes *ré*, *si*, à la portée n. 2, dans
la même case, on doit, par conséquent, poser une
série d'harmoniques dans laquelle on puisse trouver
pareillement les deux notes *ré*, *si*. Nous avons posé,

à cet effet, la série des harmoniques dominantes *sol*, *si*, *ré*, *fa*, où l'on a les deux notes *do*, *si*. On aurait pu mettre toute autre série, pourvu qu'il s'y trouvât les deux notes *ré*, *si*. On aurait pu mettre, par exemple, *si*, *ré*, *fa*, *la* bémol, sensibles mineures appartenant au ton de *do* ; ou bien, on aurait pu mettre la série *sol* dièse, *si*, *ré*, *fa* ou *mi*, *sol* dièse, *si*, *ré*, cela n'importe. On pourra consulter la figure n. 5, où l'on peut choisir ; mais il ne faut pas oublier le chapitre XXX sur les modulations, afin de ne point se tromper dans la succession des séries.

Nous avons suivi la même marche pour le placement des autres séries de la figure n. 20.

Il est à remarquer qu'en faisant une gamme progressive, on module dans chaque case, et l'on n'altère point de note. On peut cependant, par modification, altérer quelques notes ; dans ce cas, voici comment on doit faire : qu'on forme d'abord une gamme simple progressive, selon les moyens que nous avons indiqués ; ensuite, pour l'altération de quelques notes, voici comment nous avons fait. A la figure n. 21, à la portée n. 1, et à la case n. 2, on a les notes *ré*, *si*. Nous avons désiré que les notes *do*, *la*, qui se trouvent à la case n. 3 fussent contenues dans la série *fa*, *la*, *do*, harmoniques toniques du ton de *fa* majeur, relatif de *do*.

Nous avons eu l'intention d'y arriver par la série *mi*, *sol*, *si* bémol, *ré* bémol, harmoniques sensibles du ton de *fa*.

Par conséquent, puisque à la case n. 2 on a les notes *si*, *ré*, qui, étant altérées par le bémol, peuvent être considérées comme provenant de la série *mi, sol, si* bémol, *ré* bémol, nous avons posé cette série à la case n. 2, portée n. 2 , et nous avons mis un bémol devant le *ré* et le *si*. Cette altération est permise, et cela ne nuit en rien à la marche progressive de la gamme.

A la case n. 4, nous avons fait également l'altération d'une note par les mêmes moyens que nous venons d'indiquer.

D'après les explications de cet exemple, nous croyons qu'on ne sera pas embarrassé pour **altérer** quelques notes harmoniques , dans la formation d'une gamme simple progressive.

Remarque. Après avoir conclu une gamme simple progressive, au moyen des harmoniques toniques du ton principal , on pourra la poursuivre si l'on veut, en changeant de modèle, de manière que si les notes de la première gamme montent, les notes de la deuxième gamme descendent, *et vice versâ.*

Ainsi , à la figure n. 22, par exemple, nous reproduisons la même gamme qu'à la figure n. 19, avec la différence que les notes harmoniques de la figure n. 22 descendent au lieu de monter.

Il nous a fallu, pour cela, changer seulement de second modèle. Ainsi, à la case n. 1, de la dernière note, à la première de la case suivante, on descend d'une quarte, au lieu qu'à la figure n. 19 et à la case n. 1, de la dernière note , à la première de la case suivante, on descend d'une seconde.

On peut même changer de premier modèle, ce qui veut dire qu'on peut changer l'intervalle ou le mouvement, ou le nombre des notes. (Voyez un exemple à la figure n. 23.)

La gamme simple progressive et la gamme fleurie progressive, dont nous parlerons au chapitre
suivant, sont d'un grand secours, soit pour parve-
venir à la composition mélodique et harmonique,
soit pour se tracer des exercices méthodiques à
la portée de la voix ou de l'instrument qu'on
voudra.

On peut se tracer des thêmes depuis les plus faciles jusqu'aux plus difficiles, comme on le verra
lorsque nous parlerons du rhythme, et l'on pourra
s'y exercer pour acquérir le doigté d'un instrument
quelconque, ou pour habituer la voix à vocaliser.

La gamme simple progressive et la gamme fleurie
progressive sont si riches en variétés, que nous nous
bornerons à donner ici les connaissances nécessaires
pour leur création; car en s'exerçant d'abord à en
former selon les règles que nous venons de donner,
et en prenant pour modèle les figures n. 19, 20, 21,
22, 23, on pourra aisément découvrir, sans notre
secours, des modifications aux règles que nous
avons établies, et trouver la clé pour former des
gammes progressives de différentes espèces; mais
nous conseillons de laisser cette tâche aux personnes
qui veulent approfondir cette matière, et de se tenir
à suivre ce que nous venons de montrer.

CHAPITRE XXXV.

Des Gammes fleuries progressives.

La gamme fleurie progressive est comme la précédente. On doit employer les mêmes moyens pour la former, et l'on doit de plus, dans la première case et au premier modèle, entourer les notes harmoniques de notes étrangères ; ensuite on doit imiter dans chaque case le nombre des petites notes du premier modèle, leur position et l'intervalle qu'elles font pour se résoudre sur la note suivante.

Un exemple fera mieux comprendre la formation de cette espèce de gamme.

A la figure n. 25, nous avons d'abord formé une gamme simple progressive selon les moyens développés dans le chapitre précédent ; au reste, nous avons reproduit la figure n. 20 avec la seule différence qu'à la figure n. 25 nous avons ajouté de petites notes.

A la case n. 1, le *mi* est suivi de la note tonale *ré*, le *do* est suivi de la note tonale *si*.

On peut remarquer que la petite note *ré* se trouve après la note harmonique n. 1, et que la petite note *si* se trouve après la note harmonique n. 2. On doit conclure de là que ces petites notes ont une position. Si l'on examine dans chaque case, on verra qu'après la note harmonique n. 1, il y a une petite note étrangère. Il en est de même après la note harmonique n. 2. Nous avons donc imité dans chaque case le nombre et la position des petites notes étrangères placées pour premier modèle.

A la case n. 1, de la note harmonique n. 1, à la petite note tonale qui suit, on descend d'une seconde. Dans chaque case, de la note harmonique n. 1 à la petite note étrangère qui suit, on descend également d'une seconde.

A la case n. 1, de la note harmonique n. 2, à la petite note étrangère qui suit, on descend d'une seconde.

Dans chaque case, de la note harmonique n. 2 à la petite note étrangère qui suit, on descend également d'une seconde.

On voit par là que, dans chaque case, nous avons imité l'intervalle et le mouvement que font les petites notes étrangères placées au premier modèle. Il en sera de même si la petite note étrangère se trouve avant la note harmonique au lieu de se trouver après.

Ainsi, à la figure n. 26, et au premier modèle, la note harmonique *do* peut être entourée, comme on le sait, des deux petites notes tonales *ré, si*. Nous avons choisi cette dernière, c'est-à-dire le *si*, que nous avons placé avant le *do*. On peut remarquer que dans chaque case, il y a une petite note avant la note harmonique n. 2.

A la case n. 1, de la petite note *si*, à la note harmonique *do*, on monte d'une seconde. Dans chaque case, de la petite note placée avant la note harmonique n. 2, on monte également d'une seconde pour aller à la note harmonique n. 3. On voit que dans chaque case, nous imitons le mouvement et l'intervalle que fait la petite note pour se résoudre sur la note harmonique qui suit.

Il est à remarquer que la petite note tonale peut être altérée par des signes accidentels, ainsi que nous l'avons déjà dit au chapitre XXXIII sur la formation de la gamme fleurie modulative. Dans ce cas, on doit immédiatement résoudre la petite note sur la première note qui suit en montant ou en descendant d'un demi-degré.

C'est ainsi que nous avons fait, comme on peut le voir à la figure n. 26, par les petites notes posées avant les notes harmoniques n. 2.

Or, à la case n. 1, par exemple, après la note harmonique n. 1 *mi,* on n'aurait pas pu placer un dièse devant la petite note *ré,* parce qu'on n'aurait pas pu la résoudre en montant ou en descendant d'un demi-degré sur la première note suivante, puisque la petite note *si* vient après.

Si l'on veut bien examiner la figure n. 26 et lire avec attention les explications que nous venons de faire, on connaîtra le secret de former des gammes fleuries progressives dont le nombre varie à l'infini. On pourra aussi trouver des modifications aux règles que nous venons de donner et découvrir d'autres sources pour la création des gammes fleuries modulatives. Nous conseillons néanmoins de s'en tenir aux modèles que nous présentons.

A la figure n. 27, nous donnons plusieurs exemples qui serviront de guide pour créer des gammes fleuries progressives.

Au moyen de ces exemples, on peut trouver la clé pour faire une suite de gammes diatoniques majeures ou mineures dans tous les tons, ce qui peut être très-utile pour exercer la voix ou se former sur le doigté d'un instrument quelconque, et même pour parvenir à la composition des accompagnements à un air mélodique qui marcherait par progression fleurie en montant et en descendant.

CHAPITRE XXXVI.

(Tableau N° 7.)

Des Gammes irrégulières.

On appelle gamme irrégulière un mélange de fragments de plusieurs espèces de gammes. Ainsi, à la figure n. 29, par exemple, et aux cases n. 1, 2, 3, on a le fragment d'une gamme simple progressive.

Aux cases n. 7, 8, 9, on a le fragment d'une gamme fleurie modulative.

Aux cases n. 10, 11, 12, on a le fragment d'une gamme fleurie progressive.

Lorsqu'on connaîtra le rhythme, on pourra, par calcul, composer plusieurs pages de musique au moyen des gammes irrégulières.

Qu'on s'exerce néanmoins à en faire quelques-unes selon la figure n. 29.

On pourra par la suite se permettre des modifications, lorsqu'on sera guidé par le sentiment musi-

cal , par le goût et par l'invention , trois choses
qui peuvent bien quelquefois venir remplacer les
calculs de l'étude.

CHAPITRE XXXVII.

(Tableau N° 7.)

De la manière d'étudier avec fruit les *Secrets de la Musique*.

Il peut y avoir des personnes qui , par l'envie de
savoir bientôt jouer d'un instrument ou chanter,
n'auraient pas la patience d'attendre la fin du cours
de cette théorie. Cela serait fâcheux , car les progrès
seraient bien moins rapides.

On pourrait néanmoins faire les deux choses à la
fois ; c'est-à-dire lire la théorie et suivre la méthode
de chant ou d'instrument désignée par le maître de
musique qu'on aurait.

Nous allons donner ici quelques avis qui pourront être utiles aux personnes qui se livrent à
l'étude de la musique vocale ou instrumentale.

Lorsqu'on veut apprendre un instrument quelconque , on doit d'abord avoir recours à un maître
de musique, et suivre avec lui la lecture des *Secrets
de la Musique*, depuis le chapitre I jusqu'au chapitre XXXVI, ainsi qu'il suit. Il faut lire avec attention les six premiers chapitres, afin de prendre connaissance de la quantité des sons , de leur distance
indiquée par le mot *degré*, des moyens qu'on a pour

désigner ces sons , et pour les nommer sur la portée ;
connaître les signes appelés *clés* , au chapitre VIII,
après l'avoir parcouru , on ira au chapitre XXIV;
et l'on cherchera le nom de l'instrument qu'on veut
apprendre. On verra en même temps sur quelle clé
on doit écrire les notes. On ira consulter ensuite le
tableau n. 5 pour savoir l'étendue des sons que l'instrument peut parcourir, après quoi on reviendra
au chapitre VIII , afin de s'exercer à connaître les
notes sur la clé de l'instrument qu'on aura choisi ,
en employant les moyens que nous avons indiqués.

On mettra la clé en tête de la portée, on écrira
et l'on nommera différentes notes sur plusieurs
portées.

On poursuivra la lecture , et au chapitre XI on
s'exercera à poser des signes accidentels sur la
portée.

Qu'on prenne ensuite connaissance des chapitres XII et XIII, sur la propriété des signes accidentels. Qu'on examine au tableau n. 5 le doigté
qu'on prend pour l'exécution des notes naturelles
et altérées. Au chapitre XIV, on fera en sorte de
bien comprendre la prolongation des effets du signe
accidentel, en écrivant plusieurs exemples.

On pourrait croire peut-être qu'il est inutile de
connaître les différents intervalles, prétextant que
cela ne doit servir qu'aux personnes qui se donnent
à la composition ; mais on ne doit pas penser ainsi,
car c'est par la connaissance des différents chapitres
sur les intervalles, que le chanteur et l'instrumen-
tiste peuvent se rendre compte de la distance qu'il y
a d'un son à un autre.

L'émission du vent est la chose principale pour
faire raisonner les instruments à vent. Or, si l'on
avait des notes, par exemple, dont l'exécution dé-
pendît beaucoup de l'émission du vent, on saurait
facilement les exécuter lorsqu'on connaîtrait l'intervalle plus ou moins grand qui existerait entre elles,
puisqu'on devrait plus ou moins relâcher ou pincer les lèvres pourl exécution de ces notes.

La connaissance des intervalles est également nécessaire pour ceux qui apprennent des instruments
à cordes ; car cela aide beaucoup pour savoir écar-
ter plus ou moins les doigts, selon l'intervalle qui
existe entre deux notes.

Les personnes qui se donnent à la musique vocale
doivent également s'appliquer à distinguer les différents intervalles , parce que cela aide beaucoup
à connaître la différence qu'il y a entre deux sons
dont l'un serait plus ou moins grave, selon l'intervalle plus ou moins grand qui existerait entre eux.

Après avoir lu le chapitre XXIV, sur les divers
instruments et les différentes voix , on écrira plusieurs notes à volonté, barrées ou non barrées, altérées ou naturelles, et l'on s'exercera à les exécuter
en prenant la position qu'il faut pour chaque note.
Lorsqu'on ne se rappellera pas la position qu'il faut
prendre pour l'exécution de telle ou telle note, on
aura recours au tableau n. 5.—Plusieurs personnes,
en prenant un instrument, essaient d'abord à monter
la gamme et à jouer un air comme : *Ah ! vous di-
rai-je maman*, par exemple. Ce n'est pas là ce qu'il
faut faire d'abord. — Avant d'exécuter une gamme
sur un instrument, on doit d'abord savoir comment

il faut faire une succession de sons diatoniquement, et dans quel ton on doit la faire. A quoi sert-il de monter une gamme sur un instrument, lorsqu'on ne connaît pas les distances qu'on doit tenir d'un son à un autre, et lorsqu'on n'est pas dans le cas de savoir si l'on exécute la gamme juste ou fausse ? Sans théorie, on arrive ordinairement par routine, et avec beaucoup de peine, à monter une gamme selon les règles voulues ; mais on en saisira facilement l'exécution, si l'on s'applique à connaître, par les chapitres XXV et XXVI, comment on forme les gammes, et si l'on s'exerce à en composer soi-même quelques-unes. D'ailleurs, on prendra ainsi l'habitude d'écrire beaucoup de notes, et la vue s'exercera à les lire plus facilement et à connaître de suite l'armure des différents tons. Après cela, on commencera par la gamme de *do*, qu'on écrira à la portée de l'instrument qu'on aura. On exercera cette gamme en montant et en descendant, sans interruption, et en suivant les avis du maître de musique. On passera ensuite à la gamme de *la* mineur, de *sol* majeur, de *mi* mineur, etc.

Tout en exerçant le doigté pour parvenir à l'exécution des différentes gammes diatoniques, on lira le chapitre XXVIII sur les notes harmoniques, et les chapitres suivants sur la formation des gammes simples modulatives, fleuries modulatives, etc.

Et qu'on ne croie pas que cela ne puisse servir qu'à ceux qui veulent devenir compositeurs, car, par ces gammes, on pourra se tracer des études fort utiles pour s'exercer sur le doigté et dans la lecture d'un morceau de musique, principalement lorsque ces gammes seront soumises à la mesure , ainsi qu'on le verra lorsque nous parlerons du rhythme. D'ailleurs, on se familiarisera aux différentes modulations , ce qui peut conduire à savoir goûter et apprécier une composition musicale où les notes harmoniques jouent toujours un grand rôle sur les temps forts de la mesure.

Voici ce qu'il faut faire ensuite. Qu'on écrive à part une série d'harmoniques toniques à la portée de l'instrument qu'on a, et qu'on s'exerce à les exécuter en montant et en descendant. Qu'on écrive ensuite une série d'harmoniques dominantes ou sensibles mineures, et qu'on les exerce de même. On pourra écrire ces séries dans tous les tons qu'on voudra.

On composera ensuite des gammes simples modulatives, fleuries modulatives, sur lesquelles on s'exercera afin d'habituer la vue à la lecture des notes, et de prendre le doigté de l'instrument.

On doit faire tout ce que nous venons de dire avant même de commencer les airs d'une méthode ; on est sûr par là de faire des progrès rapides et de ne point être *routinier*.

Pendant qu'on s'exerce sur les gammes dont nous venons de parler, on fera bien de lire les chapitres suivants sur le rhythme , afin d'avoir une idée approximative de la durée des sons. On exécutera ensuite les gammes en donnant à chaque note la valeur d'une noire, et en faisant les petites notes comme si c'étaient des croches.

Les personnes qni voudront se donner à la musique vocale devront suivre à peu près le même sys-

tème; elles s'arrêteront principalemeot au chapitre XXVIII, des notes harmoniques , et à la figure
n. 5 , et voici ce qu'elles devront faire : elles formeront d'abord quatre cases , dans la première elles
écriront une série d'harmoniques toniques en état
direct, et à la portée de leur voix.

Supposons qu'on ait posé la série *domisoldo :* à la
case suivante, on écrira les harmoniques dominantes
solsiréfa appartenant au ton de *do*. A la troisième
case , on mettra les harmoniques toniques de *la*
mineur, *ladomi,* ton relatif de *do* majeur, et dans la
case quatrième , on posera la série *sol* dièse *siréfa* ,
harmoniques sensibles appartenant à *la* mineur.
On essaiera, ou l'on fera essayer sur un instrument
quelconque, la série *domisoldo* , jusqu'à ce qu'on ait
retenu le son de ces notes harmoniques toniques ,
de manière à les solfier ou à les vocaliser sans l'aide
de l'instrument.

On écrira ensuite sur une portée, en état indirect,
les notes *do, mi, sol, do*. On posera ainsi quinze ou
vingt notes (voyez un exemple à la fig. n. 25) qu'on
essaiera de solfier et de vocaliser; si l'on a bien retenu
le son des harmoniques toniques en état direct
domisoldo , on pourra facilement donner à chaque
note le son qu'elle doit avoir.

On ne sera pas embarrassé non plus pour solfier
et vocaliser les harmoniques toniques de chaque ton
majeur, et l'on peut se tracer quelques exemples de
la même manière.

Ce que nous venons de dire est également appli-
cable aux notes toniques , dominantes et sensibles
d'un ton mineur. Si l'on a soin de faire, pendant

quelque temps, de pareils exercices, l'expérience nous a appris qu'on pouvait parvenir à saisir à première vue l'intonation d'une note quelconque, serait-elle même altérée par un signe accidentel. Ensuite, pour préparer la voix aux méthodes de chant, on pourra solfier et vocaliser les différentes gammes simples modulatives, fleuries modulatives, etc., etc., qu'on aura composées.

On poursuivra ensuite la lecture des chapitres suivants sur le rhythme.

Voici ce qu'on doit faire si l'on veut apprendre le piano ou la harpe. On suivra à peu près la même marche que nous avons indiquée pour les autres instruments, avec la différence que lorsqu'on composera des gammes, on les écrira sur les deux clés de *fa* et de *sol*.

On commencera par les gammes diatoniques qu'on exercera à deux mains séparément. (Voir le doigté sur les méthodes.)

Ensuite on écrira des harmoniques toniques qu'on exécutera dans tous les tons, sur toute l'étendue du piano, tantôt avec la main droite, tantôt avec la main gauche. On se fera marquer le doigté par un maître de musique. On fera de même pour les harmoniques dominantes et sensibles de chaque ton. (Voyez un exemple à la fig. n. 31 du 7e tableau.) Lorsqu'on saura faire ces exercices, on composera des gammes simples modulatives qu'on écrira d'abord sur la clé de *fa* pour la main gauche, tandis que la droite plaquera les harmoniques de chaque case; ensuite sur la clé de *sol* pour la main droite, tandis que la gauche plaquera la série des harmoniques de chaque case. On fera de même pour les gammes fleuries modulatives , simples ou fleuries progressives , etc. Le maître de musique marquera le doigté pour chaque note.

On doit faire cela au moins pendant un mois avant d'apprendre , sur les méthodes, à jouer des airs , sans quoi on jouera plutôt par routine que par théorie', sans même qu'il y ait économie de temps ; car ce n'est point en suivant une mauvaise voie qu'on arrive plus tôt au but qu'on se propose.

En exécutant les gammes dont nous venons de parler, on peut donner aux notes une valeur égale ; au reste, on suivra pour cela les avis d'un maître de musique.

Nous ne croyons pas avoir besoin de dire que ceci ne regarde que ceux qui commencent la musique, car, pour ceux qui sont déjà avancés , il suffira de lire avec attention les chapitres que nous développons et de se faire corriger par un maître les exercices théoriques qu'ils auront composés.

CHAPITRE XXXVIII.

(Tableau N° 8.)

Du Rhythme.

On appelle rhythme ce qui est soumis à un certain calcul , comme en poésie la mesure du vers , et en littérature , un certain arrangement dans les périodes plus ou moins agréables à l'oreille.

Le rhythme est la partie de la musique la plus essentielle, car sans le rhythme, le compositeur ne pourrait pas faire comprendre ses idées, et l'exécution d'un morceau deviendrait impossible. On ne parviendrait même pas à ce qu'on dit vulgairement *déchiffrer* un air.

En faisant, par exemple, l'exclamation *oh!* on rend un son qui a un commencement et une fin, un commencement dès que l'on prononce la syllabe oh! et une fin dès que la voix finit le son de l'exclamation. Ce son oh! peut durer plusieurs secondes, c'est à la volonté de la personne qui le prononce, aucune règle grammaticale n'en fixe la durée.

En musique, les sons que l'on fait avec la voix ou avec un instrument quelconque, sont soumis à une règle, afin que celui qui compose ou qui exécute sache à quoi s'en tenir sur leur durée plus ou moins longue.

Pour indiquer la durée que le son doit avoir, on est convenu d'écrire les notes sous sept formes différentes.

Nous allons voir d'abord comment une note peut se présenter à notre vue, et nous ferons connaître plus loin la durée qu'elle doit avoir.

On appelle *note ronde* celle qui est faite comme un zéro. (Voyez fig. n. 1, tableau n. 8.)

On appelle *note blanche* celle qui porte un *trait* partant du zéro. (Voyez figure n. 2.) Le trait peut être en bas ou en haut du zéro, cela est indifférent. Aux notes n. 1, 2, 3, 4, 5, 6, le *trait* est posé en haut du zéro, et aux notes n. 7, 8, etc., le *trait* est posé en bas. Il en est de même pour les notes noires, croches, etc. Lorsqu'on écrit de la musique, on doit faire en sorte que le *trait* se trouve toujours sur la portée ; c'est pour cela qu'on le fait tantôt en bas, tantôt en haut de la note.

On appelle note *noire* celle dont le zéro est plein et qui porte un trait au-dessus ou au-dessous , comme on peut le voir (figure n. 3.)

On appelle note *croche*, celle qui est faite comme une note noire ayant en outre un crochet au bout du trait. (Voyez fig. n. 4.)

Quand deux ou plusieurs notes croches se suivent, au lieu de faire un crochet à chacune, comme à la figure n. 4, on fait une seule barre qui embrasse un certain nombre de notes, comme on peut le voir à la figure n. 5.

On appelle note *double-croche* celle qui porte deux crochets au bout du trait. (Voyez fig. n. 6.)

Quand deux ou plusieurs notes *doubles-croches* se succèdent, au lieu de faire deux crochets à chacune, comme il a été fait à la figure n. 6 , on fait deux barres qui embrassent un certain nombre de notes, comme on peut le voir à la figure n. 7.

On appelle note *triple-croche* celle qui porte trois crochets, comme on peut le voir à la figure n. 8.

Quand deux ou plusieurs notes triples-croches se succèdent, on fait trois barres embrassant plusieurs notes. (Voyez figure n. 9.)

On appelle note *quadruple-croche* celle qui porte quatre crochets, comme on le voit à la figure n. 10. Quand deux ou plusieurs notes *quadruples-croches* se suivent, on fait quatre barres embrassant plusieurs notes. (Voyez fig. n. 11.)

Il pourrait y avoir aussi des quintuples, sextuples, etc., croches; mais leur emploi étant inutile, les compositeurs s'arrêtent aux quadruples-croches, de sorte que, comme nous l'avons déjà dit, il y a sept différentes espèces de notes, savoir : la *ronde*, la *blanche*, la *noire*, la *croche*, la *double-croche*, la *triple-croche* et la *quadruple-croche*.

CHAPITRE XXXIX.

(Tableau No 8.)

De la durée des différentes espèces de Notes.

Tout le monde sait que la durée d'une minute peut se diviser en soixante secondes, et que l'intervalle qu'il y a entre deux secondes est à peu près comme celui d'un battement de pouls à un autre.

L'intervalle qui s'écoule d'un battement de pouls à un autre, c'est-à-dire d'une seconde à une autre, d'une minute à une autre, d'une heure à une autre, etc., s'appelle *temps*. On voit par là que le mot *temps* ne précise pas une durée, car l'intervalle qui s'écoule d'une année à une autre, d'un siècle à un autre, s'appelle aussi temps. Nous sommes donc obligés, afin de faire comprendre la durée des sons, de déterminer, pour le moment, la durée du mot musical *temps*, et nous la fixerons à deux secondes : ainsi, on saura que la durée de deux secondes s'appellera en musique *temps*, et quand nous dirons, par exemple, que telle note vaut deux temps, on doit comprendre qu'il faut prolonger le son de cette note jusqu'à ce que quatre secondes soient écoulées, puisque nous avons fixé à deux secondes la durée de chaque temps.

On sait qu'un objet quelconque peut être divisé en deux parties égales ; ainsi, un *mètre*, par exemple, étant partagé en deux parties égales, on aura deux demi-mètres. Nous diviserons aussi le temps en deux parties égales, et nous aurons deux demi-temps.

On a vu plus haut que le temps vaut deux secondes de durée, le demi-temps ne vaudra donc que la moitié, c'est-à-dire une seconde.

De même qu'un objet quelconque peut être partagé en deux parties égales, il peut l'être aussi en quatre ; ainsi, partageant un mètre en quatre parties égales, on aura quatre quarts de mètre. Nous partagerons aussi le *temps* en quatre parties égales, et nous aurons quatre quarts de *temps*. D'après cela, le *temps* (comme nous l'avons supposé) valant deux secondes, un quart de *temps* vaudra une demi-seconde. Puisque deux demi-mètres font un mètre, deux demi-temps formeront un temps, et puisque quatre quarts de mètre font un mètre, nous dirons aussi que *quatre quarts de temps* formeront un *temps*.

Nous avons dit plus haut, de supposer de deux secondes la durée du mot musical *temps*, afin qu'on en pût comprendre mécaniquement la signification.

Or, comment faire pour déterminer l'intervalle d'une seconde à une autre sans un instrument qui, d'un battement à un autre, fît pressentir la durée d'une seconde ?

Dans ce cas, nous sommes obligés de faire une nouvelle supposition pour faire comprendre tout ce que nous allons dire sur le rhythme. Nous supposerons donc que d'un battement de pouls à un autre, il s'écoule une seconde, et que par conséquent soixante battements de pouls fassent une minute. Cela, il est vrai, n'est pas très-juste, car il peut y avoir des personnes dont le pouls donnera plus ou moins de soixante battements par minute ; mais cela ne doit pas empêcher d'employer ce moyen pour se rendre compte de la durée des différentes notes. Cela posé, nous entrons en matière.

Règle N. 1. Quand le son se présente sous la forme d'une *note ronde*, il vaut quatre temps de durée, c'est-à-dire huit secondes ou huit battements de pouls ; ainsi, à la figure n. 1, on doit prolonger le son de chaque ronde jusqu'à ce que huit battements aient eu lieu.

Règle N. 2. Quand le son se présente sous la forme d'une *note blanche*, il vaut deux temps de durée, c'est-à-dire quatre secondes ou quatre battements de pouls ; ainsi à la figure n. 2, on doit prolonger le son de chaque blanche jusqu'à ce que quatre battements se soient faits.

Règle N. 3. Quand le son se présente sous la forme d'une *note noire*, il vaut un temps de durée, c'est-à-dire deux secondes ou deux battements de pouls ; ainsi, à la figure n. 3, on doit prolonger le son de chaque *noire* jusqu'à ce qu'il se soit fait deux battements de pouls.

Règle N. 4. Quand le son se présente sous la forme d'une *note croche*, il vaut un demi-temps de durée ,

c'est-à-dire un battement de pouls ; ainsi aux figures n. 4 et 5, on doit prolonger le son de chaque
croche jusqu'à ce qu'un battement de pouls ait eu
lieu. On doit conclure de là qu'aux figures n. 4 et 5,
on doit faire une croche à chaque battement de pouls.

Règle N. 5. Quand le son se présente sous la
forme d'une note *double-croche*, il vaut un quart de
temps, c'est-à-dire une demi-seconde, et l'on doit
faire deux doubles-croches d'un battement de pouls
à un autre ; ainsi, à la figure n. 6, sur le premier
battement, on ferait la note *sol*, ensuite on exécuterait la note suivante *do ;* sur le deuxième battement, on ferait la note *ré*, ensuite la note suivante
mi, ainsi de suite. Il en est de même à la figure n. 7.

Règle N. 6. Quand le son se présente sous la
forme d'une note *triple-croche*, il vaut un demi-
quart de temps (on sait que deux demi-quarts font
un quart), c'est-à-dire une demi-seconde, ou pour
mieux dire on doit, d'un battement de pouls à un
autre, faire quatre triples-croches : ainsi, à la figure n. 8, sur le premier battement de pouls, on
ferait la note *si*, ensuite on exécuterait les trois autres notes *do, mi, fa*. Sur le deuxième battement, on
ferait la note suivante *do*, et avant le troisième battement, on exécuterait les trois notes suivantes *mi,
la, si*, ainsi de suite. Il en est de même à la figure
n. 9.

Règle N. 7. Quand le son se présente sous la
forme d'une note *quadruple-croche*, il vaut la moitié d'un demi-quart de temps (en musique, on dit
un seizième de temps, et, au lieu d'un demi-quart,
on dit un huitième de temps), c'est-à-dire un quart

de seconde , ou pour mieux dire on doit , d'un battement de pouls à un autre , faire huit quadruples-croches ; ainsi , à la figure n. 10 , sur le premier battement de pouls , on ferait la note *si* ; ensuite on exécuterait les notes n. 2 , 3 , 4 , 5 , 6 , 7 , 8 avant le deuxième battement sur lequel on ferait la note n. 9 *mi* , ensuite on exécuterait les notes n. 10, 11, 12, 13, 14, 15, 16 avant le dernier battement. Il en serait de même à la figure n. 11.

On voit , d'après ces explications , que la blanche vaut la moitié moins de durée que la ronde.

La noire la moitié moins que la blanche.

La croche la moitié moins que la noire.

La double-croche la moitié moins que la croche.

La triple-croche la moitié moins que la double-croche.

La quadruple-croche la moitié moins que la triple-croche.

En résumé , si l'on voulait calculer la durée des différentes espèces de notes par le mot *temps* , on dirait ce qui suit :

La ronde vaut quatre temps.

La blanche deux temps.

La noire un temps.

La croche un demi-temps.

La double-croche un quart de temps.

La triple-croche un demi-quart ou un huitième de temps.

La quadruple-croche la moitié d'un demi-quart ou un seizième de temps.

Si l'on voulait calculer la durée des différentes espèces de notes par le mot demi-temps, au lieu du mot temps, on dirait que la ronde vaut huit demi-temps. (En effet, en partageant les temps en demi-temps, on doit conclure que quatre temps, valeur de la durée de la ronde, font huit demi-temps.)

La blanche quatre demi-temps.

La noire deux demi-temps.

La croche un demi-temps ou deux quarts de temps.

La double-croche un quart de temps ou deux demi-quarts de temps.

La triple-croche un demi-quart de temps, ainsi de suite.

Et si l'on veut calculer la durée des différentes espèces de notes par le mot seconde, on dira que :

La ronde vaut huit secondes de durée.

La blanche quatre secondes.

La noire deux secondes.

La croche une seconde.

La double-croche une demi-seconde.

La triple-croche un quart de seconde.

La quatruple-croche un demi-quart de seconde.

D'après cela, on voit que la durée d'une triple-croche est égale à celle de deux quadruples-croches ; en effet, on mettrait un quart de seconde pour faire la durée du son représenté par une note triple-croche, on mettrait également un quart de seconde pour faire la durée de deux quadruples-croches ; car chacune de ces dernières vaut un demi-quart de seconde de durée, et l'on sait que deux demi-quarts font un quart. En musique, on dit simplement une *triple-croche* vaut autant que deux *quadruples-croches*. Ou bien, deux quadruples-croches valent autant qu'une triple-croche, ou il faut deux quadruples-croches pour valoir autant qu'une triple-croche.

La durée d'une double-croche est égale à celle de deux triples-croches ou de quatre quadruples-croches : en effet, on mettrait une demi-seconde pour faire la durée du son représenté sous la forme d'une note double-croche, et il faudrait également une demi-seconde pour faire la durée de deux triples-croches ou de quatre quadruples-croches, ainsi qu'on peut le calculer soi-même. En musique, on dit simplement une double-croche vaut autant que deux triples-croches, ou que quatre quadruples-croches, ou bien deux triples-croches ou quatre quadruples-croches valent autant qu'une double-croche, ou bien il faut deux triples ou quatre quadruples-croches pour valoir autant qu'une double-croche.

La durée d'une croche est égale à celle de deux doubles ou de quatre triples, ou de huit quadruples-croches : en effet, on mettrait une seconde pour faire la durée du son représenté sous la forme d'une *note croche*, et il faudrait également une seconde pour faire la durée de deux doubles ou de quatre triples, ou de huit quadruples-croches; ainsi qu'on peut le voir ci-dessus par la durée que nous avons fixée pour chaque double, triple, quadruple-croche.

En musique, on dit simplement une *croche* vaut deux doubles ou quatres triples, ou huit quadruples-croches ; ou bien, deux doubles ou quatre triples, ou huit quadruples-croches valent autant qu'une croche ; ou bien, il faut deux doubles ou quatre triples , ou huit quadruples-croches pour valoir autant qu'une croche.

La durée d'une noire est égale à celle de deux croches , de quatre doubles , de huit triples ou de seize quadruples-croches : en effet , on mettrait deux secondes pour faire la durée d'une noire , et il faudrait également deux secondes pour faire la durée de deux croches , de quatre doubles , de huit triples ou de seize quadruples-croches.

On peut s'en rendre compte en se basant sur la durée que nous avons fixée plus haut à chaque espèce de notes.

En conséquence , on dit simplement une noire vaut deux croches ou quatre doubles-croches , ou huit triples-croches, ou seize quadruples-croches. Ou bien l'on dit : deux croches ou quatre doubles-croches, ou huit triples-croches , ou seize quadruples-croches valent autant qu'une noire.

La durée d'une blanche est égale à celle de deux noires, ou de quatre croches, ou de huit doubles-croches, ou de seize triples-croches, ou de trente-deux quadruples-croches. En effet, on mettrait quatre secondes pour faire la durée du son représenté , sous la forme d'une note blanche, et il faudrait également quatre secondes pour faire la durée de deux noires, ou de quatre croches , ou de huit doubles croches, ou de seize triples-croches ou de trente-deux quadruples-croches.

En musique, on dit simplement : Une blanche vaut deux noires, ou quatre croches, ou huit doubles-croches, ou seize triples-croches, ou trente-deux quadruples-croches ; ou bien l'on dit : Deux noires, ou quatre croches , ou huit doubles-croches, ou seize triples-croches, ou trente-deux quadruples-croches valent autant qu'une blanche, ou bien : Il faut deux noires, ou quatre croches, ou huit doubles-croches, ou seize triples-croches, ou trente-deux quadruples-croches pour valoir autant qu'une blanche.

La durée d'une note ronde est égale à celle de deux blanches, ou de quatre noires, ou de huit croches, ou de seize doubles-croches, ou de trente-deux triples-croches, ou de soixante-quatre quadruples-croches.

En musique, on dit simplement : Une ronde vaut deux blanches, ou quatre noires ou huit croches, ou seize doubles-croches, ou trente-deux triples-croches, ou soixante-quatre quadruples-croches ; ou bien, deux blanches, quatre noires, ou huit croches, ou seize-doubles croches, ou trente-deux triples-croches, ou soixante-quatre quadruples-croches valent autant qu'une ronde.

En musique, au lieu de dire : *durée, durer*, on dit : valeur, valoir. Ainsi, l'on dira : la *valeur* des notes, ou : les notes *valent*, au lieu de dire : la *durée* ou les notes *durent*.

A la figure n. 12, on pourra voir, d'un coup d'œil, la différente valeur des notes, comparées entre elles, comme nous venons de l'expliquer. On trouve cette figure dans presque toutes les méthodes. Ainsi, l'on voit que la blanche vaut autant que les deux noires posées en dessous ; autant que les quatre croches posées sous les deux noires, ainsi de suite. On voit également que la noire vaut autant que les deux croches posées en dessous, ou que celles-ci valent autant que la noire, ainsi de suite, conformément aux explications que nous venons de faire.

Si l'on demandait, par exemple, combien il faut de notes noires pour valoir en durée autant que quatre blanches, on répondrait, d'après ce que nous venons de dire, qu'il en faut huit : en effet, puisque une blanche vaut autant que deux noires, quatre blanches vaudront autant que huit noires. Qu'on s'exerce à répondre aux questions suivantes : Combien faut-il de croches pour représenter la valeur de cinq noires ? Combien faut-il de doubles-croches pour valoir autant que trois blanches ? Combien faut-il de triples-croches pour exprimer la valeur de quatre croches ? Combien faut-il de doubles-croches pour égaler la durée de trois rondes.

Lorsqu'on saura répondre à ces questions, on pourra facilement comprendre les locutions musicales que voici :

Une blanche est la moitié d'une ronde : ce qui veut dire que la blanche vaut la moitié moins de durée qu'une ronde. En effet, la ronde vaut quatre temps de durée ou huit secondes, au lieu que la blanche ne vaut que deux temps, c'est-à-dire quatre secondes.

La moitié d'une ronde est une blanche : cela veut dire que la moitié de durée d'une ronde vaut autant que la durée d'une blanche. En effet, la moitié de durée d'une ronde est de deux temps, c'est-à-dire de quatre secondes ou de quatre battements de pouls, et la durée de la blanche est la même, comme nous l'avons vu.

Une noire est la moitié d'une blanche : cela veut dire que la noire vaut la moitié moins de durée qu'une blanche. En effet, puisque la blanche vaut deux temps, c'est-à-dire quatre secondes, la moitié de sa durée serait un temps, c'est-à-dire deux secondes. On sait que la noire vaut également un temps ou deux secondes de durée.

La moitié d'une blanche est une noire : cela veut dire que la moitié de durée d'une blanche vaut autant que la durée d'une noire.

Une croche est la moitié d'une noire : cela veut dire qu'une croche vaut la moitié moins qu'une noire. En effet, la croche ne vaut qu'un demi-temps de durée, c'est-à-dire une seconde, tandis que la noire vaut le double de durée, c'est-à-dire un temps ou deux secondes, ainsi que nous l'avons vu.

La moitié d'une noire est une croche : cela veut dire que la moitié de durée d'une noire vaut autant que la durée d'une croche. En effet, un demi-temps ou une seconde est la moitié de durée d'une noire. On sait que la croche a la même durée.

Une double-croche est la moitié d'une croche : cela signifie que la double-croche vaut la moitié moins qu'une croche. En effet, la double-croche ne vaut qu'un quart de temps, ou une demi-seconde, tandis que la croche vaut le double, c'est-à-dire un demi-temps, ou une seconde.

La moitié d'une croche est une double-croche : cela veut dire que la moitié de la durée d'une croche est autant que la durée d'une double-croche. En effet, la moitié de durée d'une croche n'est que d'une demi-seconde ou d'un quart de temps, et l'on sait que c'est là la durée de la double-croche.

Une triple-croche est la moitié d'une double-cro-che : cela veut dire que la note triple-croche vaut la moitié moins de durée qu'une double-croche. En effet, celle-ci vaut un quart de temps ou une demi-seconde, tandis que celle-là ne vaut qu'un demi-quart de temps, c'est-à-dire un quart de se-conde.

La moitié d'une double-croche est une triple-cro-che : cela signifie que la moitié de la durée d'une double-croche est la même que la durée d'une triple-croche. En effet, celle-ci vaut un quart de temps, ou une demi-seconde, et la moitié de durée d'une double-croche est également d'une demi-seconde.

Une quadruple-croche est la moitié d'une triple-croche ; cela veut dire que la note quadruple-croche vaut la moitié moins de durée qu'une triple-croche.

La moitié d'une triple-croche est une quadruple-croche : cela signifie que la moitié de la durée d'une triple-croche est la même que la durée d'une qua-druple-croche.

CHAPITRE XL.

(Tableau N⁰ 8.)

De la Durée de la Liaison.

Les lignes courbes qu'on voit au-dessus des no-tes n. 1, 2, 3, 4, 5 de la figure n. 13, et au-dessous des notes n. 6, 7, 8, s'appellent *liaison.*

La liaison se place sur deux ou plusieurs notes. Il y a deux sortes de liaisons :

1o la liaison *déterminée*, comme celle qui se trouve au-dessus des notes n. 1, 2, *do*, *do*, toutes deux sur la même *marche*, c'est-à-dire entre la troisième et la quatrième ligne.

2o La liaison *indéterminée*, comme celle qui se trouve au-dessus des notes n. 3, 4, 5, et au-dessous des notes n. 6, 7, 8. Nous parlerons plus loin de cette dernière.

Lorsqu'on trouve une *liaison déterminée*, c'est-à-dire une *liaison* posée au-dessus ou au-dessous de deux ou de plusieurs notes placées sur la même marche, il suffit d'exécuter la première note, c'est-à-dire celle où la liaison commence, et l'on ne fait point les autres notes sur lesquelles passe la liaison. On doit néanmoins prolonger le son de cette première note de manière à faire la durée de toutes les autres notes qui suivent, et qui se trouvent sous la liaison. Ainsi, à la figure n. 13, les notes 1 et 2 sont deux noires. On sait que chaque noire vaut deux secondes de durée, c'est-à-dire deux battements de pouls, d'après la règle n. 3.

Or, en supposant qu'au premier battement de pouls on fasse la note noire n. 1, on devra prolonger le son de cette noire jusqu'à ce que quatre battements de pouls aient eu lieu, c'est-à-dire deux battements pour la durée de la noire n. 1, et deux battements pour la noire n. 2. C'est tout comme si l'on faisait la durée d'une blanche. En effet, à la place de ces deux noires, on aurait pu mettre une blanche, dont la durée est également de quatre secon-

des, ou de quatre battements de pouls. On doit conclure que la durée du son représenté par une note
blanche peut être également représentée par deux
noires placées sur le même degré et liées par le
trait *liaison*.

A la figure n. 14, on a également une *liaison
déterminée*. En effet, quatre notes se trouvent sur le
même degré, c'est-à-dire sur la même marche, et
toutes quatre sont, comme on appelle en musique,
liées. De ces quatre notes, il n'y a que la première,
c'est-à-dire la note n. 1, qui doive être exécutée ;
mais on prolongera le son de cette première note
de manière à faire également la durée de la noire
n. 2, de la blanche n. 3 et de la croche n. 4. Ainsi,
puisque la blanche n. 1 vaut quatre battements de
pouls, la noire n. 2, *deux*, la blanche n. 3, *quatre*,
et la croche n. 4, *un*, ce qui fait en tout onze battements, on doit conclure qu'il faut prolonger le
son de la blanche n. 1, jusqu'à ce qu'il se soit fait
onze battements de pouls.

Ces deux exemples pourront suffire pour tous les
cas de *liaisons*, soit sur des croches, soit sur des
doubles-croches ou sur des noires, etc., etc.

CHAPITRE XLI.

(Tableau N° 8.)

De la durée des Points placés après les Notes.

Après une note d'une espèce quelconque, on
place quelquefois un ou deux points. (Voyez quel-

ques exemples, à la figure n. 15 et à la portée n. 1.)
On appelle cela *notes pointées*. On place les points
après la note, et sur la même *marche* qu'elle, et ils
servent à faire prolonger davantage la durée ordinaire de la note.

On doit donc conclure que le point a une valeur,
une durée qui est plus ou moins grande, selon la
qualité de la note après laquelle le point ou les deux
points se trouvent placés.

Nous allons déterminer cette durée par une règle
générale que nous expliquerons par des exemples.

Le point vaut la moitié moins de durée que la note
après laquelle on le place. Lorsqu'il y a deux points,
le second point vaut la moitié moins de durée que
le premier.

A la figure n. 15, et à la portée n. 1, la note n. 1
est une blanche pointée. Or, selon la règle ci-dessus, le point vaut la moitié moins de durée que la
note après laquelle on le place : puisque ici le point
est placé après une note blanche, qui sans le point
vaudrait deux temps ou quatre secondes de durée,
on doit conclure que le point vaut ici la moitié
moins de durée que la blanche, c'est-à-dire un
temps ou deux secondes, qui sont la moitié de la
durée d'une blanche. On doit donc prolonger le son
de la blanche pointée pendant six secondes, dont
quatre pour faire la durée de la blanche et deux
pour exprimer la durée du point.

En termes de musique, on dit que la blanche pointée vaut trois noires. En effet, la blanche vaut autant en durée que deux noires. Or, la moitié d'une
blanche étant une noire, ainsi que nous l'avons dit

plus haut, cela fait en tout trois noires, comme on peut le voir à la portée n. 2 et à la case n. 1, où l'on distingue qu'on pourrait rendre la même pensée musicale de deux manières différentes c'est-à-dire par une blanche pointée ou par trois noires qu'on surmonterait du trait *liaison*, ce qui reviendrait au même.

D'après cette explication sur la blanche pointée, il sera facile de comprendre la durée de la noire pointée qui se trouve à la case n. 2. Puisque ici le point est placé après une noire, qui sans le point vaudrait un temps ou deux secondes de durée, on doit conclure que le point vaut la moitié moins de durée que la noire, c'est-à-dire un demi-temps ou une seconde. On doit donc prolonger le son de la noire pointée pendant un temps et demi ou trois secondes, dont deux pour faire la durée de la noire et une pour faire la durée du point.

En termes de musique, on dit que la noire pointée vaut trois croches. En effet, la noire vaut autant en durée que deux croches. Or, la moitié d'une noire étant une croche, ainsi que nous l'avons dit plus haut, cela fait en tout trois croches, comme on peut le voir à la case n. 2, où l'on voit qu'on pourrait rendre la même idée musicale de deux manières différentes, c'est-à-dire par une noire pointée ou par trois croches qu'on surmonterait du trait *liaison*, ce qui reviendrait au même.

A la case n. 3, on a une croche pointée. Puisque ici le point est placé après une croche, qui sans le point vaudrait une seconde de durée, on doit conclure que le point vaut la moitié moins de durée que la croche, c'est-à-dire une demi-seconde.

On doit donc prolonger le son de la croche pointée, pendant une seconde et demie, c'est-à-dire une
seconde pour faire la durée de la croche, et une demi-
seconde pour faire la durée du point.

En musique, on dit que la croche pointée vaut
trois doubles-croches. En effet, la croche vaut en
durée autant que deux doubles-croches. Or, la
moitié d'une croche est une double-croche, ainsi
que nous l'avons déjà dit ; cela fait en tout trois
doubles-croches, comme on peut le voir à la case
n. 3, portée n. 2.

A la case n. 4, on a une double-croche pointée.
Puisque ici le point est placé après une double-croche, qui sans le point vaudrait une demi-seconde
de durée, on doit conclure que le point vaut la
moitié moins de durée que la double-croche, c'est-
à-dire un quart de seconde. On doit donc prolonger le son de la double-croche pointée pendant trois
quarts de seconde, c'est-à-dire deux quarts de
seconde pour faire la durée de la double-croche,
et un quart de seconde pour faire la durée du
point.

En musique, on dit que la double-croche pointée vaut trois-triples croches. En effet, la double-
croche sans le point vaudrait, en durée, autant que
deux triples-croches. Or, la moitié d'une double-
croche est une triple-croche, ainsi que nous l'avons
dit plus haut ; cela fait, en tout, trois triples-croches, comme on peut le voir à la case n. 4 et à la
portée n. 2.

Au moyen de ces raisonnements, on ne sera pas

embarrassé pour connaître la durée de la triple-croche pointée, qui se trouve à la case n. 5.

Il suffit, pour le moment, qu'on sache calculer la durée des notes pointées. Nous verrons plus loin comment on doit procéder pour leur exécution.

A la case n. 6, on a une blanche après laquelle on voit deux points. On l'appellera: *blanche double-ment pointée*. Il est inutile d'expliquer ici la valeur du premier point; car on sait déjà que la blanche suivie d'un point, vaut en durée autant que trois noires, c'est-à-dire six secondes. Or, selon la règle que nous avons donnée plus haut, il est dit que le deuxième point vaut, en durée, la moitié moins que le premier point. Puisque ici le premier point vaut deux secondes de durée, on doit conclure que le deuxième point vaudra la moitié moins, c'est-à-dire une seconde de durée. On doit donc prolonger le son de la blanche doublement pointée, pendant sept secondes, dont quatre pour faire la durée de la blanche sans point, deux pour faire la durée du premier point, et une seconde pour faire la durée du deuxième point.

En musique, on dit que la blanche doublement pointée vaut trois noires et une croche. En effet, puisque la blanche non pointée vaut, en durée, au-tant que deux noires, et que, ici, le premier point vaut la moitié moins de durée, c'est-à-dire une noire, et le deuxième point la moitié moins que le premier, c'est-a-dire une croche, on doit conclure que la blanche doublement pointée vaut, en durée, autant que trois noires et une croche, comme on peut le voir à la portée n. 2, case n. 6, où l'on peut remarquer aussi qu'on aurait deux manières d'exprimer la même chose ; d'abord, par une blanche doublement pointée, ou par trois noires et une croche, surmontées du trait *liaison*.

A la case n. 7, il y a une noire doublement pointée. Or, puisque le premier point vaut ici une seconde de durée, le deuxième point valant la moitié moins que le premier, vaudra une demi-seconde. On doit donc prolonger le son d'une noire doublement pointée, pendant trois secondes et demie, c'est-à-dire deux secondes pour faire la durée de la noire, une seconde pour faire la durée du premier point, et une demi-seconde pour faire la durée du deuxième point.

En musique, on dit que la noire doublement pointée vaut trois croches et une double-croche. En effet, puisque la noire vaut autant, en durée, que deux croches, et qu'ici le premier point doit valoir la moitié moins qu'une noire, c'est-à-dire une croche et puisqu'ici le deuxième point, qui vaut la moitié moins que le premier, a la valeur d'une double-croche, on doit conclure que la noire doublement pointée vaut, en durée, autant que trois croches et une double-croche, comme on peut le voir à la portée n. 2, case n. 7.

A la case n. 8, on a une croche doublement pointée. Puisque ici le premier point vaut une demi-seconde de durée, le deuxième point vaudra un quart de seconde.

On doit prolonger le son d'une croche doublement pointée, pendant une seconde et trois quarts de seconde, c'est-à-dire une seconde pour faire la durée de la croche, une demi-seconde pour faire la durée du premier point, et un quart de seconde pour faire la durée du deuxième point.

En musique, on dit que la croche doublement pointée vaut, en durée, autant que trois doubles-croches et une triple-croche. En effet, puisque la croche sans point vaut, en durée, autant que deux doubles-croches ; puisque ici le premier point doit valoir la moitié moins de durée qu'une croche, c'est-à-dire autant que la durée d'une double-croche, que le deuxième point doit valoir la moitié moins de durée que le premier, c'est-à-dire autant que la durée d'une triple-croche (car on sait que la moitié d'une double-croche est une triple-croche), on doit conclure que la croche doublement pointée vaut, en durée, autant que trois doubles-croches et une triple-croche, comme on peut le voir à la portée n. 2 de la case n. 8. D'après de pareils raisonnements, on pourra calculer la durée de la double-croche doublement pointée, qui se trouve à la case n. 9. On pourra aussi se rendre compte de la durée de la triple-croche doublement pointée, qu'on voit à la case n. 10.

On trouve parfois trois points après une note ; quoique cela soit peu usité, il est pourtant bon de savoir que le troisième point vaudrait la moitié moins de durée que le deuxième : s'il y en avait quatre, le quatrième vaudrait la moitié moins de durée que le troisième, ainsi de suite, en procédant toujours de la même manière.

CHAPITRE XLII.

(Tableau N° 8.)

Sur la durée des Silences et sur la durée des Points placés après les Silences.

Il y a en musique des signes appelés *silences*.

Ces signes, comme les notes, ont également leur durée.

Lorsque l'exécutant rencontre un de ces signes, il doit s'arrêter un certain temps indiqué par ce signe, qui, par cette raison, s'appelle *silence*.

On divise les silences en deux catégories, savoir : *silences simples*, comme ceux de la figure n. 16, et *silences composés*, dont nous parlerons plus loin.

Il y a autant de *silences simples* qu'il y a d'espèces de notes, c'est-à-dire qu'on en compte sept. Voici comment on les appelle : *pause, demi-pause, soupir, demi-soupir, quart de soupir, demi-quart* ou *huitième de soupir* et *seizième de soupir*.

On place toujours les silences sur la portée.

A la figure n. 16, le signe n. 1 s'appelle *pause* ; c'est un trait posé sur la quatrième ligne. Il vaut, en durée, autant qu'une ronde (voyez première case, portée n. 2) ; c'est-à-dire que lorsque ce signe se présente, on doit rester en silence pendant quatre temps, qui valent huit secondes ou huit battements de pouls.

Le signe n. 2 s'appelle demi-pause : c'est un trait posé sur la troisième ligne. Il vaut, en durée, au--

tant qu'une *blanche*, c'est-à-dire que lorsqu'il se rencontre, on doit rester en silence pendant deux temps, ou quatre secondes, ou quatre battements de pouls.

Le signe n. 3 s'appelle *soupir*. Ce signe vaut, en durée, autant qu'une noire, c'est-à-dire que lorsqu'on le rencontre, on doit rester en silence pendant un temps, ou deux secondes, ou deux battements de pouls.

Le signe n. 4 s'appelle *demi-soupir*. Il vaut, en durée, autant qu'une croche, c'est-à-dire que lorsqu'il se trouve on doit rester en silence pendant un demi-temps, ou une seconde, ou un battement de pouls.

Le signe n. 5 s'appelle *quart de soupir*. Il vaut autant, en durée, qu'une double-croche, c'est-à-dire que lorsqu'on le rencontre, on doit rester en silence pendant un quart de temps, ou une demi-seconde.

Le signe n. 6 s'appelle *demi-quart* ou *huitième de soupir*. Il vaut autant qu'une triple-croche, c'est-à-dire que lorsqu'on le trouve, on doit rester en silence pendant un demi-quart, ou un huitième de temps, ou un quart de seconde.

Le signe n. 7 s'appelle *seizième de soupir*. Il vaut autant en durée qu'une quadruple-croche, c'est-à-dire que lorsqu'on le rencontre on doit rester en silence pendant un seizième de temps, ou un demi-quart de seconde.

D'après cela, on voit que :

La demi-pause vaut la moitié moins de durée que la pause ;

Le soupir vaut la moitié moins que la demi-pause ;

Le demi-soupir vaut la moitié moins que le soupir ;

Le quart de soupir vaut la moitié moins que le demi-soupir ;

Le demi-quart de soupir vaut la moitié moins que le quart de soupir ;

Le seizième de soupir vaut la moitié moins que le huitième de soupir.

On voit également que la durée en silence d'une *pause* vaut autant, en durée, que deux *demi-pauses*, ou quatre *soupirs*, ou huit *demi-soupirs*, etc. Ainsi, à la place d'une *pause*, on pourrait mettre, par exemple, quatre *soupirs*, et cela reviendrait au même. En effet, la *pause* vaut quatre temps en silence, et quatre *soupirs* valent également quatre temps en *silence*, puisque chaque *soupir* vaut un temps.

On voit également que la durée d'une *demi-pause* vaut autant que la durée de deux soupirs ou de quatre demi-soupirs, etc. ;

Que la durée d'un soupir vaut autant que la durée de deux demi-soupirs ou de quatre quarts de soupir, etc. ;

Qu'on s'exerce à répondre aux questions suivantes :

Combien faut-il de quarts de soupir pour valoir autant qu'une demi-pause ? Combien faut-il de demi-soupirs pour valoir autant qu'une pause ? Combien faut-il de demi-quarts de soupir pour valoir autant qu'un soupir ? Combien faut-il de demi-soupirs pour valoir autant qu'une ronde ? Combien faut-il de quarts de soupir pour valoir autant qu'une blanche ? Ainsi de suite.

Il est inutile de dire que la moitié d'une *demi-pause*, par exemple, est un soupir ; qu'un soupir vaut la moitié moins qu'une demi-pause ; qu'un quart de soupir est la moitié d'un demi-soupir ; qu'un demi-soupir vaut la moitié moins qu'un soupir, etc.

On place également des points après les silences et les mêmes règles que nous avons données pour calculer la durée d'un ou de plusieurs points placés après une note, sont pareillement applicables au point ou aux deux points placés après un silence quelconque.

A la figure n. 17 et à la case n. 1, il y a une demi-pause après laquelle est un point, et d'après les règles que nous avons déjà données, ce point vaut la moitié moins de durée que la demi-pause, c'est-à-dire autant qu'un soupir, puisque la demi-pause vaut autant que deux soupirs. Or, on doit conclure que la demi-pause pointée vaut autant que trois soupirs, et l'on doit prolonger le silence pendant six secondes ou six battements de pouls. A la portée n. 2, on voit que la demi-pause pointée vaut autant qu'une blanche pointée.

A la case n. 2, on a un soupir pointé. Ce point vaut la moitié moins de durée que le soupir, c'est-à-dire autant qu'un demi-soupir. On doit donc prolonger le silence d'un soupir pointé pendant trois secondes, dont deux pour faire la durée en silence du soupir, et une pour faire la durée en silence marquée par le point. On voit, à la portée n. 2, que le soupir pointé vaut autant qu'une noire pointée, et à la portée n. 3, on voit qu'il vaut autant que trois demi-soupirs. Nous croyons qu'il serait inutile de donner d'autres explications, puisque, par la figure n. 17, on pourra facilement calculer la durée des points placés après les silences, si l'on remarque bien les portées n. 2 et 3.

Nous dirons seulement que lorsque après un silence, il y a deux points, le deuxième point vaut la moitié moins de durée que le premier point, ainsi que cela arrive aux deux points placés après une note. D'ailleurs, on pourra se guider sur les portées n. t2 et n. 3 de la figure n. 17.

CHAPITRE XLIII.

(Tableau N° 8.)

Exercices pour exécuter les différentes espèces de Notes et de Silences.

Maintenant qu'on a une idée approximative de la différente durée des sons et des silences, qu'on sait connaître la différence qu'il y a d'une ronde à une blanche, de celle-ci à une noire, etc., et qu'on sait à peu près la quantité de secondes ou de battements de pouls qu'une note et un silence peuvent valoir, il faut nous occuper à mettre en exécution ce que nous venons d'apprendre.

Nous avons dit plus haut, qu'à défaut d'un instrument qui marquât la durée d'une seconde, d'un battement à un autre, on devait se guider sur les battements du pouls. C'est maintenant que nous allons faire usage de ce moyen, pour que nous puissions parvenir à faire la durée des différentes notes et des différents silences que nous avons à la figure n. 18.

Il faut mettre un doigt sur le pouls, qui se trouve près de la main à l'extrémité du bras, de manière à pouvoir en sentir les battements, et frapper ensuite du pied à chaque pulsation, afin d'apprendre à imiter avec le pied les mouvements que fait le pouls.

On fera ces exercices jusqu'à ce qu'on soit parvenu à frapper du pied bien régulièrement, sans qu'il soit nécessaire de tenir le doigt sur le pouls pour juger qu'on en imite les battements.

On verra ensuite la figure n. 18 du tableau 8, et l'on exécutera les notes comme il est indiqué ci-après :

Remarque. Nous n'avons point placé de clé sur cette figure, de sorte qu'on pourra lire les notes sur la clé qu'on voudra. Nous avons mis au-dessus des notes le nombre de battements que la note ou le silence doit valoir, et le numéro de la note ou du signe est indiqué par le chiffre placé au-dessous. On peut faire dans une minute toutes les notes et les silences de cette figure. En effet, si l'on fait le total des numéros posés au-dessus des notes, on verra qu'il y a soixante battements. Or, nous avons supposé plus haut que soixante battements de pouls font une minute. Par conséquent, soixante battements avec le pied, qui doit imiter le pouls, feront également une minute. En expliquant la figure n. 18, nous arriverons jusqu'à soixante battements. On saura que, par le mot battement, nous voulons désigner et celui du pied, et celui du pouls, ce qui revient au même.

La note n. 1 est une blanche, on voit par le numéro posé au-dessus qu'elle vaut deux temps, c'est-à-dire quatre battements. Au premier battement, on fera sortir le son de cette note, et on le prolongera jusqu'à ce qu'on ait fait le deuxième, le troisième et le quatrième battement. Au cinquième battement, on fera le son de la note n. 2, et on le prolongera jusqu'à ce qu'on ait fait le sixième battement. Au septième, on fera la croche, note n. 3. Au huitième, on fera le demi-soupir, posé au n. 4, c'est-à-dire qu'au huitième battement, on restera en silence.

Au neuvième battement, on fera la blanche pointée, note n. 5, et on la prolongera jusqu'à ce qu'on ait fait le dixième, le onzième, le douzième, le treizième et le quatorzième battement, puisqu'elle vaut trois temps, c'est-à-dire six battements. Au quinzième battement, on fera le soupir pointé qu'on trouve au n. 6, et on prolongera le silence jusqu'à ce qu'on ait fait le seizième et le dix-septième battement, puisque le soupir pointé vaut trois battements.

Au dix-huitième battement, on fera la noire pointée qu'on trouve au n. 7, et on prolongera le son jusqu'à ce qu'on ait fait le dix-neuvième et le vingtième battement, puisque la noire pointée vaut un temps et demi, c'est-à-dire trois battements.

Au vingt-unième battement, on fera la croche n. 8; au vingt-deuxième, la croche n. 9; au vingt-troisième, la croche n. 10; au vingt-quatrième, la croche n. 11; au vingt-cinquième, la croche n. 12; au vingt-sixième battement, on fera la demi-pause n. 13, et on prolongera ce silence jusqu'à ce qu'on ait fait le vingt-septième, le vingt-huitième et le vingt-neuvième battement , puisque ce silence vaut deux temps , c'est-à-dire quatre battements.

Au trentième battement, on fera la double-croche n. 14, ensuite celle du n. 15; au trente-unième batte-ment, on fera la double-croche n. 16 et celle n. 17; au trente-deuxième battement, on fera la noire pointée n. 18 , et l'on prolongera le son jusqu'à ce qu'on ait fait le trente-troisième et le trente-quatrième batte-ment; au trente-cinquième , on fera le demi-soupir n. 19 ; au trente-sixième battement , on fera la triple-croche n. 20 et celles des n. 21 , 22 , 23 ; au trente-septième battement, on fera la croche n. 24; au trente-huitième battement , on fera le demi-soupir n. 25; au trente-neuvième battement, on fera le point qui est placé après le demi-soupir , c'est-à-dire qu'on prolongera le son jusqu'à ce qu'on ait fait le trente-neuvième battement , ensuite on fera la double-croche n. 26; au quarantième battement, on fera la croche n. 27 ; au quarante-unième bat-tement, on fera le quart de soupir n. 28 , qui ne vaut qu'une demi-seconde de durée , on fera après la double-croche n. 29 ; au quarante-deuxième battement , on fera la blanche n. 30 , et on prolon-gera le son jusqu'à ce qu'on ait fait le quarante-troisième, quarante-quatrième et quarante-cinquième battement.

Au quarante-sixième battement , on fera la demi-pause pointée n. 31 , et on prolongera le silence jusqu'à ce qu'on ait fait le quarante-septième , le quarante-huitième, le quarante-neuvième, le cin-quantième et le cinquante-unième battement; au cinquante-deuxième battement , on fera la noire pointée n. 32 , et on prolongera le son jusqu'à ce qu'on ait fait le cinquante-troisième et le cinquante-quatrième battement ; au cinquante-cinquième battement , on fera le soupir pointé n. 33 , et on prolongera le silence jusqu'à ce qu'on ait fait le cinquante-sixième et le cinquante-septième battement ; au cinquante-huitième battement , on fera la noire n. 34 , et on prolongera le son jusqu'à ce qu'on ait fait le cinquante-neuvième battement ; au soixantième battement , on fera le demi-soupir , et l'exécution sera finie.

On remarque au n. 14 que , du trentième au trente-unième battement , on fait deux notes, ainsi que du trente-unième au trente-deuxième battement : en effet, les notes n. 14 et 15 sont des doubles-croches , et l'on sait qu'une double-croche vaut une demi-seconde de durée. Or , deux doubles-croches vaudront une seconde ; par conséquent , puisque d'un battement à un autre , on est sensé faire le temps d'une seconde de durée, on doit faire pendant ce temps deux doubles-croches : ainsi, au trentième battement, on fait la note n. 14, ensuite on doit faire la note n. 15 avant le trente-unième battement. Il faut faire attention que le prolongement du son des deux notes soit égal , puisqu'elles doivent avoir toutes les deux une même durée ; car chacune d'elles vaut une demi-seconde, ainsi qu'il a été dit plus haut. Il en sera de même des notes n. 16 et 17. On remarque au n. 20 que , du trente-sixième au trente-septième battement, on fait quatre triples-croches : en effet, on sait que chaque triple-croche vaut un quart de seconde de durée. Il faut donc quatre triples-croches pour faire une seconde.

Puisque d'un battement à un autre, on est sensé exprimer la durée d'une seconde, on doit conclure que du trente-sixième au trente-septième battement, on doit faire les notes n. 20, 21, 22 et 23 : ainsi, sur le trente-sixième battement, on fait la note n. 20, et on fait ensuite les notes n. 21, 22 et 23 avant le trente-septième battement.

Il est inutile de dire que chacune de ces quatre triples-croches, valant un quart de seconde de durée, on doit prolonger le son de chacune, seulement pour un quart de seconde, et l'on ne doit pas, par exemple, donner à la première note la durée d'un demi-quart de seconde, à la troisième de même, ainsi de suite.

On remarque au n. 25, qu'au trente-huitième battement, on fait un demi-soupir ; qu'au trente-neuvième, on fait la durée du point placé après le demi-soupir, ainsi que la double-croche n. 26 : en effet, le demi-soupir valant une seconde de durée, c'est, par conséquent, sur le trente-neuvième battement qu'on doit faire la durée du point, qui est en surplus du demi-soupir. Ce point, comme on l'a vu précédemment, ne vaut qu'une demi-seconde de durée. Or, en ajoutant la double-croche n. 26, qui vaut également une demi-seconde, on aura deux demi-secondes qui font une seconde, et l'on complètera ainsi la valeur qu'on doit avoir du trente-neuvième au quarantième battement : par conséquent on fera le point sur le trente-neuvième battement, c'est-à-dire qu'on prolongera le silence du demi-soupir d'une demi-seconde de durée , et l'on fera la double-croche n. 26 avant le quarantième battement.

On remarque au n. 28 qu'on a un quart de soupir sur le quarante-unième battement, et qu'ensuite on a la double-croche n. 29 qui doit être exécutée avant le quarante-deuxième battement : en effet , le quart de soupir ne valant qu'une demi-seconde de durée , si l'on ajoute la double-croche n. 29 , qui vaut également une demi-seconde, on aura deux demi-secondes. On fait par conséquent le quart de soupir sur le quarante-unième battement , et l'on fait ensuite la double-croche n. 29 avant le quarante-deuxième.

Les personnes qui étudient le piano auraient mauvaise grâce de faire des battements avec le pied pour avoir une idée de la durée des sons et des silences , en exécutant les notes de la figure n. 18 ; cependant comme ce n'est que pour s'exercer, elles pourraient le faire ; voici néanmoins un usage qui est assez généralement suivi :

On doit d'abord s'exercer à prononcer des numéros sur les battements du pouls, ainsi qu'il suit : On prononcera *un* sur le premier battement , lorsqu'on veut commencer. On prononce *deux* sur le deuxième, *trois* sur le troisième , ainsi de suite jusqu'au huitième battement, durée de la *ronde* ; ensuite au lieu de dire neuf sur le neuvième battement, on recommence à prononcer un , deux, trois, ainsi de suite toujours de la même manière.

On doit faire cet exercice jusqu'à ce qu'on arrive à prononcer bien régulièrement les numéros un , deux , trois, quatre, cinq, six, sept, huit , sans qu'il soit nécessaire de tenir le doigt sur le pouls pour être certain qu'à chaque pulsation on a compté un numéro.

Qu'on prenne ensuite la figure n. 18 , et qu'on s'exerce à faire la durée des notes et des silences en prononçant des numéros jusqu'à *huit*.

Qu'on recommence ensuite de la même manière.

Voici un exemple qui montrera comment il faut s'y prendre :

A la figure n. 18 la note n. 1 est une *blanche*. En prononçant *un* , il faut exécuter cette note, en prolonger le son , et prononcer *deux* , *trois* , *quatre* , puisqu'elle vaut quatre secondes ; puis, en prononçant *cinq* , faire la *noire* n. 2 , et en prolonger le son jusqu'à ce qu'on ait dit six , puisque la noire vaut deux secondes ou deux battements ; puis, en prononçant *sept* , il faut faire la croche n. 3 , et en prononçant *huit* , on doit faire le demi-soupir, c'est-à-dire rester en silence ; enfin , au lieu de prononcer *neuf* sur la blanche n. 5 , il faut qu'on dise *un* , et prolonger le son de cette blanche pointée jusqu'à ce qu'on ait prononcé deux , trois, quatre , cinq , six , et suivre toujours de la même manière. On doit faire attention de ne pas s'arrêter lorsqu'on a fini la durée d'une note ou d'un silence. On doit au contraire continuer à prononcer régulièrement les numéros jusqu'à la fin du morceau qui se trouve à la figure n. 18.

Si l'on est réuni en nombre pour apprendre la musique, on pourra se diviser en deux classes. La première classe exécutera , avec la voix ou avec des instruments , les notes et les silences de la figure n. 18 , tandis que l'autre classe fera des battements réguliers avec le pied ou avec la main , ou prononcera des numéros de la manière que nous avons indiquée ci-dessus.

Les deux classes doivent être fort attentives à l'exécution des notes , aux battements ou à l'énonciation des numéros.

Ensuite les deux classes changeront de rôle, c'est-à-dire que celle qui exécutait fera les battements ou prononcera les numéros , et celle qui faisait les battements ira exécuter les notes.

Il va sans dire qu'on doit faire tout cela simultanément.

On pourra se tracer des exemples semblables à celui de la figure n. 18, et il n'est pas douteux qu'ils ne soient de la plus grande utilité , si l'on s'y exerce convenablement.

Pour parvenir à exécuter des morceaux de musique , il faut savoir deux choses principales : d'abord faire le son que la note indique , ensuite en rendre la durée ; on parvient à faire celle-ci par les exercices , et les raisonnements que nous venons de développer , et que nous suivrons dans les chapitres suivants. On fait le son que la note indique , soit avec la voix , soit avec un instrument. Les instrumentistes feront le son en prenant le doigté qu'il faut pour cela. Les vocalistes parviendront à attaquer le son comme il convient, même sans le secours d'un instrument , s'ils emploient pour l'exercer les moyens que nous avons indiqués dans le chapitre XXXVII.

CHAPITRE XLIV.

De la Barre de séparation ou de la Barre de mesure.

Par le mot *valeur de durée*, on doit entendre le total des battements qui résultent de la durée d'une ou de plusieurs notes, d'un ou de plusieurs silences. Ainsi, à la figure n. 18, on a une *valeur de durée*, puisqu'il faudrait une minute, c'est-à-dire soixante battements pour l'exécution de toutes les notes et de tous les silences qui y ont été posés.

A la figure n. 19, case n. 1, de la durée de la noire, du demi-soupir et de la croche, il résulte un total de quatre secondes de durée, c'est-à-dire un total de quatre battements : on doit conclure qu'il y a ici une *valeur de durée*.

A la case n. 2, des deux doubles-croches et du demi-soupir, il résulte un total de deux battements, il y a donc une *valeur de durée*.

Deux valeurs de durée sont égales lorsqu'il résulte de chacune un même total de battements. Ainsi, à la figure n. 20, case n. 1, il résulte un total de quatre battements de la durée de la noire, du demi-soupir et de la croche. A la case n. 2, il résulte également un total de quatre battements, de la durée de la noire et du soupir. On doit conclure que la *valeur de durée* contenue dans l'une et dans l'autre case est égale.

Les morceaux de musique ne sont point ordinairement comme celui que nous avons donné à la figure n. 18. Si l'on jette les yeux sur de la musique imprimée, on voit un grand nombre de barres perpendiculaires traversant la portée, et l'on ne trouve point de numéro au-dessus des notes et des silences pour en indiquer la durée. Il est donc nécessaire de savoir par cœur la durée des différentes espèces de notes et de silences.

Ces barres perpendiculaires qu'on voit dans la musique servent à partager en plusieurs parties la valeur totale de durée d'un morceau, et l'œil s'arrêtant sur chaque petite partie contenue entre deux barres, peut mieux se rendre compte de la durée des différentes notes et des silences, et parvenir plus facilement à ce qu'on appelle *déchiffrer*. Lorsqu'un morceau de musique est ainsi divisé en plusieurs parties, il est évident que d'une barre à une autre, il existe une valeur de durée moindre que celle du morceau entier ; car qui pourrait nier qu'un tout ne soit plus grand que les parties ?

A la figure n. 21, on a quatre barres de mesure. On peut placer entre deux barres des notes et des silences, d'où il résulterait une valeur quelconque de durée.

On appelle *mesure* l'espace qu'on a d'une barre à une autre, ou de la clé à la première barre suivante. Ainsi, à la figure n. 21, si l'on demandait combien on a de mesures, on répondrait sans hésiter qu'on en a quatre. Ici le mot *mesure* signifie partie ou fragment d'un morceau de musique. En effet, puisque par des barres on partage en plusieurs parties la valeur totale de la durée d'un morceau, comme nous l'avons dit plus haut, ce qui est contenu dans les deux barres doit être nécessairement une des parties du morceau. On doit conclure que le mot *mesure* signifie *partie* ou *fraction du morceau*.

Cette fraction doit avoir nécessairement une valeur de *durée*.

Nous conclurons donc que la *mesure* a une valeur de durée.

On peut également subdiviser la *valeur de durée* d'une mesure en d'autres petites parties que nous appellerons *parties aliquotes* de la mesure.

La valeur de durée d'une mesure peut être plus ou moins grande que celle d'une mesure suivante.

Ainsi, à la figure n. 19, case n. 1, le total de la *valeur de durée* est de quatre battements. A la case n. 2, le total de *durée* n'est que de deux battements. Qu'on suppose que ces deux cases soient deux mesures, et l'on distinguera facilement qu'à la case n. 1 la *valeur de durée* est plus grande que celle de la case n. 2.

Pour qu'un morceau de musique soit exécutable et pour qu'il soit à la portée des habitudes musicales d'aujourd'hui, il faut qu'on trouve dans chaque mesure une *valeur égale de durée*, ainsi qu'on l'a vu à la figure n. 20.

Nous allons en donner la raison.

Supposons que dans chaque mesure on ait, par la durée des notes et des silences, un total de quatre battements, et qu'on veuille subdiviser en deux parties *aliquotes* la *valeur de durée* de cette mesure. Il est évident que chacune des deux parties *aliquo-*

tes aura deux battements pour valeur de durée. Si dans chaque mesure on subdivise de la même manière, il est évident que le résultat sera le même. Cette faculté de pouvoir toujours subdiviser de la même manière, et d'avoir dans chaque mesure une valeur égale de durée pour toutes les parties *aliquotes* d'un morceau de musique facilite beaucoup pour saisir la durée des différents sons sans avoir recours à des battements. On pourra d'ailleurs s'en convaincre lorsqu'on sera plus avancé dans cette partie de la musique.

Lorsqu'on écrit de la musique, on marque en tête de la portée, et de suite après la clé et l'armure, la valeur de durée qu'on doit avoir dans chaque mesure. Nous allons voir d'abord les signes que l'on emploie pour cela, et comment on doit former une mesure qui ait la valeur de durée indiquée par le signe posé à la clé.

A la figure n. 22, case n. 1, on voit qu'après la clé, on a le signe C, assez semblable à la troisième lettre de l'alphabet.

Lorsqu'on met ce signe, on doit faire en sorte que par la durée des notes et des silences, il résulte, pour chaque mesure, un total de huit battements, ou de huit demi-temps, ce qui revient au même. Qu'on examine chaque mesure de la figure n. 22, on verra que, par la durée des notes et des silences, il résulte toujours le total de huit battements, valeur de durée indiquée par le signe C.

En effet, par les numéros qui sont posés au-dessus des notes et des silences, qui indiquent les différentes durées, on pourra facilement découvrir ce total de huit battements, sans qu'il soit besoin de plus amples explications. On doit conclure que toutes les mesures de la figure n. 22 sont *complètes*.

La mesure est fautive lorsqu'on n'y trouve pas la valeur de durée désignée par le signe C ; ainsi, à la figure n. 23 et à la mesure n. 1, on voit clairement que, par la durée des notes, on n'a que sept battements pour total. Il manque donc dans cette mesure la durée d'un battement ou d'un demi-temps, c'est-à-dire la valeur d'une croche, ou d'un demi-soupir, ou de deux doubles-croches, ou de quatre triples-croches, etc. On doit conclure que cette mesure est fautive. La mesure n. 2 est également fautive, puisqu'il y manque la durée d'une demi-seconde, ou d'un quart de temps, ce qui revient au même, c'est-à-dire qu'il y manque un quart de soupir, ou une double-croche, ou deux triples-croches, etc.

La mesure n. 3 est également fautive, puisque, par la durée des silences et des notes, il résulte un total de neuf battements ou de neuf demi-temps, ce qui revient au même. On doit conclure que dans cette mesure, il y a un demi-temps ou un battement de trop, c'est-à-dire qu'il y a de trop, autant que la valeur d'une croche, ou de deux doubles-croches, ou d'un demi-soupir, ou de quatre triples-croches, etc.

Qu'on mette à la clé le signe C, et qu'on s'exerce à poser, dans chaque mesure, différentes durées de notes et de silences, et qu'on sache dire lorsque les mesures sont complètes et lorsqu'elles sont fautives.

Nous appellerons, pour le moment, mesure à

huit demi-temps, celle de laquelle il résulte huit battements de durée, ainsi qu nous l'avons vu à la figure n. 22.

Nous allons apprendre à former des mesures différentes les unes des autres. Il faut combiner dans une mesure des blanches avec des noires ; dans une autre mesure, des noires avec des croches ; ensuite, des noires avec des doubles-croches, ou avec des silences, ou avec des croches pointées, etc.

On découvrira par là une infinité de mesures différentes les unes des autres. En combinant de la sorte une mesure, on doit avoir soin que, de la durée des différentes notes et des silences, il résulte toujours un total de huit battements, sans quoi la mesure ne serait pas complète ni conforme au signe C, posé à la clé.

Nous appelons *traits rhythmiques* les notes , les points et les silences qui concourent à la formation d'une mesure. A la figure n. 24, nous donnons une suite de traits rhythmiqnes les plus usités, qui pourront servir de guide pour la formation d'une mesure à huit demi-temps. Les traits rhythmiques que nous avons posés, sont au nombre de quatre cent vingt, tous différents les uns des autres. On peut remarquer que des notes et des silences qui composent chaque trait, il résulte toujours huit demi-temps, c'est-à-dire huit battements de durée, ce qui fait que chaque trait rhythmique nous offre une mesure complète. Au-dessus des notes et des silences, nous avons marqué des numéros indiquant le nombre de battements et de demi-temps que valent en durée les notes simples, les notes pointées et les silences.

Nous allons expliquer comment on doit s'exercer sur la figure n. 24, qui est la clé pour parvenir à déchiffrer la durée des sons d'un air qui aurait en tête de la portée le signe C.

Ceci regarde les personnes qui jouent d'un instrument quelconque, hors le piano. Nous allons expliquer par un exemple comment on doit procéder pour s'exercer sur cette figure n. 24.

Il est néanmoins nécessaire de savoir bien faire auparavant les exercices que nous avons indiqués à la figure n. 18.

Supposons qu'on veuille s'exercer sur l'instrument appelé *basson*. On trace d'abord sur un papier de musique la clé de *fa*, quatrième ligne, puisque le basson joue dans cette clé. On la place en tête d'une portée, on marque ensuite l'armure du ton qu'on veut préférer. Supposons qu'on choisisse le ton de *sol*. Après cette armure, on place le signe C, qu'on voit à la figure n. 25, où nous avons fait ce que nous venons de dire. On cherche ensuite la tonique du ton marqué à la clé. Or, puisque nous avons le ton de *sol*, nous aurons *sol*, qui est la première note de la gamme de ce ton. On va voir à la figure n. 24, et l'on choisit un des quatre cent vingt traits rhythmiques : lorsqu'on commence, on doit choisir un trait facile, et composé de notes et de silences dont la durée puisse être bien comprise. Supposons qu'on choisisse le trait n. 2, où l'on a deux blanches.

Puisque, à la figure n. 25, la tonique est *sol,* on doit marquer deux *sol* en notes blanches, sur la clé de *fa*, et à la portée du basson, c'est-à-dire entre la quatrième et la cinquième ligne, ainsi que nous l'avons fait. Comme avec ces deux blanches la mesure est complète, on tire une barre, et l'on retourne à la figure n. 24, pour choisir un deuxième trait rhythmique. Supposons qu'on choisisse le trait n. 38, où l'on a quatre notes noires. On marque à la figure n. 25 quatre *sol* en notes noires, ainsi que nous l'avons fait ; ensuite , comme la mesure est complète, on tire une barre, et à la troisième mesure, on doit conclure par un trait rhythmique où l'on puisse faire un repos, c'est-à-dire par le trait rhythmique n. 312 de la figure n. 24 (on doit toujours finir par ce trait) , où l'on a une blanche, une noire et un soupir. Par conséquent, à la figure n. 25, et à la troisième mesure, on place un *sol* en note *blanche*, un *sol* en note noire, et puis le soupir, ainsi que nous l'avons fait.

On doit ensuite s'exercer sur les deux traits rhythmiques qu'on a choisis, jusqu'à ce qu'on fasse bien la durée des sons.

Nota. Nous disons sur les deux *traits rhythmiques*, car le troisième trait ne changeant pas, puisqu'il doit être mis pour finir, sera toujours bien dès qu'on saura le faire dans un premier exercice.

Voici comment il faut s'exercer sur les deux premiers traits rhythmiques de la figure n. 25. Sur le premier battement , on fait sortir le son de la note *sol* et l'on doit prolonger ce son jusqu'à ce qu'on ait fait le deuxième, le troisième et le quatrième battement, parce que la durée d'une blanche est de quatre battements : sur le cinquième, on fera le *sol* suivant, et on le prolongera jusqu'à ce qu'on ait fait le sixième,

le septième et le huitième battement; sur le battement suivant qui est le premier pour la mesure suivante (puisqu'on recommence une nouvelle mesure),
on fait la note *sol*, et on prolonge ce son jusqu'à ce
qu'on ait fait le deuxième battement, puisque la
noire vaut en durée deux demi-temps, c'est-à-dire
deux battements. Sur le troisième battement, on fait
le *sol* suivant, et on prolonge le son jusqu'à ce qu'on
ait fait le quatrième battement. Sur le cinquième, on
fera le *sol* suivant, et on prolonge ce son jusqu'à ce
qu'on ait fait le sixième battement. Sur le septième
battement, on fera le *sol* suivant, et on le prolongera
de même jusqu'à ce qu'on ait fait le huitième battement. Sur le battement suivant, qui est le premier de
la mesure suivante, on fait le *sol*, note blanche, et on
prolonge ce son jusqu'à ce qu'on ait fait le deuxième,
le troisième et le quatrième battement. Sur le cinquième battement, on fera le *sol* suivant, note
noire, ainsi de suite.

Lorsqu'on saura bien faire les deux traits qu'on
aura choisis, on aura encore recours à la fig. 24, et l'on
choisira de nouveau deux traits différents, en procédant de la même manière que nous l'avons indiqué.

Si l'on fait plusieurs de ces exercices, nous ne
doutons pas que la vue ne s'habitue à voir presque
tous les traits rhythmiques qui sont les plus usités,
et qu'on rencontre très-souvent dans un morceau de
musique dont la mesure se composerait de huit
demi-temps de durée.

Un morceau de musique n'est que la réunion de
quelques traits rhythmiques. Or, un compositeur
a des traits à lui qu'il emploie plus souvent que

d'autres : c'est pourquoi la plupart de ceux qui cultivent la musique (du moins comme amateurs) préfèrent exécuter de la musique d'un auteur qu'ils connaissent déjà, parce qu'étant habitués à la lecture de certains traits rhythmiques, ils peuvent plus facilement *déchiffrer*, tandis que s'ils exécutent un morceau d'un auteur qu'ils ne connaissent point encore, il arrive, parfois, qu'ils sont embarrassés à la lecture de certains passages, même peu difficiles. Cela prouve l'importance d'étudier dès le commencement les combinaisons des traits rhythmiques plutôt que de s'exercer à apprendre des airs. Il vaut mieux attendre deux ou trois mois : d'ailleurs on peut faire les deux choses alternativement. De cette manière la vue rencontrant sur un morceau de musique des traits rhythmiques qu'elle connaîtrait déjà par la figure n. 24, on les exécuterait avec beaucoup plus de facilité qu'on ne ferait, si on les voyait pour la première fois.

Dans la figure n. 24, nous avons omis les traits rhythmiques qui contiennent des quarts, des demi-quarts de soupir, des doubles-croches pointées, des triples et des quadruples-croches. Nous avons cru qu'il était inutile de donner ces combinaisons; car en se guidant sur la figure n. 24, on pourra les trouver sans notre concours. On y rencontrera peut-être des traits qui, au premier abord, paraîtront difficiles pour en déchiffrer la durée; mais nous donnerons, plus loin, quelques exemples de traits difficiles dont nous expliquerons l'exécution, et ils pourront servir de modèle pour tous les cas.

Lorsqu'on s'exercera à exécuter des traits rhythmiques de la manière que nous avons dit plus haut, on devra prêter l'oreille au nombre de battements que le pied fait sur la note qu'on exécute, afin d'éviter de faire des battements de plus ou de moins de ce qu'il faut pour la durée de la note.

Les personnes qui touchent du piano pourront écrire sur les deux clés, les deux traits rhythmiques qu'elles auront choisis, et les exécuter à deux mains en comptant régulièrement des numéros jusqu'à huit, au lieu de faire huit battements pour chaque mesure. Supposons que de la figure n. 24, on ait choisi les traits n. 11 et 43 : qu'on voie à la figure n. 26 comment nous les avons écrits pour le piano. Nous avons placé au-dessus de la note les numéros qu'on doit prononcer pour en faire la durée selon le nombre de battements qu'elle vaut, et l'on fera toujours de même lorsqu'on voudra s'exercer sur la durée d'un trait rhythmique quelconque.

Les personnes qui vocalisent doivent procéder de la même manière que les instrumentistes, avec la différence qu'au lieu de faire des battements avec le pied, elles les feront avec la main, et les autres qui ne veulent ni chanter ni jouer, mais qui, néanmoins, seraient bien aises de connaître la musique et de déchiffrer le rhythme d'un morceau de manière à en distinguer l'air, et à savoir si on l'exécute comme il est marqué, doivent faire d'abord ce qui suit pour commencer, et nous verrons plus loin comment il faut s'y prendre pour parvenir à cela.

Il est inutile de dire, qu'à part l'exécution, on doit faire avec la plume tous les exercices que nous avons indiqués jusqu'à présent dans cet ouvrage, afin d'habituer la vue à lire les notes sur les deux clés principales, c'est-à-dire la clé de *sol* et la clé de *fa*.

On doit aussi connaître les intervalles, les signes accidentels, etc., et savoir composer les gammes que nous avons indiquées. On doit en outre observer ce que nous avons recommandé aux vocalistes pour qu'ils arrivent plus facilement à attaquer l'intonation d'une note quelconque, c'est-à-dire qu'on doit faire exécuter par quelqu'un toutes les séries d'harmoniques toniques, afin d'avoir dans l'oreille le son qu'elles produisent, ce qui est très-facile à saisir. On fera de même pour les harmoniques dominantes et pour les harmoniques sensibles, jusqu'à ce qu'on arrive à distinguer par le son les notes harmoniques toniques, de celles qui seraient harmoniques dominantes ou sensibles d'un ton mineur. Lorsqu'on aura obtenu ce résultat, on se fera exécuter plusieurs gammes diatoniques et chromatiques, afin d'entendre la marche des sons en montant, et en descendant, par degré et par demi-degré, et savoir distinguer quand les sons montent et quand ils descendent, quand ils marchent par degrés et quand ils marchent par demi-degrés, ce qui n'est pas très-difficile à moins qu'on ne soit tout-à-fait dépourvu d'oreille pour les sons. On doit ensuite s'exercer à faire la durée des sons comme nous l'avons indiqué, c'est-à-dire par des battements, et puisqu'on ne chante ni ne joue, on doit prononcer le nom des notes comme si l'on parlait, et prolonger le son de la voix en bourdonnant sur la note dont la durée serait de plusieurs battements. On fera de cette manière les exercices sur les traits rhythmiques de la figure n. 24 en procédant comme nous l'avons déjà indiqué.

Qu'on fasse ce que nous venons de dire, et l'on verra que sans avoir besoin de savoir jouer d'un instrument, ni chanter, on peut parvenir à déchiffrer à première vue un morceau de musique. En effet, lorsqu'on reconnaîtra par l'oreille la marche ascendante et descendante des sons, que la vue sera habituée aux traits rhythmiques dont on saura par cœur la durée, et lorsqu'on pourra par soi-même juger comment ils doivent être exécutés, nous ne doutons pas qu'on ne soit dans un bon chemin pour parvenir à connaître la musique sans avoir besoin de savoir chanter ni jouer d'un instrument.

CHAPITRE XLV.

(Tableau No 8.)

Exercices à suivre sur la figure n. 34, par de nouveaux moyens.

Nous avons dit plus haut qu'il fallait deux choses pour parvenir à déchiffrer un air : 1° avoir le doigté de l'instrument avec lequel on veut exécuter, ou bien savoir attaquer par la voix l'intonation de la note ; 2° savoir faire la durée des sons et des silences.

En ne faisant que les exercices ci-dessus, on ne parviendrait qu'à obtenir le deuxième résultat, et l'on négligerait par conséquent le doigté de l'instrument dont ont voudrait apprendre à jouer.

Nous allons donner un moyen qui procurera les deux avantages à la fois, et qui sera même plus agréable à l'oreille que celui que nous avons indiqué dans le chapitre précédent.

Qu'on prenne les harmoniques toniques et dominantes d'un ton ; qu'on se trace trois mesures sur un papier de musique. La barre de mesure traversera deux portées. Qu'on place à la portée inférieure , en état direct et à la première mesure , la série des harmoniques toniques du ton qu'on a choisi. Qu'on pose de la même manière , à la deuxième mesure , la série des harmoniques dominantes du ton qu'on a choisi , c'est-à-dire du ton auquel appartiennent les harmoniques toniques précédentes. A la troisième mesure , qu'on mette de nouveau la série des harmoniques toniques , qui se trouvent à la première mesure, ainsi que nous l'avons fait à la figure n. 27. Qu'on choisisse à la figure n. 24 deux traits rhythmiques. Qu'on remplace les notes *do* de ces deux traits par les harmoniques qu'on a dans la mesure , c'est-à-dire qu'on prenne des harmoniques toniques qu'on a dans la série placée à la première mesure , et qu'on forme de ces notes le trait rhythmique qu'on veut placer le premier. Qu'on compose ensuite d'harmoniques dominantes le trait rhythmique qu'on veut avoir à la seconde mesure ; enfin , pour faire la troisième mesure et finir , qu'on prenne le trait rhythmique n. 312 et qu'on le forme d'harmoniques toniques. La dernière note du trait doit être la tonique du ton.

Voici comment nous avons procédé pour faire la figure n. 27 , d'après le moyen que nous venons d'indiquer :

Nous avons voulu composer un exercice rhythmique pour le violon. Nous avons choisi le ton de *la* majeur. A la première mesure et à la portée inférieure, nous avons mis en état direct la série des harmoniques toniques du ton de *la* majeur. A la deuxième mesure nous avons posé la série des harmoniques dominantes de ce ton , et à la troisième mesure nous avons mis de nouveau les harmoniques toniques du même ton.

Nous avons jeté les yeux sur la figure n. 24, et nous avons choisi le trait rhythmique n. 161 , dont la première note est une noire , la deuxième et la troisième sont des croches , la quatrième est une noire, la cinquième et la sixième sont des croches.

Nous avons remplacé les notes *do* de ce trait rhythmique par des harmoniques toniques de la série placée à la première mesure : ainsi, au lieu de la note noire *do* , nous avons posé la note noire *la* ; au lieu des deux croches *do* , nous avons mis les deux croches *mi* , *do* dièse; au lieu de la noire suivante *do* , nous avons placé *la* , et nous avons remplacé les deux croches suivantes *do* par les deux croches *mi* , *do* dièse. On voit que nous avons conservé le même trait rhythmique n. 161 , qui imite celui qu'on a à la première mesure de la figure n. 27, où la première note est une noire , la deuxième et troisième sont des croches, la quatrième est une noire , la cinquième et la sixième sont des croches, ce qui fait que ce trait est absolument semblable à celui du n. 161.

Nous avons ensuite choisi le trait rhythmique n. 386 , dont les quatre premières notes sont des croches, et la cinquième est une blanche. Nous avons remplacé les notes *do* de ce trait rhythmique par des harmoniques dominantes que nous avons prises à volonté dans la série placée à la deuxième mesure ; ainsi, à la place des quatre croches *do* , nous avons posé les quatre croches *mi* , *ré* , *sol* dièse , *si* ; et à la place de la blanche *do* , nous avons placé la blanche *mi.*

On voit à la figure n. 27 , et à la deuxième mesure, que nous avons conservé le même trait rhythmique n. 386 , parce que nous avons également quatre croches suivies d'une blanche ; il n'y a de différence qu'en ce que la note *do* est remplacée par des harmoniques dominantes. A la troisième mesure, nous avons conclu par le trait rhythmique n. 312 , dont le notes *do* ont été remplacées par les harmoniques toniques, comme on peut le voir à la figure, n. 27.

Les trois traits de cette figure sont à la portée du violon.

Lorsqu'on connaîtra la transposition , on pourra s'y exercer, cela facilitera beaucoup pour prendre le doigté d'un instrument et pour apprendre à solfier.

Si l'on fait usage du moyen que nous indiquons dans ce chapitre, on trouvera une infinité de combinaisons qui seront très-utiles pour exercer la vue, le doigté , la voix , et pour faire connaître la durée des sons et des silences.

Nous appelons *fraction de gamme simple modulative* , cette manière de changer les notes *do* d'un trait rhythmique pour mettre à la place les harmoniques toniques ou dominantes : en effet , qu'on lise ce que nous avons dit au chapitre XXXII sur la formation de cette espèce de gamme, et l'on verra que la seule différenee qu'il y ait, c'est que pour former une gamme simple modulative, telle qu'on la voit au chapitre XXXII, on n'est pas soumis à donner aux notes une forme rhythmique, et qu'il faut une suite d'un plus grand nombre de séries d'harmoniques.

Il est très-amusant de composer ainsi, sous une forme rhythmique des fractions de gamme simple modulative ; car celui qui pourra ensuite les exécuter, soit avec la voix, soit avec un instrument, se rendra compte de l'effet qu'elles produisent à l'oreille. Il arrivera souvent que cet effet sera très-agréable, et qu'on entendra quelque chose de nouveau, c'est-à-dire les fractions d'un air qui, étant suivi, produirait quelque beau morceau de mélodie nouvelle. Il est à remarquer qu'en composant une fraction de gamme simple modulative, sous une forme rhyth-mique, selon le moyen indiqué dans ce chapitre, on pourra dans une mesure répéter plusieurs fois une même note harmonique.

Un exemple fera mieux comprendre.

A la figure n. 28, nous avons voulu faire une fraction de gamme simple modulative pour clari-nette. Nous avons pris le ton *sol* ; par conséquent nous avons posé les harmoniques toniques et domi-nantes du ton *sol*. Nous avons ensuite choisi, à la figure n. 24, les deux traits rhythmiques n. 193 et n. 60. On voit à la figure 28 et à la première mesure que la note *si* est répétée quatre fois, et que la note *sol*, arrangée en croche et en deux doubles-croches, est répétée trois fois. On voit à la deuxième mesure que la note *fa*, arrangée en quatre doubles-croches, est répétée quatre fois.

Ce moyen de répéter plusieurs fois la même note harmonique est bien simple, et tout-à-fait à la portée des commençants.

Par les explications que nous venons de faire sur les deux figures n. 27 et 28, on aura compris qu'en changeant les *do* d'un trait rhythmique contre des notes harmoniques, on peut varier le même trait sous mille formes; ainsi, par exemple, à la figure n. 28 et à la première mesure, on aurait pu mettre le trait qui se trouve à la mesure n. 1 de la figure n. 29, où l'on voit que la forme rhythmique est la même que celle qui se trouve à la figure n. 28, dans la première mesure : en effet, à la figure n. 28 et à la première mesure, la première note est une noire, la deuxième, la troisième, la quatrième et la cinquième note sont des croches, la sixième note *sol* est une croche, la septième, la huitième sont des doubles-croches. On remarque à la figure 29 et à la première mesure, que la première note est également une noire, que la deuxième, la troisième, la quatrième et la cinquième sont des croches, que la sixième est une croche, que la septième et la huitième sont des doubles-croches.

On remarque néanmoins qu'à la figure n. 28 on a une fraction d'air, et qu'à la figure n. 29 on a la fraction d'un air différent, quoiqu'on ait conservé le même trait rhythmique.

Cet exemple suffira pour que, sans de plus amples explications, on puisse varier de plusieurs manières un même trait rhythmique, et s'y exercer pour l'exécution. Il n'est pas besoin de dire qu'on doit toujours écrire les notes de pareils exercices à la portée de la voix ou de l'instrument pour lequel on compose. Il faut observer ce que nous avons dit au chapitre XXXII sur la résolution de la dernière note d'une case à la première note de la case suivante , où l'on a changement de notes harmoniques. (Case ou mesure signifie la même chose.)

Il faut avoir soin , d'une note à une autre , de ne point dépasser les limites d'une octave, parce que différemment , outre que les notes seraient difficiles à exécuter, il pourrait arriver souvent qu'on formât une fraction d'air désagréable.

Les personnes qui se donnent à la composition , doivent déterminer d'avance la voix ou l'instrument pour lequel elles veulent composer une fraction d'air : nous leur ferons remarquer que les exercices indiqués pour rendre utile la figure n. 24, serviront également à inspirer des idées de phrases mélodiques et chantantes.

Ceux qui touchent du piano doivent écrire sur les deux clés la fraction d'air qu'ils veulent composer, et l'exercer à deux mains en comptant les huit numéros : ils peuvent faire néanmoins avec la main gauche ou avec la main droite les séries d'harmoniques qu'ils auront placées à la portée inférieure. Ils feront marquer le doigté des notes par leur maître de musique. Nous allons donner un moyen pour qu'on puisse commencer à s'exercer , lorsqu'on le veut, sur les gammes diatoniques majeures et mineures d'un ton quelconque , arrangées sous une forme rhythmique. Voici pour cela un exemple qui servira de modèle : Le trait rhythmique n. 191 de la figure n. 24 est celui qui convient le mieux pour commencer à s'exercer , et faire en montant et en descendant des gammes diatoniques.

On voit , par conséquent , à la figure n. 30 , que nous avons changé les notes du trait rhythmique n. 191 , contre les notes de la gamme du ton de *do* majeur. On remarque , à la première mesure , que ces notes marchent en montant , tandis qu'à la deuxième mesure où nous avons conservé le même trait rhythmique , elles marchent en descendant. Lorsqu'on aura fini d'exécuter la deuxième mesure, on doit revenir à la première , et recommencer plusieurs fois de suite la marche ascendante et descendante des notes , et lorsqu'on voudra finir , on fera comme à la troisième mesure , c'est-à-dire qu'on se servira du trait rhythmique n. 315, et l'on changera les notes *do* contre les harmoniques toniques du ton dont on aura fait la gamme, ainsi qu'on peut le voir à la figure n. 30 et à la troisième mesure , où nous avons ensuite fini par l'octave de la tonique. Qu'on écrive ces gammes à la portée de la voix ou de l'instrument pour lequel on compose et dans la clé qui convient.

On pourra faire des gammes diatoniques dans tous les tons majeurs et mineurs.

CHAPITRE XLVI.

(Tableau N° 8.)

Des quatre mouvements de la mesure.

Lorsqu'on sait un peu de musique , et qu'on veut exécuter un morceau qui porte à la clé le signe C , il serait fastidieux de faire huit battements , de compter huit numéros pour chaque mesure. Pour éviter cela , nous allons donner un moyen qui , au reste , est assez en usage partout où l'on fait de la musique.

Nous appellerons *réels* , les battements n. 1 , 3 , 5 , 7 qu'on fait dans chaque mesure. Or , voici ce qu'on peut faire : pour le premier battement, qui est réel , on frappe du pied ou de la main ; pour le deuxième battement , on fait un mouvement très-léger , comme si l'on voulait frapper de nouveau ; pour le troisième battement, qui est réel, on tourne à gauche le genou ou la main.

On marque légèrement le quatrième battement en faisant, avec la main ou avec le genou, un mouvement très-léger à gauche ; pour le cinquième battement, qui est réel , on tourne à droite le genou ou la main.

On marque ensuite le sixième battement en faisant, avec la main ou avec le genou, un mouvement très-léger à droite ; pour le septième battement , qui est réel , on lève le pied ou la main , comme si l'on voulait frapper de nouveau : on marque ensuite le huitième battement en faisant, avec le pied ou avec la main , un mouvement très-léger , comme si l'on voulait lever.

Nous appellerons premier mouvement , l'action que fait le pied ou la main en frappant au premier battement réel , et en marquant légèrement le deuxième.

Nous appellerons deuxième mouvement , l'action que fait le genou ou la main, en tournant à gauche au troisième battement réel , et en marquant légèrement le quatrième.

Nous appellerons troisième mouvement, l'action que fait le genou ou la main en tournant à droite au cinquième battement réel , et en marquant légèrement le sixième.

Nous appellerons quatrième mouvement, l'action que fait le pied ou la main en se levant au septième battement réel , et en marquant légèrement le huitième battement.

On voit qu'avec ces quatre mouvements on peut marquer la valeur de durée d'une mesure , comme si l'on faisait les huit battements. Il suffit donc de frapper du pied ou de la main au premier battement de chaque mesure.

Voici ce que doivent faire les personnes qui touchent du piano : elles prononceront à haute voix les numéros *un* , *trois* , *cinq* , *sept* , afin de marquer le premier , le troisième , le cinquième et le septième battement qui sont réels ; elles prononceront à voix basse ou mentalement les numéros deux , quatre , six et huit , afin de marquer le deuxième , le quatrième , le sixième et le huitième battement. Elles peuvent aussi prononcer à haute voix les numéros un , deux , trois et quatre , afin de marquer le premier, le troisième, le cinquième et le septième battement , ou à voix basse la syllabe *la* , afin de marquer le deuxième, le quatrième, le sixième et le huitième battement.

Pour parvenir à prononcer les numéros et à faire les mouvements bien régulièrement , il faut d'abord qu'on se base sur les pulsations du pouls. On pourra

ensuite composer quelques exercices selon les règles
que nous avons données dans le chapitre précédent,
en expliquant la figure n. 24, et l'on exécutera ces
exercices selon les moyens que nous venons d'indiquer pour apprendre à marquer les huit battements.

Lorsqu'on sera ainsi habitué, on ne marquera
que les quatre battements réels, n. 1, 3, 5, 7, au
moyen des quatre mouvements, et l'on ne marquera
que mentalement les battements n. 2, 4, 6, 8.

Au lieu de dire *la mesure qui est indiquée par le
signe* C, *en tête de la portée,* nous dirons *mesure à
quatre mouvements* : en effet, on voit qu'il faut faire
quatre mouvements pour indiquer la durée des huit
battements pour chaque mesure.

La mesure à quatre mouvements est très-fréquente
en musique : on doit donc lire attentivement tout
ce que nous venons de dire sur cette espèce de
mesure.

Remarque. Les musiciens l'appellent *mesure à
quatre temps*, au lieu de l'appeler *mesure à quatre
mouvements*, parce qu'ils la divisent en quatre parties, dont chacune a une valeur de durée : ils appellent *premier temps* la première partie, deuxième
temps la seconde, ainsi de suite.

Par la même raison, ils appellent mesure à
trois temps, celle marquée 3/8, qu'ils divisent en
trois parties, dont chacune est également appelée
temps, quoiqu'elle ne contienne que la valeur de
trois demi-temps ou de trois battements. Nous nous
servons du mot *mouvement* au lieu du mot temps,
afin de mieux être compris dans la suite de notre
traité sur le rhythme, et afin de ne pas jeter de la

confusion avec le mot temps dont nous nous sommes servis pour exprimer la durée des sons ; ainsi une blanche vaut deux temps , une noire vaut un temps, ainsi de suite. Or, si nous employions également le mot *temps* au lieu de *mouvement* , il pourrait arriver qu'on ne nous comprît pas. Cette remarque suffira pour faire comprendre ce que nous entendons par le mot *temps* en musique.

CHAPITRE XLVII.

(Tableau N° 8.)

Moyen de déchiffrer une mesure difficile.

Dans la mesure à *quatre mouvements*, on rencontre des traits rhythmiques qui , au premier coup-d'œil, paraissent bien difficiles à déchiffrer. Nous expliquerons quelques exemples qui serviront de modèle pour qu'on apprenne comment on doit faire pour vaincre toute espèce de difficultés ; car c'est par le raisonnement , et non par la routine qu'on parvient plus tôt et avec moins de peine à déchiffrer la durée des sons.

A la figure n. 31, et à la première mesure, on a un trait rhythmique dont l'air au premier abord, paraîtrait peut-être difficile à déchiffrer. Bien des personnes parviendraient à l'exécuter par routine , après l'avoir entendu plusieurs fois par un maître de musique ; mais il arriverait qu'elles ne seraient pas moins embarrassées toutes les fois qu'il s'en présenterait de semblables.

Nous allons voir qu'on peut aplanir ces difficultés par le seul raisonnement. D'abord, nous ferons trois questions sur ce trait rhythmique :

1° Si la première mesure de la figure n. 31 est complète ; 2° sur quelle note on doit marquer le premier, le deuxième, le troisième et le quatrième mouvement ; 3° comment ce trait doit être exécuté.

Voici ce qu'on doit faire pour répondre à la première question : On écrit le même trait rhythmique sur deux portées différentes ; on met un numéro au-dessus de chaque note, de chaque point et de chaque silence, ainsi que nous l'avons fait à la portée n. 2. On réduit en notes croches toutes les valeurs qui se trouvent dans le trait, et ces notes croches doivent être toutes des *do*, absolument comme les *do* des traits rhythmiques de la figure n. 24. Si la mesure où l'on trouve le trait difficile est complète, il résultera huit croches, puisque la mesure à quatre mouvements se compose de huit battements, et l'on sait que la croche vaut un battement de durée. Si la mesure est fautive, il ne résultera pas huit croches. Voici comment nous avons fait. Au-dessous de la portée n. 3, nous avons écrit des numéros indiquant les différentes valeurs des notes, des points et des silences. On voit qu'il y a vingt-deux valeurs.

A la portée n. 3, et au n. 1, on a une croche : on marque au-dessus, à la portée n. 2, un *do*, note croche. A la troisième portée, et aux n. 2, 3, 4, on a un quart de soupir, un point et une triple-croche : tout cela vaut en durée autant qu'une croche. En effet, le quart de soupir vaut une demi-seconde, le point vaut la moitié moins, c'est-à-dire un quart de seconde, et la triple-croche vaut un quart de seconde, ce qui fait en tout une seconde ou un demi-temps, autant que la durée d'une croche. On fait alors un trait sur les valeurs n. 2, 3, 4 , pour indiquer que tout cela vaut autant qu'une croche, et l'on marque au-dessus, à la portée n. 2, un *do* en note croche et les numéros des valeurs 2, 3, 4.

A la troisième portée, et aux n. 5, 6, 7, 8, on a quatre triples-croches, dont chacune vaut un quart de seconde, cela fait quatre quarts, c'est-à-dire une seconde ou un demi-temps de durée, autant que la durée d'une croche. On fait alors un trait sur les valeurs n. 5, 6, 7, 8, pour indiquer que tout cela vaut, en durée, autant qu'une croche, et l'on marque en dessus, à la portée n. 2, un *do* en note croche et les numéros des valeurs n. 5, 6, 7, 8.

A la troisième portée, et aux numéros 9, 10, on a deux doubles-croches, dont chacune vaut une demi-seconde, ce qui fait en tout une seconde ou un demi-temps autant que la durée d'une croche. On fait alors un trait sur les valeurs n. 9, 10, pour indiquer que tout cela vaut, en durée, autant qu'une croche, et l'on marque en dessus, à la portée n. 2, un *do* en note croche, et les n. 9 et 10 indiquant les valeurs en dessous. A la portée n. 4, et au n. 11, on a une croche qui vaut, en durée, une seconde ou un demi-temps ; on marque en dessus, à la portée

n. 2, un *do* en note croche, et le n. 11 indiquant la valeur qui est en dessous.

A la troisième portée, et aux n. 12, 13, 14, on a deux points et une triple-croche : le premier point vaut la moitié moins de durée que la croche qui le précède, c'est-à-dire qu'il vaut une demi-seconde de durée ; le deuxième point vaut la moitié moins de durée que le premier, c'est-à-dire que le deuxième point vaut un quart de seconde ; la triple-croche vaut un quart de seconde, ce qui fait en tout une seconde ou un demi-temqs de durée, c'est-à-dire autant que la durée d'une croche. Par conséquent, on doit faire un trait sur les valeurs n. 12, 13, 14, pour indiquer que tout cela vaut autant que la durée d'une croche, et l'on marque au-dessus, à la portée n. 2, un *do* en note croche, et les numéros des valeurs n. 12, 13, 14, qui se trouvent en dessous.

A la troisième portée, et aux n. 15, 16, 17, 18, on a trois triples-croches et un demi-quart de soupir : tout cela vaut, comme on le sait déjà, une seconde, ou un demi-temps, c'est-à-dire autant qu'une croche. On fait, par conséquent, un trait au-dessus des valeurs n. 15, 16, 17, 18, indiquant que tout cela vaut la valeur d'une croche, et l'on marque au-dessus, à la portée n. 2, un *do* en note croche, et les n. 15, 16, 17, 18.

On fait de même pour les valeurs n. 19, 20, 21 et 22.

On se rend compte ensuite, à la portée n. 2, s'il est résulté huit croches des valeurs posées au-dessous ; on voit que oui.

On conclut que la mesure est complète, puisqu'elle offre la juste durée de huit demi-temps, c'est-
à-dire de huit battements. Or, puisque chaque croche vaut un demi-temps de durée, on doit exécuter
une croche à chaque battement.

D'après cette réduction, c'est-à-dire après avoir
réduit en croches toutes les valeurs de la mesure, il
sera facile de découvrir la réponse à la deuxième
demande, et de savoir sur quelles notes on doit
marquer le premier, le deuxième, le troisième et le
quatrième battement. En effet, on pose à la portée
n. 2, au-dessus des croches, le numéro des battements, et l'on voit de suite, par les numéros au-
dessous de chaque croche, quelles sont, à la portée
n. 3, les notes qu'on doit exécuter sur chaque mouvement. Ainsi, on voit que sur le premier mouvement indiqué par la croche n. 1 de la portée n. 2 ,
on doit faire la note n. 1, *do*, qui se trouve à la portée n. 3 ; que sur le deuxième mouvement, indiqué
par la croche n. 3 de la portée n. 2, on doit faire
la double-croche n. 5, *ré*, qui se trouve à la portée
n. 3 ; que sur le troisième mouvement, indiqué par
la croche n. 5 de la portée n. 2, on doit faire la croche n. 11, *sol*, qui se trouve à la portée n. 3 ; que
sur le quatrième mouvement, indiqué par la croche n. 7 de la portée n. 2, on doit faire la double-
croche n. 15, *si*, qui se trouve à la portée n. 3.
Lorsqu'on a découvert cela, il n'est pas difficile de
satisfaire à la troisième question, c'est-à-dire, d'expliquer comment on doit exécuter le trait rhythmique qui se trouve à la portée n. 1.

Au premier battement réel, on frappe du pied

ou de la main, et on fait la note croche, *do*. On marque légèrement ou mentalement le deuxième battement, sur lequel on fait le quart de soupir et le point, c'est-à-dire qu'on reste en silence. Après avoir marqué ce deuxième battement, on exécute la triple-croche, valeur n. 4. Au troisième battement réel, on tourne le genou ou la main et l'on fait les quatre triples-croches, puisqu'elles valent autant qu'une croche, comme on peut le voir à la portée n. 2. On marque légèrement ou mentalement le quatrième battement en exécutant la double-croche *sol*, valeur n. 9 ; ensuite, on doit faire la double-croche *mi*, valeur n. 10, avant le cinquième battement, puisque les deux doubles-croches ci-dessus valent autant qu'une croche, comme on peut le voir à la portée n. 2, par la croche n. 4.

Au cinquième battement réel, on tourne à droite le genou ou la main, en exécutant la croche *sol*, valeur n. 11.

On marque légèrement ou mentalement le sixième battement, en exécutant la durée des deux points, c'est-à-dire en prolongeant le son de la croche précédente ; ensuite, après avoir marqué ce sixième battement, on fait la triple-croche *sol*, valeur n. 14, avant le septième battement ; sur celui-ci, qui est réel, on lève le pied ou la main, en exécutant la triple-croche *si*, valeur n. 15 ; ensuite, on doit faire les triples-croches n. 16, 17, *la*, *sol*, et l'on doit rester en silence, pour le demi-quart de soupir, qui vaut un quart de seconde. On doit faire tout cela avant le huitième battement. On marque

ensuite légèrement le huitième battement, en exécutant la double-croche *ré*, valeur n. 19, et l'on
doit faire les doubles-croches *do, si* et le demi-quart
de soupir, valeurs n. 20, 21, 22, avant le battement suivant, qui est le premier pour la mesure suivante.

Si l'on compte des numéros, on doit, agir de la
même manière, avec la différence qu'au lieu de
faire des mouvements, on prononce des numéros,
en imitant les battements du pouls.

Lorsqu'on aura ainsi exécuté deux ou trois fois
le trait rhythmique de la figure n. 31, nous ne doutons pas que l'oreille n'ait saisi l'air et ne le retienne,
tel qu'il est noté, sans qu'on ait besoin de marquer
les quatre mouvements, et de diviser ainsi la mesure
en huit parties aliquotes, pour parvenir à la juste
durée de chaque son, de chaque point, de chaque
silence.

Qu'on se trace des traits rhythmiques un peu difficiles, et qu'on cherche à les résoudre par le raisonnement, sans jouer ni chanter, ainsi que nous
venons de le faire, à la figure n. 31.

Nous ne doutons pas que lorsque, au bout de
quelques jours, on aura pris l'habitude de raisonner
par écrit un trait rhythmique, on ne parvienne à
calculer mentalement et à première vue toute espèce
de difficulté, et l'on évitera ainsi d'être mis au nombre de ceux qui sont toujours embarrassés pour déchiffrer un morceau de musique qu'ils voient pour
la première fois, quoiqu'ils connaissent parfaite-
tement le doigté de leur instrument.

Les maîtres de musique peuvent donner pour

thème un trait rhythmique, et exiger que leurs élèves en fassent l'analyse par écrit et verbalement.

Remarque. On dit vulgairement : *aller en mesure* , exécuter *en mesure*, etc. , lorsqu'on fait la juste durée des valeurs que la mesure contient. C'est ici l'occasion où l'on peut changer d'étude rhythmique, et s'occuper un peu de sa voix ou de son instrument, ou de la composition, en se traçant des études fort utiles, au moyen des différentes gammes mélodiques. Ainsi, on peut, par exemple, composer une gamme simple modulative, selon les règles que nous avons données au chapitre n. 32. Qu'on la fasse dans le ton et à la portée de la voix et de l'instrument, en se basant sur les différents diapasons que nous donnons au tableau n. 5.

Après avoir composé une gamme simple modulative, sans rhythme, qu'on la transforme, sous une forme rhythmique, au moyen de la figure n. 24, et il en résultera des études bien agréables et des compositions mélodiques qui ne seront pas sans attrait. Voici comment nous avons fait, à la figure n. 32. Nous avons d'abord choisi le trait rhythmique n. 69, dans la figure n. 24. Nous avons posé ce trait à la figure n. 32, au dessus de la série *sol* , *si*, *ré*, harmoniques toniques du ton principal, *sol* , que nous avons choisi. Nous avons fait ensuite une succession de séries d'harmoniques à la portée n. 2, d'après les règles de modulation qu'on trouve au chapitre XXX. Ensuite, conformément au chapitre XXXII, nous avons fait le premier et le second modèle à la portée n. 1, en prenant à volonté des notes harmoniques de la série au-dessous. Nous avons

remarqué que le trait n. 69 contient cinq notes, c'est
pour cela que nous avons placé cinq notes harmoniques au premier modèle, et dans chaque case
nous avons imité le même nombre de notes, hors
les cases n. 4 et n. 7, surmontées d'une croix, où
nous n'avons posé que trois notes, afin de nous conformer au trait rhythmique n. 314, qui ne contient
que trois notes et un silence. Lorsqu'on compose
une gamme simple modulative, pour la faire passer
ser sous une forme rhythmique, on doit employer
ce trait, qu'on place à chaque quatrième case, afin
de faire un petit repos pour prendre haleine : c'est
pour cela qu'à chaque quatrième case, on place une
croix, pour indiquer que dans celle-ci on doit faire
exception à la règle, qui dit que dans chaque case
on doit imiter le nombre des notes du premier modèle. Après avoir ainsi formé une gamme simple
modulative, nous avons échangé toutes les notes *do*
du trait n. 69, contre les harmoniques du premier
modèle : il est résulté de cela la première mesure de
la figure n. 33. Nous avons fait de même pour la
case n. 2 de la figure n. 32, et il est résulté la mesure n. 2 de la figure n. 33 ; ainsi de suite. A la
case n. 4, nous avons échangé les notes *do* du trait
314, contre les harmoniques au-dessus, et il est résulté la mesure n. 4 de la figure n. 33. La gamme
de la figure n. 32 peut être transformée de différentes
manières, selon le trait rhythmique qu'on veut employer. Supposons qu'on choisisse le trait n. 386 ;
il en résultera la figure n. 34, où l'on voit que se
trouvent également, dans chaque case, toutes les
notes harmoniques de la figure n. 32. On peut, si

l'on veut, trouver soi-même d'autres modifications.

Il y a une autre espèce de gamme simple modulative appelée *gamme mesurée;* elle est plus difficile que toutes les autres parce qu'on est tenu de suivre un système d'ordre comme si l'on devait composer un air de musique. Cependant, lorsqu'on en a acquis l'habitude, on se trouve à même d'analyser la mélodie d'un morceau quelconque, et si l'on a des dispositions pour l'invention, on peut parvenir à composer avec ordre et à disposer avec netteté, variété et unité les inspirations musicales qu'on peut avoir. Comme c'est ici le moment de parler de la *gamme mesurée*, nous allons expliquer dans le chapitre suivant le système d'ordre qu'elle doit avoir , puis nous verrons comment on s'y prend pour la former.

CHAPITRE XLVIII.

(Tableau N₀ 9.)

Système d'ordre dans la composition mélodique d'une gamme mesurée.

Qu'on suppose qu'un morceau de musique soit un discours musical. Il doit se composer de propositions, de membres et de périodes ; il faut, par conséquent, des propositions pour former un membre, des membres pour former une période, et des périodes pour former un morceau. L'effet de la virgule, des deux points et du point peut s'appliquer en musique à l'effet produit par la fin d'une proposition, d'un membre et d'une période.

On distingue une période d'une autre par deux barres traversant la portée et par un changement d'armure. On distingue un membre d'un autre par ce qu'on appelle *le trait suspensif* ou *final*, ou bien par deux barres traversant la portée, sans qu'on ait changement d'armure, ou par ce qu'on appelle *point d'orgue*. Plus bas nous expliquerons tous ces signes. On distingue une proposition d'une autre par le changement de séries d'harmoniques.

On compose une proposition au moyen de notes harmoniques qu'on aurait posées dans une case.

On change de proposition lorsqu'on change la série d'harmoniques. Ainsi, à la figure n. 29 du huitième tableau, on a trois propositions. En effet, on a la première proposition à la mesure n. 1 ; on a la deuxième à la mesure n. 2, attendu que dans cette mesure on a changé de série d'harmoniques ; on a la troisième à la mesure n. 3, attendu qu'on a également changé de série. On doit conclure qu'ici chaque mesure contient une proposition, puisqu'on a changé de série à chaque mesure.

Dans une mesure on peut avoir jusqu'à quatre propositions, c'est-à-dire une à chaque mouvement. Ainsi, à la figure n. 1 du neuvième tableau et à la première mesure, on a quatre propositions, car sur chacun des quatre mouvements on a changement de série d'harmoniques. En effet, sur le premier mouvement on a la note *sol*, prise de la série *sol*, *si*, *ré ;* sur le deuxième on a la note *fa*, prise de la série *ré*, *fa* dièse, *la*, *do ;* sur le troisième on a la note *sol*, prise de la série *sol*, *si*, *ré ;* sur le quatrième, on a la note *do*, prise de la série *do*, *mi*, *sol*. On peut remarquer qu'une seule note harmonique suffit pour former une proposition ; en effet, sur le premier mouvement on n'a que la note *sol*, et sur le quatrième on n'a que la note *do*.

A la deuxième mesure de la même figure, on remarque qu'il y a deux propositions ; la première sur le premier mouvement, et la deuxième sur le troisième. Quelquefois une proposition se compose de plusieurs mesures ; ainsi, à la figure n. 2 du même tableau, on remarque que la première proposition se prolonge pendant quatre mesures ; en effet, on ne change de série d'harmoniques qu'à la cinquième mesure. On doit conclure que dans cette figure on a une proposition de quatre mesures. Il y a des propositions d'une à huit mesures ; mais les propositions les plus usitées sont celles d'une à quatre mesures. Les propositions qui dépassent ce nombre ne sont usitées que dans un mouvement vif, et celles qui ne dépassent point ce nombre sont usitées dans toute espèce de mouvement.

Une seule mesure peut contenir plusieurs propositions, mais seulement dans un mouvement lent.

On a vu, aux figures n. 1 et n. 2, qu'une proposition peut se composer d'une seule note harmonique ou de plusieurs.

Une proposition est à une partie lorsqu'elle se compose d'une des harmoniques de la série posée au-dessous.

Une proposition est à deux, à trois, à quatre parties, lorsqu'elle se compose de deux, de trois ou de toutes les harmoniques de la série posée au-dessous.

On varie une proposition en la faisant tantôt à une, tantôt à deux, à trois, à quatre parties. On varie également une proposition en la prolongeant tantôt d'une demi-mesure, tantôt d'une, de deux ou de trois mesures, etc. Or, à la figure n. 3, par exemple, la première proposition se prolonge d'une mesure et demie ; en effet, on ne change d'harmoniques qu'au troisième mouvement de la deuxième mesure, et c'est sur ce mouvement que nous avons posé la note *la* prise de la série au-dessous.

Maintenant qu'on sait distinguer une proposition d'une autre, qu'on connaît les éléments dont elle se compose, et qu'on sait comment on peut la varier, nous allons voir combien il y a d'espèces de propositions.

Il y a trois sortes de propositions : la principale, la relative et l'incidente. On fait proposition principale lorsque pour la former on emploie la série des harmoniques toniques ou dominantes du ton principal marqué à la clé. On peut, au lieu des dominantes, employer les sensibles. Un morceau de musique commence et finit toujours par une proposition principale.

La proposition relative se forme de la série des harmoniques toniques dominantes ou sensibles d'un ton relatif du ton principal marqué à la clé : elle commence ou finit un membre.

On fait proposition incidente, lorsqu'on ne fait point proposition principale ou relative ; elle se place toujours dans le corps d'un membre ou à la fin.

A la figure n. 3, nous allons distinguer ces trois espèces de propositions. A la mesure n. 1, on a une proposition principale, attendu que la mesure se compose d'harmoniques prises de la série au-dessous *do*, *mi*, *sol*, toniques appartenant au ton principal *do* majeur. A la mesure n. 2, on a également une proposition principale, attendu que la série *sol*, *si*, *ré*, *fa*, appartient au même ton.

A la mesure n. 3, par le changement d'harmoniques, on produit une proposition incidente. En effet, les harmoniques *la*, *do*, *mi*, n'appartiennent point au ton principal, ni au ton relatif par lequel on commence le deuxième membre à la mesure n. 5. Nous indiquons par une croix le commencement du deuxième membre. A la mesure n. 4, par le changement de série sur les deux premiers mouvements, nous produisons une autre proposition incidente, et il en est de même sur le troisième mouvement de la même mesure.

A la cinquième mesure, par le changement d'harmoniques, et attendu qu'ici commence le deuxième membre, on remarque la série *ré*, *fa* dièse ; *la*, *do*, dominantes appartenant à *sol* majeur, ton relatif de *do* majeur. On produit, par conséquent, une proposition relative. Il en est de même à la sixième mesure par les harmoniques *sol*, *si*, *ré*, comme aussi sur les deux premiers mouvements de la septième mesure par la série *ré*, *fa* dièse, *la*, *do*, ainsi que par la série *sol*, *si*, *ré*, qui se trouve sur le troisième mouvement de la même mesure. A celle du n. 8, et sur les deux premiers mouvements, on produit une proposition principale ; en effet, la série *sol*, *si*, *ré*, *fa*, appartient à *do*, ton principal.

On produit également une autre proposition principale par la série suivante *do, mi, sol*, qui se trouve sur le troisième mouvement.

Une proposition quelconque est complète ou incomplète, simple ou composée ; elle est complète lorsqu'elle se compose des harmoniques toniques d'un ton ; elle est incomplète lorsqu'elle ne se compose point d'harmoniques toniques. Ainsi, à la figure n. 3 et à la première mesure, on a une proposition principale complète, attendu qu'elle se compose des harmoniques toniques appartenant à *do* majeur. A la mesure n. 3, la proposition incidente est complète, parce qu'elle se compose des harmoniques toniques *la, do, mi*. A la mesure n. 6, la proposition relative est complète, parce qu'elle se compose des harmoniques toniques *sol, si, ré*.

A la mesure n. 2, la proposition principale est incomplète parce qu'elle ne se compose point d'harmoniques toniques. Il en est de même de la proposition incidente à la quatrième mesure sur les deux premiers mouvements, de même que de la proposition relative qui se trouve à la cinquième mesure, ainsi de suite.

Lorsque deux séries d'harmoniques se suivent de la manière suivante, *les harmoniques toniques et les dominantes ou sensibles appartenant à un même ton*, on appelle cela proposition composée ; ainsi, à la figure n. 3, par les deux premières mesures on a produit une proposition principale composée ; en effet, on a les deux séries *do, mi, sol*, et *sol, si, ré, fa*, qui appartiennent au même ton, c'est-à-dire à *do* majeur. Par les mesures n. 3, 4, 5, on a produit une proposition incidente et composée, parce que les deux séries *la*, *do*, *mi*, et *mi*, *sol* dièse, *si*, *ré*, appartiennent au même ton, c'est-à-dire à *la* mineur. Par les mesures n. 5 et n. 6, on a produit une proposition relative et composée, parce que les deux séries *ré*, *fa* dièse, *la*, *do*, et *sol*, *si*, *ré*, appartiennent au même ton, c'est-à-dire à *sol* majeur. Il en est de même à la figure n. 7.

Lorsqu'une proposition se composant, par exemple, de notes toniques, n'est pas suivie des harmoniques dominantes (*et vice versá*) appartenant au même ton, on appelle cela proposition simple. Ainsi, à la figure n. 4 et à la première mesure, on a une proposition simple, parce que les toniques *do*, *mi*, *sol*, ne sont pas suivies des notes dominantes appartenant à *do* majeur, car la série suivante est *ré*, *fa*, *la ;* par cette série on forme également une proposition incidente et simple, parce qu'elle n'est pas suivie des dominantes ou sensibles appartenant à *ré* mineur ; car la série suivante est *do*, *mi*, *sol*. Il en est de même des propositions suivantes.

Si l'on examine bien ce que nous venons de dire sur ces trois espèces de propositions, on ne sera pas embarrassé pour les distinguer.

CHAPITRE XLIX.

(Tableau N° 9.)

Du trait rhythmique suspensif final et imitatif.

On fait ce qu'on appelle *trait rhythmique suspensif*

lorsque la dernière note d'une proposition se trouve sur le premier ou sur le troisième mouvement de la mesure, et que cette note est suivie d'un silence pour tout le reste de la mesure ou pour une partie. Ainsi, à la figure n. 6, et à la deuxième mesure, la dernière note de la proposition est *sol*, qui se trouve sur le troisième mouvement de la mesure ; cette note est suivie d'un soupir. On doit conclure que dans cette mesure on a un *trait rhythmique suspensif*.

Remarque. Nous appelons *note fondamentale* la première note d'une série d'harmoniques en état direct ; ainsi, par exemple, la *note fondamentale* de la série *sol*, *si*, *ré*, *fa*, c'est *sol*. *Do* est la *note fondamentale* de la série *do*, *mi*, *sol*.

On fait ce qu'on appelle *trait rhythmique final*, lorsqu'on finit un membre par la note fondamentale du ton principal marqué à la clé. Cette note est également suivie d'un silence. Ainsi, à la figure n. 6, et à la quatrième mesure, on a un trait rhythmique final, parce que la dernière note du trait est un *do*, note fondamentale du ton principal marqué à la clé. Après ce *do*, il y a un soupir. On se sert de ce trait principalement pour finir une période. Un trait rhythmique suspensif ne finit pas par la note fondamentale du ton principal marqué à la clé, c'est pour cela que ce trait est appelé suspensif, parce qu'il tient en suspens le sens de la pensée musicale, et par conséquent il tient également l'oreille en suspens. On se sert de ce trait pour faire distinguer un membre d'un autre. Souvent, après ce trait, on appose deux barres traversant la portée.

Dans les exercices que nous ferons, nous surmon-

terons le trait suspensif ou final d'une des lettres S ou
F, afin qu'on puisse distinguer un membre d'un autre.
La dernière note d'un trait suspensif n'est quelquefois
pas suivie d'un silence; mais alors elle a ordinairement
une durée plus longue que les notes précédentes. On
fait cela afin que l'oreille puisse saisir le repos qu'on
veut faire à la place du silence; car il faut remarquer que notre oreille refuse d'entendre une longue
suite de notes sans pouvoir prendre un moment de
repos sur aucune. En effet, si l'on entendait quelqu'un lire de manière à ne faire sentir ni les virgules,
ni les points, etc., on serait bientôt fatigué d'une
lecture aussi monotone. Il en est de même en musique, l'oreille veut pouvoir comprendre, et c'est
pour cela que les théoriciens recommandent toujours que les membres d'un discours musical soient
bien divisés les uns des autres, qu'ils ne soient pas
longs et qu'ils soient disposés de manière qu'on
puisse distinguer une proposition d'une autre, un
membre d'un autre, et une période d'une autre ; sans
cela on compose sans principe, sans ordre et sans
variété , et l'on ne fait que des morceaux très-
ennuyeux à entendre et auxquels on ne comprend
rien.

Il arrive aussi que dans un trait rhythmique,
suspensif ou final, on met à la place du silence une
ou plusieurs notes servant d'entrée au membre suivant; mais il faut laisser une telle composition au
bon goût des personnes qui auraient déjà appris la
théorie musicale. Nous indiquons seulement cela
afin qu'on ne soit pas embarrassé plus tard pour
analyser le système d'ordre d'un morceau imprimé.

On appelle *trait rhythmique imitatif* celui qui est semblable à un autre qui précède. On fait cette imitation de deux manières : 1° en répétant à l'unisson toutes les notes d'un trait précédent ; 2° en transposant à volonté et à un intervalle quelconque les notes d'un trait qui précède.

On fait usage de ces deux manières soit en employant la série d'harmoniques dont le trait précédent se compose, soit en employant une série différente, soit en employant le numéro du trait rhythmique qui précède, soit en employant un numéro différent. Quelques exemples que nous allons expliquer feront mieux comprendre comment on peut imiter un trait rhythmique qui précède.

A la figure n. 7 et à la mesure n. 1, on a une blanche, deux croches et une noire ; dans toutes les mesures suivantes jusqu'au n. 7 inclusivement, on a le même trait rhythmique, c'est-à-dire une blanche sur les deux premiers mouvements, deux croches sur le troisième, et une noire sur le quatrième. A la deuxième mesure, on a imité à l'unisson le trait de la mesure n. 1 ; à la troisième mesure, on a imité le trait de la première mesure à une octave plus bas. On aurait pu transposer les notes de la première mesure à une ou plusieurs octaves plus haut ou plus bas. A la quatrième mesure, on a transposé à une seconde mineure plus bas toutes les notes de la première mesure. On doit conclure qu'à la quatrième mesure on a imité le trait de la première mesure. On aurait pu transposer les notes à une seconde mineure plus haut, ou à une seconde mineure éloignée, ou bien à une seconde majeure ou augmentée plus haut ou plus bas dans une octave quelconque.

A la cinquième mesure, on a transposé à une tierce mineure plus bas toutes les notes de la première mesure. On doit conclure qu'on a imité le trait rhythmique de la première mesure. On aurait pu transposer toutes les notes à une tierce mineure ou à une tierce majeure plus haut ou plus bas, ou à une tierce augmentée, tout cela dans une octave quelconque.

A la sixième mesure, on a transposé à une quarte juste plus bas toutes les notes de la mesure n. 1; on aurait pu les transposer à une quarte juste plus haut, ou à une quarte diminuée plus haut ou plus bas, ou à une quarte augmentée plus haut ou plus bas et dans une octave quelconque. Ainsi de suite des autres intervalles.

A la septième mesure, on a transposé toutes les notes de la première mesure à une seconde majeure plus haut, mais avec un trait rhythmique différent, c'est-à-dire que nous avons employé le trait rhythmique n. 15 de la figure n. 24, tableau n. 8.

On peut également imiter un trait rhythmique qui précède sans transposer les notes dont il se compose; ainsi, à la huitième mesure, on a une blanche, deux croches et une noire : ces notes ont été prises à volonté dans la série au-dessous *sol*, *si*, *ré*, *fa*.

On peut placer un ou plusieurs traits rhythmiques, et puis les imiter successivement; ainsi, à la figure n. 8, par exemple, le trait rhythmique n. 5 est imitatif, car il est semblable à celui du n. 1. Le trait rhythmique n. 6 est semblable à celui du n. 3. Celui du n. 7 est semblable à celui du n. 3.

Les traits rhythmiques imitatifs sont d'un grand usage en musique ; car c'est par eux qu'on insiste, pour ainsi dire, à faire comprendre une pensée musicale, qu'on peut la développer avec ordre et variété, et qu'on peut mieux faire distinguer une proposition d'une autre et un membre d'un autre. Nous conseillons d'en faire souvent usage dans la composition d'une gamme mesurée.

Maintenant qu'on sait comment on distingue une proposition d'une autre, les éléments dont elle se compose, les variétés qu'on peut y apporter, soit par les traits rhythmiques imitatifs, suspensifs et finals, soit par le nombre de mesures et de notes dont elles peut se composer, nous allons parler du membre et de la période.

CHAPITRE L.

(Tableau N° 9.)

Du Membre et de la Période.

Il y a deux espèces de membres, le principal et le relatif.

Le principal est celui par lequel on commence un morceau de musique. Si l'on suspend ce membre par un trait suspensif rhythmique, on doit plus loin poser un autre membre principal, ayant un trait rhythmique final, afin de compléter la pensée musicale qui a été commencée et suspendue.

Nous expliquerons plus loin, par des exemples,

tout ce que nous venons de dire , afin de le faire mieux comprendre.

Un membre principal commence toujours par une proposition principale.

Il arrive parfois que le complément d'une pensée musicale , qui a été d'abord commencée et ensuite suspendue , se trouve à la fin d'un morceau : cela n'importe, pourvu que la pensée se complète. Il est rare de trouver un morceau , principalement un peu long , où la pensée musicale commencée reste suspendue dans tout le courant du morceau , et ne soit complétée qu'aux dernières mesures; cependant, lorsque le morceau est conduit avec ordre et avec art cette pensée suspendue peut produire un grand effet.

La cavatine *viens à moi...* du drame-symphonie les *Corsaires* , doit tout son succès à une pensée musicale , qui , étant suspendue au premier membre , se trouve répétée dans d'autres membres et tient continuellement l'oreille en suspens , en lui faisant désirer à chaque instant le complément qui n'arrive qu'à la fin. On entend une suite de propositions et de membres qui se lient ensemble de manière à ne point faire oublier la pensée principale.

Cette cavatine , quoique assez longue , fixe ainsi l'attention des auditeurs qui peuvent très-bien distinguer une phrase d'une autre et un membre d'un autre. (Les personnes qui voudront examiner cette petite composition musicale , la trouveront chez les principaux marchands de musique.)

Le premier membre principal , c'est-à-dire celui

par lequel on commence un morceau , s'appelle *sujet*. Il doit être le point de vue pour guider tout un morceau de musique; c'est sur le sujet qu'on fait principalement des traits rhythmiques imitatifs. On doit , dans le corps d'un morceau , rappeler de temps en temps le sujet , pour qu'il soit principalement remarqué sur tous les autres membres. C'est en liant ceux-ci avec le sujet , qui revient de temps en temps et qui domine le morceau , qu'on peut établir l'union , l'ordre et la variété. Un membre , quoique n'étant point le premier d'un morceau , peut être également *principal* , pourvu qu'on le commence par des harmoniques appartenant au ton principal marqué à la clé. Très-souvent le deuxième membre d'une période est également principal , et il arrive parfois que dans un morceau on ne trouve que des membres principaux.

Le membre est relatif, lorsqu'on le commence par des harmoniques appartenant à un ton relatif de celui marqué à la clé.

Un membre quelconque , soit principal, soit relatif , est pair ou impair, simple ou imitatif. Il est imitatif, lorsque par des traits rhythmiques on imite ceux d'un membre précédent : ainsi , à la figure n. 8 , par les deux lettres S et F, posées au-dessus du trait rhythmique suspensif, on distingue la fin du premier et du deuxième membre. On remarque dans ce dernier des traits rhythmiques imitant ceux contenus dans le membre précédent.

Le membre imitatif est très-usité , et produit beaucoup d'effet en ce que c'est par lui qu'on peut principalement distinguer un membre d'un autre.

Un membre est simple , lorsqu'il ne contient aucun trait rhythmique imitatif.

Un membre se compose ordinairement de deux , de quatre , de six ou de huit mesures ; c'est pour cela qu'on l'appelle membre pair.

On ne dépasse point ordinairement le nombre de huit mesures , parce que cela nuirait à l'ordre et à la variété. Les membres les plus usités , sont ceux de deux ou de quatre mesures : ainsi , à la figure n. 6 , par exemple, on a deux membres pairs , parce que chacun se compose de deux mesures.

Le membre est impair, lorsqu'il se compose de trois, de cinq ou de sept mesures : ainsi, à la figure n. 8 , par exemple , on a deux membres impairs , parce qu'ils se composent chacun de trois mesures.

Lorsqu'on a fait une suite de plusieurs membres, dont le dernier est un membre principal contenant un trait rhythmique final , on appose deux barres traversant la portée , et l'on forme ainsi ce qu'on appelle *la période*.

On ne peut pas déterminer le nombre de membres qu'il faut pour une période ; car cela dépend du genre de morceau et du nombre de mesures dont chaque membre se compose. Lorsqu'on a fait une période, on peut en faire une nouvelle. On distingue une période d'une autre par deux barres traversant la portée , et par un changement d'armure , ainsi que nous l'avons déjà dit plus haut.

L'armure de la clé d'une nouvelle période est le plus souvent celle d'un ton relatif à celui dans lequel se trouve la période précédente ; lorsqu'on ne veut pas que l'armure de la nouvelle période indique un ton relatif, on fait quelques propositions incidentes de manière qu'elles amènent le ton dans lequel on veut composer la nouvelle période. Bien souvent aussi, comme nous le verrons, on compose une nouvelle période dans une mesure différente. On ne peut pas non plus déterminer le nombre de périodes qu'il faut pour un morceau de musique : cela dépend également et du genre du morceau et de la volonté de celui qui compose : ainsi il y a, par exemple, des romances qui sont divisées en deux périodes : dans l'une, on traite ce qu'on appelle le refrain, et dans l'autre, on traite ce que l'on appelle le couplet. Il y a également des romances qui ne se composent que d'une période. On a de grands airs qui se composent d'une ou de plusieurs périodes, par exemple dans le drame symphonie, *les Corsaires*, la ballade qui commence par ces mots: *Dans un riche palais...* se compose de cinq périodes.

Tout en faisant connaître les éléments dont un morceau peut se composer, nous avons établi le système d'ordre et de variété qu'on doit apporter en composant la mélodie d'une gamme mesurée, et nous avons fait connaître ce qu'on doit éviter.

Ainsi, on commence une gamme mesurée par un membre principal qui peut être pair ou impair. Ce membre doit se composer ordinairement de deux à quatre mesures. Dans une mesure lente et à quatre mouvements, ce n'est que rarement qu'on dépasse ce nombre. On finit ce nombre par un trait suspensif, ou si l'on finit par un trait rhythmique final, on doit, par quelques notes d'entrée au membre suivant, faire voir que la pensée musicale n'est pas finie.

Le premier membre principal doit commencer
par une proposition principale, n'importe qu'elle
soit simple ou composée. Après cette première proposition, on peut, lorsqu'on le veut, faire succéder
d'une à quatre propositions incidentes. Il n'est pas
d'usage de dépasser ce nombre, parce qu'on s'exposerait à manquer l'intonation principale du premier
membre. On peut également le composer d'une à
cinq propositions principales, et le finir, soit par
une proposition principale, soit par une proposition
incidente.

Le deuxième membre suivant peut être principal
ou relatif. Dans l'un et l'autre cas, il peut être pair
ou impair, simple ou imitatif : le plus souvent il
est imitatif ; lorsqu'il est membre principal, on le
commence par une proposition principale ; lorsque
le premier membre ne contient pas de proposition
incidente, il est bien d'y en intercaler, afin d'apporter quelque variété dans les modulations ; lorsque le premier membre contient des propositions
incidentes, il est inutile d'en intercaler dans le
membre suivant, parce qu'il ne faut point prodiguer
des modulations qui feraient perdre la trace du ton
principal marqué à la clé.

Lorsque ce deuxième membre est relatif, on le
commence par une proposition relative, soit simple,
soit composée ; mais le plus souvent, on le commence par une proposition relative composée, parce
qu'ainsi on fait mieux comprendre l'intonation du
ton relatif dans lequel on veut passer, et l'oreille
peut mieux distinguer la fin du membre précédent et le commencement du deuxième. On le

finit, soit par une proposition relative, soit par une proposition principale.

Le troisième membre peut être également relatif ou principal.

Si les deux membres précédents sont principaux, il vaut mieux que le troisième soit relatif, afin d'apporter plus de variété en évitant la monotonie d'une longue suite de propositions principales. Si le deuxième membre est relatif, il vaut mieux que le troisième soit principal, afin de rappeler à l'oreille le ton principal marqué à la clé, et la première pensée musicale, qui, si elle a été suspendue, doit être complète dans ce troisième membre, soit en y ajoutant une nouvelle pensée et de nouveaux traits rhythmiques, soit en répétant le premier membre par des traits rhythmiques imitatifs.

Si l'on fait succéder un quatrième ou un cinquième membre, etc., on doit suivre le même système d'ordre que celui indiqué pour les trois premiers membres. On pourra cependant faire deux ou trois membres relatifs de suite, s'ils ne sont pas longs ; mais alors il vaut mieux que le membre relatif suivant commence par les notes harmoniques appartenant au ton par lequel on a commencé le premier membre relatif.

Le premier membre principal s'appelle *sujet*. Après avoir ainsi traité un sujet, on peut, si l'on ne veut pas prolonger davantage la gamme mesurée, le suspendre de nouveau, appliquer deux barres traversant la portée, changer d'armure, traiter un nouveau sujet en suivant le même système d'ordre que celui indiqué ci-dessus, et former ainsi une deuxième période. Après celle-ci, on fera bien de rappeler la première période ou une partie seulement, et finir par le premier sujet ou par un membre principal renfermant quelques pensées finales , si toutefois on ne veut former de nouveau une troisième , une quatrième période , etc.

Un compositeur doit observer principalement deux choses, l'unité et la variété. Par le système d'ordre que nous venons de donner sur la composition mélodique d'une gamme mesurée, on voit que nous cherchons à établir cette unité et cette variété. On ne peut pas cependant donner des règles positives à ce sujet , car l'expérience nous prouve que chaque compositeur en renom a un style à lui, c'est-à-dire des règles d'unité et de variété. Or , il n'appartient qu'au pédantisme d'avoir la prétention de soumettre à des règles positives , et de vouloir renfermer dans des limites étroites , celui qui aurait du goût et du génie. Nous voulons seulement faire entrevoir que , pour devenir capable de composer un air de musique , qui inspire quelque intérêt , il faut s'habituer, dès le commencement, à composer la mélodie de plusieurs gammes mesurées , en suivant le système d'ordre que nous venons d'indiquer. On pourra dans la suite écrire ses inspirations musicales avec ordre , netteté et variété; car il serait ridicule de produire un morceau de musique où l'on ne trouverait qu'une longue suite de notes sans ordre, et où les modulations seraient entassées les unes sur les autres de manière à ne former qu'une confusion , où rien ne pourrait être motivé et analysé , et où l'on ne verrait que des phrases bien commune, que tout le monde saurait de mémoire.

Lorsqu'on sera bien pénétré de notre système d'ordre, nous ne doutons pas qu'on puisse analyser un grand nombre d'airs imprimés, ce qui est très-utile, soit pour les exécuter, soit pour s'instruire dans la composition.

On aura peut-être un peu de peine au commencement pour distinguer un membre d'un autre, parce que dans la musique imprimée on ne verra pas les signes S et F à la fin de chaque membre ; mais lorsqu'on saura connaître les entrées qu'on peut faire de la fin d'un membre au commencement d'un autre, ainsi que les membres imitatifs, on n'éprouvera plus certainement aucune difficulté. Il ne nous reste plus maintenant qu'à faire l'application de ce système d'ordre. Nous allons pour cela donner un exemple qui servira de modèle pour qu'on puisse en créer de semblables.

CHAPITRE LI.

(Tableau N° 9.)

Application du système d'ordre pour la composition mélodique d'une gamme mesurée.

Le thême suivant, que nous allons expliquer, servira de modèle pour la composition d'une gamme mesurée.

Thême N. 1.

1° On fera une période dans le ton de *fa* : elle se composera de douze mesures et de cinq membres.

On composera pour voix de *soprano*, mesure à quatre mouvements.

2° Le premier membre doit être principal : il se composera de deux mesures et demie, et de trois propositions principales. Le changement de série d'harmonique se fera sur le troisième mouvement de la première mesure. Dans la deuxième mesure, on fera un trait rhythmique imitatif. On fera un trait rhythmique suspensif sur le premier et sur le deuxième mouvement de la troisième mesure. On se servira du trait rhythmique n. 47 pour la première mesure, et du même trait pour la deuxième, puisque dans celle-ci on doit avoir un trait rhythmique imitatif.

Voici comment nous avons résolu ces deux premiers articles : Qu'on ait devant les yeux la figure n. 9 du neuvième tableau, et la figure n. 24 du huitième tableau.

Nous avons d'abord fait douze mesures, puis nous avons placé la lettre *S* sur le premier mouvement de la troisième mesure. Cette lettre *S* nous indique la fin du premier membre par un trait suspensif. L'article n. 2 nous dit que le changement de série doit se faire sur le troisième mouvement de la première mesure ; nous avons par conséquent placé la série *do*, *mi*, *sol*, *si* bémol, dominante du ton de *fa* sur le troisième mouvement. Nous avons été voir, sur la figure n. 24 du huitième tableau, le trait rhythmique n. 47, que nous avons écrit à la deuxième mesure au-dessus des séries d'harmoniques, afin de nous rappeler qu'il faut employer ce trait pour les deux mesures. Puis nous avons formé ce premier membre en prenant des notes à volonté dans les séries au-dessous , et nous avons placé dans chaque mesure le nombre et la forme des notes du trait rhythmique n. 47. Nous avons placé à la troisième mesure un trait rhythmipue suspensif , contenant le premier et le deuxième mouvement. On voit que le membre se compose de deux mesures et demie , et est formé par trois propositions principales, conformément à l'article n. 2. Voici comment nous avons résolu ensuite l'article n. 3 du thême :

Suite du thême N. 1.

N. 3. Le deuxième membre sera relatif. Il se composera d'une mesure et de quatre propositions, dont les deux premières seront relatives et les deux autres incidentes.

Le deuxième membre commencera sur le troisième mouvement de la troisième mesure.

Le changement de série d'harmonique se fera sur le quatrième mouvement de la troisième mesure , sur le premier de la quatrième et sur le troisième de la même mesure : sur ce troisième mouvement on fera un trait rhythmique snspensif. On placera des notes à volonté , sans avoir recours au numéro d'un trait rhythmique. ____________

Voici comment nous avons résolu ce troisième article à la même figure n. 9. Puisque les deux premières propositions doivent être relatives , nous avons placé la série *ré*, *fa* dièse , *la* , *do* dominantes de *sol* mineur, ton relatif de *fa* majeur , sur le troisième mouvement et la série *sol*, *si* bémol, *ré* sur le quatrième. On voit qu'en faisant succéder les dominantes ci-dessus au troisième mouvement, nous produisons, en effet, une proposition relative appartenant au ton principal marqué à la clé. On doit remarquer, qu'en faisant succéder la série *sol*, *si* bémol, *ré*, sur le quatrième mouvement, nous produisons également une proposition relative; car la série *sol*, *si* bémol, *ré*, appartient à *sol* mineur, ton que nous avons établi pour commencer ce deuxième membre. Ensuite, afin d'avoir deux propositions incidentes, nous faisons succéder la série *sol*, *si*, *ré*, *fa* sur le premier mouvement de la quatrième mesure. On voit que la série *sol*, *si*, *ré*, *fa* n'appartient ni au ton principal, ni à ce ton relatif, par conséquent nous produisons une proposition incidente conformément au thême.

Par la série *do*, *mi*, *sol*, que nous avons placée sur le deuxième mouvement, nous produisons une proposition incidente. Après avoir ainsi disposé les séries, afin de produire les différentes propositions voulues par le thême, nous avons pris des notes à volonté, et nous les avons placées au-dessus en leur donnant une forme rhythmique ; ensuite, nous avons placé un trait rhythmique suspensif sur le troisième mouvement de la quatrième mesure.

Suite du thême N. 1.

N. 4. Le troisième membre doit être principal. Il se composera de trois mesures et de cinq propositions, dont les trois premières seront principales, et les deux autres incidentes.

Ce troisième membre commencera sur le premier mouvement de la cinquième mesure. Le changement de série se fera sur le troisième mouvement de la cinquième mesure, sur le premier de la sixième, sur le deuxième et sur le troisième de la même mesure. On placera un trait rhythmique final sur le troisième mouvement de la septième mesure. On se servira du trait rhythmique n. 47 pour la cinquième et la sixième mesure.

On remarque à la figure n. 9, que nous avons résolu l'article ci-dessus de la cinquième à la septième mesure : en effet, les trois premières propositions sont principales.

On remarque également que la quatrième et la cinquième proposition sont incidentes.

Nous finissons le membre par un trait rhythmique final, et nous nous sommes servis du trait n. 47 pour les deux premières mesures. On voit aussi que le changement de série s'est fait conformément à l'article ci-dessus.

Fin du théme n. 1.

N. 5. Le quatrième membre sera relatif. Il se composera de deux mesures et de deux propositions relatives. On commencera ce membre sur le premier mouvement de la huitième mesure. On changera de série sur le premier mouvement de la neuvième mesure. On placera un trait rhythmique suspensif sur le troisième mouvement de la même mesure. Les traits rhythmiques seront à volonté. Le cinquième membre sera le principal. Il se composera de trois mesures et de deux propositions principales. On le commencera sur le premier mouvement de la dixième mesure. Le changement d'harmoniques se fera sur le premier mouvement de la douzième mesure. On se servira du trait rhythmique n. 70 pour la onzième mesure. On fera trait rhythmique final pour la douzième mesure.

On remarque à la figure n. 9, que de la huitième à la douzième mesure, nous avons résolu les deux derniers articles du thême, comme on peut s'en convaincre, ainsi que nous l'avons fait sur les premiers articles.

Lorsqu'on voudra composer des thêmes semblables et s'exercer à les résoudre, on n'aura qu'à changer le nombre des membres, des propositions, des mesures dont les membres se composent, le numéro des traits rhythmiques qu'on a à prendre sur la figure n. 24, et le mouvement sur lequel on doit changer de série. Le genre des propositions ne devra pas non plus être le même. Quant au reste, on n'a qu'à suivre le même ordre et les mêmes expressions.

Lorsqu'on aura fait quelques-uns de ces thêmes, il sera inutile de détailler tous les éléments dont se compose la gamme mesurée ; car on pourra se réserver quelque chose à suivre à volonté. Or, voici comment on peut abréger les six articles du thême ci-dessus.

Thême N. 2.

1° On fera une période de douze mesures et de

cinq membres, dont le deuxième et le quatrième seront relatifs ;

2º Le premier membre se composera de deux mesures et demie, et de trois propositions principales;

3º Le second membre se composera d'une mesure et demie et de quatre propositions à volonté ;

4º Le troisième membre se composera de trois mesures et de cinq propositions, dont les trois premières seront principales et les deux autres incidentes ;

5º Le quatrième membre se composera de deux mesures et de deux propositions relatives ;

6º Le cinquième membre se composera de trois mesures et de deux propositions principales.

———

On doit suivre le même système d'ordre pour la composition d'une gamme *fleurie mesurée*. Quant aux petites notes, voici la règle qu'on doit suivre.

Les notes étrangères doivent être écrites non en petites notes, mais comme les notes harmoniques.

Un exemple fera mieux comprendre comment on doit faire.

Supposé qu'on eût un thème pareil à celui qui est indiqué au commencement de ce chapitre. On y ajouterait seulement les mots suivants : *Dans chaque mesure, on doit placer des notes étrangères.* On doit donc, d'après ces mots, placer des notes tonales ou non tonales, les résoudre selon les règles que nous avons déjà données, mettre dans une troisième portée et au-dessous de chaque série, les notes tonales dont chaque note harmonique est entourée.

Voici comment nous avons fait à la figure n. 10.

Nous avons d'abord placé la série *fa*, *la*, *do*, sur le premier mouvement de la mesure, et la série *do*, *mi*, *sol*, *si* bémol sur le troisième mouvement, conformément au thême. Dans la deuxième mesure, nous répétons la même série *do*, *mi*, *sol*, *si* bémol, attendu qu'on ne doit point faire changement de série. Nous plaçons à la troisième mesure la lettre *S*, indiquant que le trait suspensif doit être sur le premier mouvement de cette mesure. Nous écrivons, à la première mesure, le n. 47, indiquant le trait rhythmique que nous devons employer. Nous plaçons à la portée n. 3 les notes tonales dont est entourée chaque note harmonique de la série placée au-dessus, à la portée n. 2. Après avoir fait cela, nous procédons à la formation de la proposition avec des notes étrangères, ainsi qu'il suit : nous voulons commencer par la note harmonique *la*, et nous écrivons cette note sur le premier mouvement de la mesure. Nous voyons, à la portée n. 3, que la note harmonique suivante : *sol* de la série *do*, *mi*, *sol*, *si* bémol est entourée des deux notes tonales *fa*, *la*. Nous choisissons à volonté la note *fa* ; mais comme nous avons l'intentiou de transformer ce *fa* en note non tonale, au moyen du dièse, nous plaçons *fa* dièse à la portée n. 1. Nous savons que la note non tonale, altérée par le dièse, doit se résoudre en montant d'un demi-degré : par conséquent, nous faisons succéder la note harmonique *sol*. Nous avons l'intention d'accompagner la note *sol* de la note tonale *la*, que nous écrivons après ce *sol* ; ainsi de suite. A la deuxième mesure, nous commençons par la note *mi* ; elle est suivie de la note tonale *fa*. Nous voulons ensuite nous servir de la note harmonique *sol*; mais nous voulons qu'elle soit précédée par une note tonale. Nous voyons, à la portée n. 3, que *sol* est entouré de *fa* et de *la*: nous choisissons *fa*, que nous altérons par le dièse.

On voit que nous avons formé le premier membre, qui se compose de deux propositions principales, que nous nous sommes servi du trait rhythmique n. 47, et que nous avons posé dans chaque mesure des notes étrangères à volonté. Qu'on fasse de la même manière pour la résolution de tout le thême, et l'on aura la composition rhythmique de la mélodie d'une gamme fleurie et mesurée. Il peut arriver qu'on veuille qu'une note étrangère précède la première note harmonique qui commence une mesure suivante, sans que cette note étrangère soit placée dans la même mesure que la note harmonique. Dans ce cas, on place la note étrangère à la fin de la mesure précédente. On voit, à la figure n. 11, que nous avons voulu commencer la deuxième mesure par la note harmonique *mi*, et que ce *mi* fût précédé par la note non tonale *ré* dièse. Nous avons, par conséquent placé cette note à la fin de la première mesure.

Les notes tonales doivent avoir ordinairement une valeur de durée moins grande que celle des notes harmoniques, parce que celles-ci doivent, de préférence, dominer dans une proposition, afin que l'oreille puisse distinguer la série d'harmoniques dans laquelle on veut moduler, différemment, il pourrait arriver qu'on prît une note tonale pour une note harmonique, *et vice versá*, et alors le but qu'on se propose serait manqué. C'est pour cela qu'on doit faire en sorte que la note tonale ne se trouve pas sous la forme d'une blanche ni d'une noire marquée sur le temps fort de la mesure. Les musiciens appellent temps fort le premier et le troisième mouvement de la mesure à quatre mouvements.

La note non tonale peut se trouver en forme de blanche ou de noire sur le temps fort, parce que son intonation laisse moins de méprise que la note tonale, qui est ordinairement placée sur les temps faibles, qui sont le deuxième et le quatrième mouvement de la mesure. Elle peut se trouver également sur les temps forts, mais en forme de croches, doubles-croches, etc. Elle peut être en forme de noire ou de blanche sur les temps forts, pourvu que le mouvement de la mesure soit un peu vif. A la figure n. 12, on a quelques exemples de la durée d'une note non tonale.

Il n'est pas d'usage non plus de placer des silences après une note étrangère, à moins que ces silences ne soient de courte durée, et que le mouvement de la mesure ne soit vif. Nous avons dit plus haut qu'on doit toujours résoudre les notes étrangères, en montant ou en descendant, par degrés conjoints, sur une note étrangère ou harmonique qui suit. Il résulte, d'après cette règle, qu'on ne pourrait pas faire exister un intervalle plus grand que celui de seconde, d'une note étrangère à une note suivante.

On peut cependant faire exception à cette règle, et mettre un intervalle quelconque ; mais les personnes qui désirent apporter de plus amples variétés dans la composition rhythmique des gammes fleuries modulatives, verront plus loin d'autres moyens, que nous ne pouvons pas, pour le moment, faire connaître, parce que nous interromprions trop la marche de nos explications sur le rhythme. Qu'on se contente, en attendant, de suivre les règles que nous venons de donner sur les notes étrangères, et l'on ne pourra pas se tromper dans la composition des gammes fleuries et mesurées.

CHAPITRE LII.

(Tableau N° 9.)

De la Composition rhythmique des gammes progressives.

Ces espèces de gammes sont les plus utiles pour exercer la voix et le doigté d'un instrument quelconque. Elles sont même plus agréables à l'oreille et plus faciles à composer. Nous pouvons donner trois moyens, dont voici le premier :

Pour bien commencer, on choisit d'abord sur la figure n. 24 du tableau n. 8 un trait rhythmique qui ne soit pas difficile, et qui contienne peu de notes.

On écrit à part le trait qu'on a choisi et l'on fait attention au nombre de notes qu'il contient. Supposons qu'on ait choisi le trait n. 3, qui contient une blanche et deux noires, ce qui fait trois notes,

On choisit d'abord un ton. On forme le premier modèle, ne contenant que trois notes et l'on fait une gamme simple progressive, sans rhythme, en suivant les règles que nous avons données au chapitre n. 34. Après cela, on change les notes *do* du trait rhythmique n. 3, contre les notes du premier modèle, et l'on obtient ainsi la première mesure. On devra agir de même dans chaque case, et l'on aura autant de mesures qu'il y a de cases.

Nous allons donner un exemple.

A la figure n. 13, nous avons choisi le trait rhythmique n. 3, que nous avons écrit à la première case au-dessus de la portée n. 2. Il se compose de trois notes. Nous avons placé, par conséquent, pour premier modèle, trois notes harmoniques prises à volonté de la série *sol, si, ré*, toniques du ton principal *sol*. Ensuite, nous avons formé la gamme simple progressive, en nous conformant aux règles du chapitre n. 34, et puisque le trait n. 3 est une blanche et deux noires, nous avons transformé en note blanche la note n. 1 du premier modèle, et en deux noires les notes n. 2 et n. 3, comme on peut le voir à la première mesure de la figure n. 14. Nous avons fait de même pour chaque case de la figure n. 13.

Voici un deuxième moyen que nous allons développer par un exemple. Nous avons choisi, à la figure n, 24 du tableau n. 8, les deux traits n. 47 et 312, que nous avons placé à la figure n. 15, au-dessus de la série *sol, si, ré*, toniques du ton principal *sol*, que nous avons choisi. Ces deux traits, comme nous le voyons, contiennent huit notes.

Nous avons formé, par conséquent, un modèle de huit notes, ce qu'on peut voir à la case n. 1. Lorsqu'un trait rhythmique se compose d'un grand nombre de notes, il est bien de faire un modèle, de manière qu'une même note harmonique soit répétée plusieurs fois.

Nous avons ensuite formé le deuxième modèle, et nous avons fait une gamme simple progressive, selon le chapitre XXXIV. Pour la transformer ensuite en gamme rhythmique, nous avons échangé les six *do* du trait n. 47, contre les six premières notes du premier modèle, ce qui a produit la mesure n. 1 de la figure n. 16. Nous avons ensuite échangé les deux *do* du trait n. 312 contre les deux autres notes du premier modèle de la figure n. 15, ce qui nous a produit la mesure n. 2 de la figure n. 16. Nous avons fait de même pour la case n. 2 de la figure n. 15, ce qui nous a produit les mesures n. 3 et n. 4 de la figure n. 16, ainsi de suite. On peut également, lorsqu'on le veut, prendre trois traits rhythmiques au lieu de deux, et agir de la même manière.

Voici un troisième moyen que nous allons développer par un exemple.

Nous avons choisi le trait rhythmique n. 72, que nous avons écrit à la première case de la figure n. 17, au-dessus de *sol*, *si*, *ré*, puis nous avons choisi le trait n. 314 que nous avons écrit au-dessus de la série *la*, *do*, *mi* : il y a donc dans cette case deux séries d'harmoniques. Pour la formation du modèle, les sept premières notes ont été prises à volonté de la série *sol*, *si*, *ré* : les trois autres notes ont été prises de la série *la* , *do* , *mi*. Nous avons ainsi formé un modèle de dix notes , dont sept pour le trait rhythmique n. 72 , qui contient sept notes, et trois pour le trait n. 314, qui ne contient que trois notes. Nous avons ensuite formé le deuxième modèle , puis nous avons fait une gamme simple progressive. Nous avons échangé les sept *do* du trait n. 72 , contre les sept premières notes harmoniques du modèle : cela nous a produit la première mesure de la figure n. 18. Ensuite , nous avons échangé les trois *do* du trait n. 314 , contre les trois dernières notes du modèle , et cela nous a produit la deuxième mesure de la figure n. 18. Nous avons fait de même pour la case n. 2 de la figure n. 17 ; et cela nous a produit les mesures 3 , 4 de la figure n. 18 , ainsi de suite.

On pourrait aussi , par modification , composer un modèle au moyen de deux séries d'harmoniques comme ci-dessus, et choisir deux traits rhythmiques pour la première série , et deux autres pour la deuxième série , ce qui produirait quatre mesures pour chaque case.

Lorsqu'on aura pris un peu d'habitude , on saura bien trouver d'autres modifications.

Par les trois moyens que nous venons de développer, il résultera bien souvent des gammes simples progressives fort agréables et d'une grande utilité , soit pour la composition , soit pour l'exécution.

Qu'on forme quelques-unes de ces gammes selon le diapason de la voix ou de l'instrument qu'on voudra.

Pour la formation de ces gammes , on n'est pas

tenu de suivre un système d'ordre, puisque par leur nature elles font une progression agréable à l'oreille.

On doit agir de la même manière pour composer des gammes fleuries progressives sous une forme rhythmique , avec la différence qu'au premier modèle on place des notes étrangères selon les règles que nous avons déjà données au chapitre XXXV. Dans la composition de nette espèce de gamme les notes étrangères peuvent être des blanches , des noires , même sur les temps forts de la mesure , cela n'importe , parce que l'oreille supporte facilement cette irrégularité , à cause de l'ordre progressif que les notes conservent dans leur marche. Nous allons expliquer un exemple qui servira de modèle.

Nous avons choisi le trait rhythmique n. 144 , que nous avons posé à la figure n. 19 au-dessus de la série *do* , *mi* , *sol*.

Nous savons déjà de mémoire quelles sont les notes étrangères dont est entourée chacune des harmoniques *do*, *mi* , *sol* , et nous savons que les notes étrangères doivent se résoudre par degré conjoint sur une note suivante.

Nous avons formé le premier modèle au moyen des harmoniques prises à la série au-dessous. Nous avons intercalé des notes étrangères , et nous avons posé le nombre de notes qu'il fallait pour couvrir le trait n. 144 : en effet , ce dernier trait se compose de dix notes , et le premier modèle se compose également de dix notes , en y comprenant les notes étrangères. Nous avons ensuite formé le deuxième modèle , puis nous avons procédé à la formation de cette gamme fleurie progressive , conformément

au chapitre XXXIV. Après nous avons échangé les *do*
du trait n. 144, contre toutes les notes du premier
modèle, et il est résulté de cela la première mesure
de la figure n. 20. Nous avons fait de même pour
les notes eontenues dans la deuxième case de la figure n. 19, et cela nous a donné la deuxième mesure de la figure n. 20, ainsi de suite.

On peut également employer le deuxième moyen
que nous avons donné pour la gamme simple progressive, c'est-à-dire qu'on peut choisir deux ou
trois traits rhythmiques, et à chaque trait placer les
notes du premier modèle, il résultera de cela des
gammes fort curieuses et fort piquantes.

Supposons qu'à la figure n. 19 nous ayons choisi
les trois traits n. 2, 3, 337. Nous avons établi le
trait n. 2 pour les deux premières notes du modèle,
le trait n. 3 pour les trois notes suivantes, et le trait
n. 337 pour les cinq autres notes, ce qui nous
donne le nombre juste de dix notes pour les trois
traits. On voit, à la figure n. 21, que nous avons
transformé de cette manière la gamme de la figure
n. 20. Nous aurions pu disposer différemment les
traits ci-dessus, c'est-à-dire que nous aurions pu
établir le trait n. 3 pour les trois premières notes du
modèle de la figure n. 19, le trait n. 337 pour les
cinq notes suivantes, et le trait n. 2 pour les deux
autres notes. Il serait résulté de cela un morceau de
musique ayant un air tout différent, comme on peut
s'en convaincre.

Avec les trois mêmes traits ci-dessus, on aurait
pu combiner différemment et obtenir d'autres modifications ; mais il suffit que nous ayons fait entre-

voir à l'amateur de musique les variétés infinies de ces gammes fleuries progressives sous une forme rhythmique. Lorsqu'on aura vu plus loin les autres sortes de mesures, on pourra varier de toutes les manières la composition rhythmique de ces gammes.

Qu'on s'exerce également à composer des gammes diatoniques progressives dans tous les tons. On pourra ensuite faire des gammes irrégulières sous une forme rhythmique, et combiner ainsi un morceau de plusieurs pages. C'est là un excellent moyen de se fortifier sur la mesure à quatre mouvements.

CHAPITRE LIII.

(Tableau N⁰ 9.)

Des différents moyens qu'on a pour marquer en tête de la portée la valeur que chaque Mesure doit contenir.

Nous avons vu que la mesure à quatre mouvements indiquée par le signe C contient une valeur de durée égale à celle d'une ronde, ou de deux blanches, ou de quatre noires, ou de huit croches, ou de seize doubles-croches, ou de trente-deux triples-croches, ou de soixante-quatre quadruples-croches, ce qui revient au même.

Anciennement, la mesure contenait même une valeur plus grande ; ainsi on avait, par exemple, des mesures qui contenaient en valeur autant que deux, trois, quatre rondes, etc.

Ces mesures étaient également partagées en quatre parties *aliquotes* dont chacune était indiquée par un mouvement du pied ou de la main.

De nos jours, on a même une espèce de mesure qui contient une valeur plus grande que celle indiquée par le C, et l'on a des morceaux dont chaque mesure contient une valeur bien moindre. D'après ces observations, on voit qu'il y a différentes espèces de mesures ; celles-ci sont également indiquées par un signe qu'on pose après la clé. Par ce signe on sait de suite la valeur que contient la mesure. On peut même marquer par d'autres signes la mesure qui contient une valeur de durée égale à celle d'une ronde, et que nous indiquons par le signe C. Ces signes sont deux numéros, l'un au-dessous de l'autre, et séparés par un trait, comme si l'on voulait, par exemple, indiquer la fraction $^3/_4$, trois quarts ; $^6/_{12}$, six douzièmes.

Le numéro au-dessous du premier exemple est le n. 4.

Le numéro au-dessous du second exemple est le n. 12.

Nous allons voir comment on indique par des numéros les différentes valeurs qu'une mesure doit contenir.

Des sept différentes espèces de notes, la ronde est celle qui a la plus grande valeur, et elle se marque par le n. 1.

Au lieu de ce numéro, on pourrait mettre le n. 2, ou le n. 4, ou le n. 8, ou le n. 16, ou le n. 32, ou le n. 64 ; car, par ces numéros, on indique la même valeur que par le n. 1, et nous allons voir comment. Si l'on divise la ronde en deux parties, chaque partie a une valeur de durée égale à celle d'une blanche. Or, il faut deux blanches pour valoir autant qu'une ronde; ainsi, au lieu du n. 1, on peut mettre le n. 2, par lequel on indique le nombre de blanches qu'il faut pour représenter une valeur égale à celle d'une ronde : c'est pour cela que celle-ci peut être représentée par le n. 1, ou par le n. 2. Par le n. 1, on indique une ronde; par le n. 2, on indique deux blanches. Si l'on divise la ronde en quatre parties, chaque partie a une valeur de durée égale à celle d'une noire. il faut donc quatre noires pour valoir autant qu'une ronde; ainsi, au lieu du n. 1 ou du n. 2, on peut mettre le n. 4, qui indique également la valeur d'une ronde; par le n. 4, on représente le nombre de noires qu'il faut pour valoir autant qu'une ronde.

Si l'on divise la ronde en huit parties, chaque partie a une valeur de durée égale à celle d'une croche. Or, il faut huit croches pour valoir autant qu'une ronde; ainsi, au lieu du n. 1 ou du n. 2, ou du n. 4, on peut mettre le n. 8, par lequel on indique le nombre de croches qu'il faut pour représenter une valeur égale à celle d'une ronde.

Si l'on divise la ronde en seize parties, chaque partie a une valeur de durée égale à celle d'une double-croche; il faut donc seize doubles-croches pour valoir autant qu'une ronde; ainsi, au lieu des numéros 1, 2, 4, 8, on peut mettre le n. 16, cela reviendra au même; car, par ce nombre, on indique le nombre de doubles-croches qu'il faut pour représenter une valeur égale à celle d'une ronde.

Si l'on divise la ronde en trente-deux parties, chaque partie a une valeur égale à celle d'une triple-croche ; il faut donc trente-deux triples-croches pour valoir autant qu'une ronde ; ainsi, au lieu des numéros 1, 2, 4, 8, 16, on peut mettre le n. 32, cela revient au même ; car, par ce numéro, on indique le nombre de triples-croches qu'il faut pour représenter une valeur égale à celle d'une ronde.

Si l'on divise la ronde en soixante-quatre parties égales, chaque partie a une valeur équivalant à une quadruple-croche ; il faut donc soixante-quatre quadruples-croches pour valoir autant qu'une ronde ; ainsi, au lieu des numéros 1, 2, 4, 8, 16, 32, on peut substituer le n. 64, cela revient au même ; car, par ce numéro, on indique le nombre de quadruples-croches qu'il faut pour représenter une valeur égale à celle d'une ronde.

En résumé, par les numéros 1, 2, 4, 8, 16, 32, 64, on indique la même chose, c'est-à-dire la valeur d'une ronde. Le n. 1 désigne des rondes, le n. 2 des blanches, le n. 4 des croches, ainsi de suite.

Nous venons de voir les numéros qu'on pose ordinairement au-dessous du trait, et l'on sait ce qu'ils désignent : cela est très-facile à trouver, et il n'est pas difficile d'en comprendre la signification. Qu'on pose un numéro quelconque au-dessus des numéros 1, 2, 4, 8, 16, 32, 64, il indiquera le nombre de rondes, ou de blanches, ou de noires, ou de croches, etc., que doit contenir la mesure : en effet, supposé qu'on place le n. 4 au-dessus du n. 1, comme ici $\frac{4}{1}$. Ce numéro 4 indique que chaque mesure doit contenir quatre rondes, attendu que le n. 1, placé en-dessous, désigne des rondes.

Qu'on place le n. 4 au-dessus du n. 2, comme ici $^4/_2$. Il est évident que ce n. 4 indiquera que chaque mesure doit contenir quatre blanches, attendu que le n. 2 au-dessous désigne des blanches.

Qu'on place le n. 4 au-dessus du n. 8, comme ici $^4/_8$. Il est évident que ce numéro 4 indiquera que chaque mesure doit contenir quatre croches, c'est-à-dire une valeur égale à celle de quatre croches, attendu que le n. 8 indique des croches.

Supposé qu'on place le n. 12 au-dessus du n. 16, comme ici $^{12}/_{16}$. Il est évident que ce n. 12 indiquera que chaque mesure doit contenir douze doubles-croches, c'est-à-dire une valeur égale à celle de douze doubles-croches, attendu que le n. 16 indique des doubles-croches, ainsi qu'on l'a vu plus haut. Par ces raisons, au lieu du signe C, mis en tête de la portée, on pourrait substituer un des signes suivants, ce qui reviendra au même, 1/1, 2/2, 4/4, 8/8, 16/16, 32/32, 64/64. Avec un de ces sept signes, on indiquerait également que chaque mesure doit contenir une valeur égale à celle d'une ronde : en effet, supposé qu'on place le signe $^8/_8$, on voit de suite que le n. 8 au-dessus indique que chaque mesure doit contenir huit croches (ce qui vaut autant qu'une ronde), c'est-à-dire une valeur égale à celle de huit croches, attendu que le n. 8, placé en dessous, désigne des croches, comme on le sait déjà.

Qu'on s'exerce à analyser les chiffres suivants, et

qu'on sache dire la valeur que chaque mesure doit contenir : 6/4 , 5/2 , 4/16 , 9/32 , etc.

D'après ces observations , on voit qu'il y aurait un grand nombre de signes qu'on pourrait placer après la clé , pour indiquer la valeur que chaque mesure devrait contenir, et l'on diviserait la mesure en deux , en trois , en quatre parties , dont chacune s'indiquerait par un mouvement du pied ou de la main ; ainsi on aurait, comme on le voit, une infinité de mesures à deux , à trois , à quatre mouvements ; mais les compositeurs ont voulu simplifier la musique autant que possible , ils ont réduit au nombre de huit les signes qu'on doit placer après la clé, et les voici : C $\mathbb{C}$ ou 2 , 12/8, 2/4, 6/8, 3/4, ou 3 , 3/8 , 9/8. Il y a par conséquent huit espèces de mesures, dont quelques-unes se marquent à deux mouvements, et d'autres à trois mouvements , c'està-dire que lorsque en tête du morceau on a le signe C ou 12/8 , chaque mesure se marque par quatre mouvements. Lorsqu'on a le signe $\mathbb{C}$, qu'on appelle C barré ou le signe 2/4 et 6/8 , chaque mesure se marque par deux mouvements , ainsi que nous le verrons. Lorsqu'on a le signe 3, ou 3/4 , ou 3/8, ou 9/8 , chaque mesure se marque par trois mouvements.

On a vu qu'au lieu du signe C , on peut substituer les signes 1/1 , 2/2 ou 4/4 , etc. Il en est de même de chacun des sept autres signes ; par conséquent, au lieu du signe 2/4 ci-dessus, par exemple, on pourrait substituer le signe 4/8 , ce qui revient au même , ou bien celui-ci 8/16 ; mais cela n'est pas d'usage , parce qu'il est plus simple de se servir du signe 2/4.

Nous venons de voir qu'il y a une espèce de mesure qui se marque par quatre mouvements , c'est
celle qui est désignée par le signe $^{12}/_8$: elle est
appelée mesure à douze-huit. On voit que le numéro
12 indique que chaque mesure doit contenir douze
croches , c'est-à-dire une valeur égale à celle de
douze croches , attendu que le numéro 8 , placé au-
dessous , représente des croches , ainsi que nous
l'avons vu plus haut. Douze croches valent, comme
on le sait , douze secondes ou douze demi-temps ,
ce qui revient au même ; ainsi , par les différentes
notes ou par les différents silences qu'on aura dans
cette espèce de mesure , il devra toujours résulter la
durée de douze secondes pour que la mesure soit
complète , différemment elle serait fautive.

A la figure n. 17, on a deux mesures fautives,
comme on peut le voir par les numéros posés au-
dessus des notes, et indiquant leur durée. En effet ,
à la première mesure, il manque une valeur égale
à celle d'une double-croche, et à la deuxième mesure, il manque une demi-seconde, c'est-à-dire autant que la durée d'une croche. On fera bien d'écrire
plusieurs mesures, tantôt complètes, tantôt fautives,
et de s'exercer par le calcul à connaître les valeurs
qu'elles contiennent, soit en plus, soit en moins. Nous
appelons également traits rhythmiques les notes,
les points et les silences qui concourent à la formation d'une mesure à douze-huit. Nous pensons qu'il
serait inutile de donner un modèle des traits rhythmiques les plus usités ; parce que, comme on le
verra par la mesure 6/8, on pourra, sans notre
secours, trouver différents traits analogues à cette
espèce de mesure.

Voici comment on doit diviser ces douze battements pour quatre mouvements : au premier battement du pouls, on frappe du pied ou de la main, et l'on marque légèrement le deuxième et le troisième. Au quatrième battement, on tourne le pied ou la main à gauche, et l'on marque légèrement ou mentalement le cinquième et le sixième. Au septième battement, on tourne le pied ou la main à droite, et l'on marque légèrement le huitième et le neuvième. Au dixième battement, on lève le pied ou la main, et l'on marque légèremeut ou mentalement le onzième et le douzième battement.

Les personnes qui comptent des numéros prononceront bien régulièrement les numéros, depuis 1 jusqu'à 12, ou bien elles prononceront le n. 1, pour le premier battement, et la syllabe *la*, pour le deuxième et le troisième, le n. 2 pour le quatrième, le n. 3 pour le septième, le n. 4 pour le dixième, et la syllabe *la* pour les autres battements. Si l'on se rappelle tout ce que nous avons dit dans les chapitres précédents, on ne sera pas embarrassé pour se tracer des exercices pour cette mesure à quatre mouvements.

CHAPITRE LIV.

(Tableau Nº 10.)

De la Mesure à deux mouvements.

Nous savons, par le chapitre précédent, qu'il y a

trois espèces de mesures à trois mouvements : la première se marque par le signe ₵, et s'appelle mesure au ₵ barré ; la deuxième se marque par le signe 2/4, et s'appelle mesure à deux-quatre ; la troisième se marque par le signe 6/8, et s'appelle mesure à six-huit.

Lorsqu'il y a le signe ₵, en tête de la portée, cela signifie que chaque mesure doit contenir une valeur de durée égale à celle d'une ronde. On voit, par là, que cette espèce de mesure contient la même valeur que la mesure principale marquée par le C simple. Or, tous les exercices et les exemples que nous avons donnés pour la mesure principale, sont également applicables à la mesure au ₵ barré : il n'y a de différence qu'en ce que celle-ci se marque par deux mouvements ; ainsi, qu'on divise les huit battements en deux, chaque mouvement se composera de quatre battements. Voici comment on marque les deux mouvements. Au premier battement du pouls, on frappe du pied ou de la main, on marque légèrement ou mentalement le deuxième, le troisième et le quatrième battement. Au cinquième, on lève la main ou le pied, et on marque légèrement le sixième, le septième et le huitième battement.

Les personnes qui voudront compter des numéros au lieu de faire des mouvements, agiront comme pour la mesure du C simple.

On ne doit donc pas être embarrassé pour déchiffrer un air qui porterait en tête de la portée le ₵ barré.

Les traits rhythmiques de la figure n. 24 du tableau n. 8, peuvent également convenir à cette

espèce de mesure, puisqu'elle contient la même valeur
que celle de la mesure principale. On n'aura qu'à
changer le signe à la clé. Au lieu du signe ci-dessus, on peut mettre le n. 2.

Lorsque nous parlerons des mouvements vifs ou
lents, nous dirons pourquoi cette espèce de mesure
se marque par lss signes ci-dessus, et pourquoi elle
est divisée en deux mouvements, quoique contenant la même valeur que celle de la mesure principale.

Lorsqu'il y a le signe 2/4, deux–quatre, en tête
de la portée, cela signifie que chaque mesure doit
contenir une valeur de durée égale à celle de deux
noires. En effet, on sait, par le chapitre précédent,
que le n. 4 indique des noires, c'est-à-dire le nombre de noires dont la ronde se compose, si elle est
divisée en quatre parties égales de durée, Or, par le
n. 2, on indique le nombre de noires que chaque
mesure doit avoir, c'est-à-dire que chaque mesure
doit contenir une valeur de durée égale à celle de
deux noires, ainsi que nous venons de le dire, et,
comme on le sait, deux noires valent quatre battements ou quatre demi-temps, ce qui revient au
même.

Par les différentes espèces de notes ou de silences
qu'on a dans une mesure, il doit toujours résulter
la durée de quatre battements, ou de quatre demi-
temps, ou de quatre secondes, pour que la mesure
soit complète, différemment, elle serait fautive.

A la figure n. 1, on a trois mesures fautives.
Pour plus de clarté, nous avons placé des numéros
indiquant la durée particulière de chaque espèce

de notes ou de silences. Les numéros indiquent des secondes. On voit au n. 1, que la croche vaut une seconde, que les deux doubles-croches suivantes valent chacune une demi-seconde, ce qui fait une seconde. La croche suivante, au n. 4, vaut une seconde ; au n. 5, on a un quart de soupir, qui vaut une demi-seconde ; cela fait, en tout, trois secondes et demie ; donc, la mesure est fautive, puisqu'il y manque une demi-seconde, c'est-à-dire autant que la durée d'une double-croche ou d'un quart de soupir.

A la mesure n. 2, on a une noire doublement pointée, qui vaut trois secondes et demie de durée : la croche suivante vaut une seconde, cela fait en tout quatre secondes et demie ; donc la mesure est fautive, puisqu'il y a une valeur de trop, c'est-à-dire une demi-seconde, ce qui vaut autant qu'une double-croche, ou un quart de soupir.

A la mesure n. 3, il manque une valeur de durée égale à celle d'une croche et de deux doubles-croches.

On fera bien d'écrire plusieurs mesures, tantôt complètes, tantôt fautives, et de s'exercer par le calcul à connaître les valeurs qu'elles contiennent, soit en plus, soit en moins : cela aidera beaucoup à résoudre toute espèce de difficulté.

Nous appelons également traits rhythmiques les notes, les points et les silences qui concourent à la formation d'une mesure à deux-quatre. On pourra combiner une noire avec des croches, des doubles-croches, des silences, ou bien des croches avec des doubles, des triples, des quadruples-croches et des silences. En combinant ainsi une mesure à deux-quatre, on doit faire en sorte que de la durée des différentes notes, des points et des silences, il résulte toujours un total de quatre secondes de durée, si l'on veut que la mesure soit complète, et qu'elle s'accorde avec le signe 2/4, posé à la clé.

A la figure n. 2 du dixième tableau, nous donnons une suite de traits rhythmiques les plus usités, qui pourront servir de guide pour la formation de cette espèce de mesure à quatre battements. On remarquera dans cette figure que des notes, des points et des silences qui composent chaque trait rhythmique, il résulte toujours quatre demi-temps ou quatre secondes, ce qui fait que chaque trait rhythmique nous offre une mesure complète. Nous avons marqué au-dessus des notes et des silences, les numéros des battements sur lesquels on doit exécuter la note, ou le point, ou le silence.

On fait ces quatre battements par deux mouvements, de la manière suivante : au premier battement du pouls, on frappe du pied ou de la main, on marque légèrement ou mentalement le deuxième battement ; au troisième, on lève le pied ou la main et l'on marque légèrement ou mentalement le quatrième battement ; au cinquième, qui est le premier d'une mesure suivante, on frappe de nouveau, ainsi de suite.

Les personnes qui comptent des numéros, prononceront bien régulièrement un, deux, trois, quatre, de manière à imiter les battements du pouls, ou bien elles prononceront le numéro 1, au premier battement, et la syllabe *la* au deuxième ; le numéro 2, au troisième battement, et la syllabe *la* au quatrième.

Lorsqu'on sera habitué à cet exercice, on choisira deux traits rhythmiques quelconques de la figure n. 2 et on les exécutera.

Si l'on se rappelle tout ce que nous avons dit dans le chapitre XLIV, on ne sera pas embarrassé pour se tracer toute espèce d'exercices sur cette mesure à deux-quatre; ainsi, on pourra composer des gammes simples ou fleuries progressives, irrégulières ou mesurées, puis s'y exercer et faire tous les traits rhythmiques de la figure n. 2.

Nous ne doutons pas qu'en habituant la vue à voir les traits qu'on rencontre le plus souvent, on ne parvienne à déchiffrer sans peine un air qui aurait en tête de la portée le chiffre 2/4. En composant les gammes ci-dessus, on suivra la marche que nous avons prise aux chapitres précédents, avec la différence qu'en tête de la portée on changera la valeur de la mesure principale par le signe 2/4, deux-quatre.

Il y a une autre espèce de mesure à deux mouvements, appelée six-huit, 6/8. Lorsqu'on voit ce signe en tête de la portée, il faut qu'on sache que chaque mesure doit contenir une valeur de durée égale à celle de six croches. En effet, on a vu, dans le chapitre précédent, que le n. 8 indique des croches, c'est-à-dire le nombre de croches dont la ronde se compose, si elle est divisée en huit parties égales de durée. Par le n. 6, on indique le nombre de croches que chaque mesure doit avoir, c'est-à-dire que chaque mesure doit contenir une valeur égale à celle de six croches, ainsi que nous venons de le dire. Or, six croches valent, comme on le sait, six battements, ou six secondes, ou six demi-temps, ce qui revient au même ; ainsi, par les différentes espèces de notes, de points et de silences qu'on place dans une mesure, il doit toujours résulter la durée de six secondes pour que la mesure soit complète, différemment elle serait fautive.

A la figure n. 4 du dixième tableau, on a deux mesures fautives, comme on peut le voir par les numéros des secondes indiquant la durée des notes et des points. En effet, il résulte sept secondes de durée, donc il y a une seconde de durée de trop, c'est-à-dire autant que la durée d'une croche ou d'un demi-soupir.

A la deuxième mesure, on voit de suite qu'il y a la valeur d'une double-croche de trop.

Il faut qu'on fasse, comme pour la mesure à deux-quatre, des exercices, afin de connaître les mesures complètes ou fautives.

A la figure n. 3, nous avons réuni tous les traits rhythmiques les plus usités, et qu'on trouve le plus souvent dans un morceau qui serait écrit dans la mesure à six-huit ; nous avons également marqué le numéro des battements sur lequel on doit exécuter la note, ou le point, ou le silence.

La mesure à six-huit est également à deux mouvements ; par conséquent, puisqu'elle se compose de six battements, chaque mouvement aura la valeur de trois battements, et l'on fera ainsi qu'il suit pour marquer ces deux mouvements. Au premier battement du pouls, on frappera du pied ou de la main; on marquera légèrement le deuxième et le troisième; au quatrième battement on lèvera le pied ou la main, et l'on marquera légèrement le cinquième et le sixième battement. Si l'on compte des numéros, on prononcera depuis 1 jusqu'à 6 pour chaque mesure, ou bien, au premier battement, on prononcera le n. 1 ; au deuxième et au troisième, la syllabe *la ;* au quatrième, on prononcera le n. 2, puis la même syllabe pour marquer les deux autres battements. Lorsqu'on sera habitué à cela, on exécutera tous les *do* de chaque trait rhythmique de la figure n. 3, afin de faire bien en mesure les différentes valeurs de chaque trait ; il va sans dire qu'on écrira ces *do*, ou une note quelconque, dans la clé respective de l'instrument ou de la voix. Après ce travail, on fera ce que nous avons déjà indiqué pour la mesure à quatre mouvements, c'est-à-dire qu'on composera sous une forme rhythmique au moyen de la figure n. 3, les gammes dont nous avons parlé plus haut, en plaçant à la clé le chiffre 6/8 au lieu du C.

Nous ne doutons pas qu'il ne puisse résulter de là des morceaux bien agréables, principalement par les gammes progressives, au moyen desquelles on peut composer des exercices pour tous les degrés de force. Les personnes qui touchent du piano se feront marquer le numéro du doigté par leur maître de musique.

CHAPITRE LV.

De la Mesure à trois mouvements.

Nous savons, par le chapitre LIV, qu'il y a trois espèces de mesures à trois mouvements. La première se marque par le signe 3/4, ou simplement par le n. 3 ; elle s'appelle mesure à trois-quatre. La deuxième se marque par le signe 3/8 ; elle s'appelle mesure à trois-huit. La troisième se marque par le signe 9/8, elle s'appelle mesure à neuf-huit.

Lorsqu'il y a le signe 3/4 en tête de la portée, chaque mesure doit contenir une valeur égale à celle de trois noires. En effet, on sait, par le chapitre LIV, que le n. 4 indique des noires, ou le nombre de noires dont la ronde se compose lorsqu'on la divise en quatre parties égales. Or, par le n. 3, on indique que chaque mesure doit contenir une valeur de durée égale à celle de trois noires. On sait que chaque noire vaut deux battements de durée, trois noires vaudront six battements, ou six demi-temps, ou six secondes, ce qui revient au même ; ainsi, par les différentes espèces de notes, de points et de silences qu'on place dans une mesure, il doit toujours résulter six secondes de durée, comme on peut le voir par les traits rhythmiques les plus usités qu'on a à la figure n. 1, tableau n. 11.

Qu'on s'exerce à se tracer des mesures complètes

ou fautives, et à les analyser selon les moyens indiqués plus haut.

La mesure trois-quatre se marque par trois mouvements, et puisqu'elle se compose de six battements, on doit donner à chaque mouvement la durée de deux battements, ainsi qu'il suit : au premier battement, on frappe du pied ou de la main ; on marque légèrement le deuxième ; au troisième battement, on tourne le pied ou la main à gauche, et l'on marque légèrement ou mentalement le quatrième ; au cinquième, on lève le pied ou la main, et l'on marque légèrement ou mentalement le sixième. Si l'on compte des numéros, on prononcera depuis 1 jusqu'à 6, ou les numéros 1, 2, 3, sur le premier, le troisième et le cinquième battement, et la syllabe *la* sur les autres battements.

Lorsqu'on aura pris l'habitude de cela, on exécutera tous les *do* de chaque trait rhythmique de la figure n. 1, tableau n. 11, ensuite on composera des gammes en employant les traits de cette figure, et l'on suivra la marche que nous avons déjà indiquée plusieurs fois.

Il ne faut pas confondre cette espèce de mesure avec la mesure 6/8, qui se marque également par six battements, car celle-ci est à deux mouvements, dont chacun a la durée de trois battements, tandis que la mesure 3/4 est à trois mouvements, dont chacun a la durée de deux battements. Les traits rhythmiques de ces deux espèces de mesures, qui contiennent toutes les deux la valeur de six secondes de durée, ne sont pas non plus les mêmes, comme on peut le voir en confrontant les deux figures n. 3 du dixième tableau, et n. 1 du tableau n. 11. En effet, les traits rhythmiques de la figure n. 1 peuvent se diviser par trois mouvements, tandis que les autres ne le peuvent que par deux; il y aurait donc une faute de notation à la figure n. 2 du tableau n. 11, mesure n. 1, parce que les six croches ne doivent pas être liées de trois à trois par un trait, mais elles doivent être séparées de deux à deux, comme à la mesure n. 2, ou toutes liées par un trait, comme à la mesure n. 3.

Les deux traits de ces deux dernières mesures ne doivent pas non plus, par la même raison, être employés dans les mesures à 6/8, six-huit.

Lorsqu'il y a en tête de la portée le signe 3/8, trois-huit, chaque mesure doit contenir une valeur de durée égale à celle de trois croches; en effet, on sait, par le chapitre LIV, que le n. 8 indique des croches, c'est-à-dire le nombre de croches dont se compose une ronde, si elle est divisée en huit parties égales, et le n. 3 signifie ici que chaque mesure, pour qu'elle soit complète, doit être formée de trois croches ou d'une valeur équivalente. Or, chaque croche vaut un battement; cette espèce de mesure se compose donc de trois battements, ou de trois secondes, ou de trois demi-temps, ce qui revient au même; et pour que la mesure ne soit pas fautive, il doit toujours résulter la valeur de trois secondes de durée des différentes espèces de notes, de points ou de silences. La figure n. 3 nous montre les traits rhythmiques les plus usités dans cette espèce de mesure, qui est à trois mouvements comme les deux précédentes, et puisque chaque mesure se

compose de trois secondes de durée ou de trois battements, il est évident qu'on doit faire un mouvement à chaque battement ; ainsi, au premier battement du pouls, on frappera du pied ou de la main ;
au deuxième, on tournera le pied ou la main à
gauche ; au troisième, on lèvera le pied ou la main.
Si l'on compte des numéros, on prononcera le n. 1
pour le premier battement, le n. 2 pour le deuxième,
et le n. 3 pour le troisième. Qu'on s'exerce à marquer ces trois mouvements à chaque battement,
afin de les faire bien régulièrement, qu'on exécute
ensuite tous les *do* de chaque trait rhythmique de la
figure n. 3, qu'on fasse après cela les exercices et les
compositions selon les moyens déja indiqués, et
qu'on emploie pour cela les traits de la figure
n. 3.

Lorsqu'il y a en tête de la portée le signe 9/8,
neuf-huit, cela veut dire que chaque mesure doit
contenir une valeur de durée égale à celle de neuf
croches. Cette mesure se compose donc de la durée
de neuf secondes, ou de neuf demi-temps, ou de
neuf battements, ce qui revient au même ; elle se
marque également par trois mouvements, dont chacun a la durée de trois battements. Ainsi, au premier battement du pouls, on frappera du pied ou
de la main ; on marquera légèrement ou mentalement le deuxième et le troisième battement ; au
quatrième, on tournera le pied ou le genou à gauche, et l'on marquera légèrement ou mentalement
le cinquième et le sixième ; au septième, on lèvera
le pied ou la main, et l'on marquera légèrement le
huitième et le neuvième. Si l'on compte des numé-

ros, on prononcera depuis 1 jusqu'à 9, ou bien 1, 2, 3 pour chaque mouvement, et la syllabe *la* sur les battements 2, 3, 5, 6, 8, 9. Nous n'avons point donné de trait rhythmique pour cette sorte de mesure, parce qu'elle est la moins usitée ; d'ailleurs la mesure $^6/_8$, six-huit, pourra servir de guide pour les trouver sans notre secours, et l'on composera différentes espèces de gammes sur lesquelles on s'exercera.

CHAPITRE LVI.

(Tableau Nº 12.)

Des Modifications aux Mouvements de la mesure et à la durée des notes.

Dans les chapitres précédents, nous avons établi d'une manière positive la durée des différentes espèces de notes ; nous avons agi de la sorte afin de mieux faire comprendre la différence qu'il y a, par exemple, d'une ronde à une blanche, de celle-ci à une croche, et afin qu'on s'habituât, d'une manière plus égale et régulière, à l'exécution des valeurs contenues dans chaque mesure, à deux, à trois ou à quatre mouvements.

Maintenant nous allons voir que la durée des notes, que nous avons établie, peut avoir des modifications.

Nous avons dit, par exemple, que la blanche vaut quatre secondes de durée, ou quatre battements de pouls : il peut arriver pourtant qu'elle vaille tantôt une seconde, tantôt deux, tantôt six, etc. On nous dira : Comment peut-on connaître cela ? On le connaît par des signes qu'on place au-dessus de la portée.

On sait qu'il y a des airs dont l'allure nous attriste ou nous anime, nous excite à la joie, à la danse, etc. Or, cela donne lieu à diverses modifications, qu'on peut classer en trois catégories : il résulte de la première catégorie ce qu'on appelle des mouvements lents, de la seconde, des mouvements modérés, et de la troisième, des mouvements vifs. On indique ces modifications par des mots italiens qu'on place en tête du morceau de musique.

Les mots *largo*, *larghetto*, *adagio*, serviront à déterminer les mouvements de la première catégorie ; les mots *andantino*, *andante*, *moderato*, celui de la deuxième ; les mots *allegretto*, *allegro*, *presto*, celui de la troisième.

Pour donner une idée de la différence qu'il y a du mouvement d'une catégorie à une autre, nous allons déterminer ici, approximativement, la durée des notes, selon la catégorie où elles se trouvent.

Lorsque, en tête d'un morceau, on aura un des mots déterminant le mouvement de la première catégorie, on devra considérer les noires comme valant deux secondes de durée, ou à peu près ; car il y a quelque différence entre les trois mots : *largo*, *larghetto* et *adagio* ; cette différence est d'une demi-seconde, ou d'un quart, plus ou moins : qu'on sache seulement que par le mot *largo*, on indique une durée plus grande que celle des deux autres mots ;

que par le mot *larghetto*, on indique une durée
moins grande que celle qui est indiquée par le mot
largo ; que par le mot *adagio*, on indique une durée moins grande que celle indiquée par les deux
mots précédents ; mais ces modifications sont si peu
sensibles, que nous jugeons inutile d'entrer dans de
plus longs détails; d'ailleurs, l'expérience les fera bien
mieux comprendre que tous les raisonnements que
nous pourrions tenir. Il nous suffit de dire que lorsqu'on a, en tête de la portée, un des trois mots ci-
dessus, on doit donner à une note noire, la valeur ,
à peu près, de deux secondes, et si l'on agissait différemment dans l'exécution, on s'exposerait à dénaturer tout-à-fait un morceau de musique et à fort
mal interpréter les idées du compositeur.

A la figure n. 1 du tableau n. 12, on a le mot
largo ; cela indique que la noire doit valoir deux
secondes de durée, et puisque la mesure, pour
qu'elle soit complète, doit contenir deux noires, ou
une valeur équivalente, on doit conclure que la
mesure doit valoir quatre secondes de durée : on sait
que la mesure 2/4 est à deux mouvements, par conséquent, chaque mouvement doit avoir la durée de
deux secondes ou de deux battements, ce qui revient
au même. Nous avons marqué, au-dessus des notes,
leur valeur respective, d'après le mot *largo*. Ainsi
la blanche vaudra quatre secondes ; la noire, deux ;
la croche, une, ainsi de suite. Or, au premier battement, on frappera du pied ou de la main, en exécutant la note *do*, on marquera légèrement le deuxième
battement, et l'on prolongera le son de la blanche ;
au troisième battement, on lèvera le pied ou la main,

on prolongera également le son de la blanche, et l'on marquera le quatrième battement, ainsi de suite.

Lorsque, en tête d'un morceau de musique, on aura un des mots déterminant le mouvement de la deuxième catégorie, on devra considérer les noires comme valant une seconde de durée, ou à peu près: car il y a une petite différence entre les trois mots : *andantino*, *andante*, et *moderato*; cette différence est d'un tiers de seconde ou d'un quart, plus ou moins; qu'on sache seulement que par le mot *andantino*, on indique une durée plus grande que celle des deux autres mots , que par le mot *andante*, on indique une durée moins grande que celle qui est indiquée par le mot *andantino*; que par le mot *moderato*, on indique une durée moins grande que celle indiquée par les deux mots précédents.

A la figure n. 2, on a le mot *andantino* ; la noire vaudra donc une seconde de durée, et puisque la mesure, pour qu'elle soit complète, doit contenir quatre noires ou une valeur équivalente, on doit conclure que la mesure doit valoir quatre secondes de durée ; on sait que la mesure C est à quatre mouvements ; par conséquent, chaque mouvement doit avoir la durée d'une seconde, ou d'un battement de pouls ce qui revient au même. Nous avons mis au-dessus des notes des numéros indiquant des secondes et leurs fractions : ces numéros font connaître la durée respective des notes, d'après le mot *andantino*. Ainsi, la noire vaudra une seconde, la croche, une demi-seconde, la double-croche, un quart de seconde, ainsi de suite. Or, au premier battement, on frappera du pied ou de la main, et l'on fera la note *do*; au deuxième battement, on tournera le pied ou la main à gauche, et l'on exécutera la noire *mi*; au troisième battement, on tournera le pied ou la main à droite, et l'on fera la croche *ré*, ensuite, la croche *do* avant le quatrième battement, sur lequel on lèvera le pied ou la main et l'on fera la croche *sol* et les doubles-croches *mi*, *do*, avant le battement suivant, ainsi de suite. Dans les mesures six-huit, 6/8, neuf-huit, 9/8, et douze-huit, 12/8, on doit considérer la noire pointée, ou une valeur équivalente, comme valant également une seconde de durée, c'est-à-dire qu'on donnera la valeur d'une seconde à chaque mouvement.

A la figure n. 3, on a le mot *andante*. La mesure est à six-huit, 6/8, et à deux mouvements; par conséquent, on donnera la valeur d'une seconde à chaque mouvement : au premier battement, on frappera du pied ou de la main, et l'on fera la noire *do*, ensuite, la croche *mi*, avant le deuxième battement, sur lequel on lèvera le pied, et l'on fera la noire *sol*, ensuite le demi-soupir, avant le battement suivant ; à la deuxième mesure, et au premier battement, on fera la croche *ré*, ensuite les quatre doubles-croches suivantes, avant le deuxième battement, ainsi de suite.

Il faut avoir soin de s'arrêter un peu sur la croche *ré*, avant de faire les quatre doubles-croches, parce que la croche, comme on le sait, vaut la moitié plus qu'une double-croche ; de même, à la première mesure, on donnera à la noire *do* une durée plus longue que celle de la croche suivante, *mi* :

car on sait que la noire vaut la moitié plus que la croche : pour observer ces différences, on fera bien de déchiffrer d'abord la mesure, comme on a appris au chapitre XIV, c'est-à-dire en faisant six battements ; ensuite, lorsqu'on aura saisi l'air du trait rhythmique, on donnera à chacun des deux mouvements la valeur d'un battement, afin de se conformer à la durée, indiquée par le mot *andantino*. On agira de la sorte toutes les fois qu'on sera embarrassé pour déchiffrer la durée d'un trait rhythmique.

Lorsque, en tête d'un morceau, on aura un des mots déterminant le mouvement de la troisième catégorie, on devra considérer les noires comme valant une demi-seconde de durée, ou à peu près ; car, on fait une petite différence entre les trois mots *allegretto, allegro* et *presto* : cette différence est d'un quart de seconde ou d'un tiers, plus ou moins, selon le mot ; qu'on sache seulement que le mot *allegretto* marque une durée plus grande que celle indiquée par les deux autres ; que le mot *allegro* vaut une durée moins grande que le mot *allegretto* ; que le mot *presto* désigne une durée moins grande que les deux mots précédents.

A la figure n. 4, on a le mot *allegro* : cela indique qu'on doit donner la durée d'une demi-seconde à chaque mouvement ; par conséquent, la noire vaudra une demi-seconde ; la croche, la moitié moins, c'est-à-dire un quart de seconde ; la blanche vaudra une seconde, ainsi de suite.

La mesure est à deux mouvements ; nous indiquons par des numéros la durée respective des notes d'après le mot *allegro* : au premier battement, on

fera la noire *do*, ensuite les deux croches, avant le
deuxième battement, qui est celui de la mesure
suivante, et sur lequel on exécutera la double-croche *sol* : on fera ensuite toutes les autres doubles-
croches de la mesure, avant le troisième battement,
ainsi de suite. On voit qu'à chaque battement du
pouls, on doit changer de mesure; il en est de
même aux figures n. 5 et n. 6. On voit, par les exemples de ces trois dernières figures, que le plus difficile
c'est de faire différentes durées, malgré la vitesse des
mouvements, comme, par exemple, la durée d'une
blanche , d'une noire et de deux croches, dans une
même mesure; mais si l'on éprouve des difficultés
pour déchiffrer l'air du trait rhythmique, qu'on se
rappelle ce que nous avons dit plus haut, à la figure
n. 3, c'est-à-dire qu'on suppose qu'il n'y a point de
mot *italien* à la tête du morceau, et qu'on agisse ,
pour déchiffrer, de la manière que nous avons indiquée aux chapitres précédents ; puis, lorsqu'on
aura bien saisi la durée de chaque note ou de chaque
silence qui se trouve dans le trait rhythmique, on
précipitera le mouvement, selon le mot *italien*, et
l'on sera sûr de parvenir ainsi à l'exécution du trait
selon l'idée du compositeur.

En résumé, on voit que par les trois mots : *largo,
larghetto* et *adagio*, on désigne des mouvements
lents, c'est-à-dire qu'à chaque mouvement d'une
mesure, on doit donner à peu près la durée de deux
secondes, ou de deux battements de pouls ; que par
les mots : *andantino, andante* et *moderato*, on désigne des mouvements modérés, c'est-à-dire qu'à chaque mouvement d'une mesure, on doit donner à peu

près la durée d'une seconde ou d'un battement de pouls ; que par les trois mots : *allegretto, allegro* et *presto*, on désigne des mouvements vifs, c'est-à-dire qu'à chaque mouvement d'une mesure, on doit donner à peu près la durée d'une demi-seconde , soit, par exemple, trois quarts de seconde, lorsqu'on a le mot *allegretto*, soit une demi-seconde lorsqu'on a le mot *allegro*, soit un tiers de seconde lorsqu'on a le mot *presto*. Si l'on veut se baser sur les mouvements du pouls pour connaître ces différentes modifications, il faut surtout choisir un moment où le pouls soit bien calme, de manière que par soixante de ses battements on ait environ une minute, différemment, on s'exposerait à ne point saisir le mouvement indiqué par le compositeur. On voit, d'après ces observations, qu'on peut calculer la durée totale d'un morceau , jusqu'à une seconde près.

On substitue parfois le mot *lento* (lent) au mot *largo* (large), ou les mots *grave, lamentabile, tardo*.

On substitue également le mot *cantabile* au mot *adagio*, ou les mots *maestoso, sostenuto , lamentabile, tardo*.

On trouve parfois les mots *tempo di minuetto*, (temps de ménuet) : cela veut dire mouvement modéré, comme l'*andante*.

Le mot *maestoso*, mis isolément, veut dire mouvement modéré, comme celui de l'*andante* ou de l'*andantino. Maestoso* veut dire majestueux.

Le mot *grazioso* (gracieux) indique également un mouvement modéré, et d'une exécution gracieuse.

Les mots *tempo giusto* (temps juste) indiquent des mouvements modérés.

Les mots *alla polacca* indiquent un mouvement semblable à celui d'une danse vive, appelée la *Polonaise*.

Les mots *tempo di marcia* (temps de marche) indiquent un mouvement semblable à celui d'une marche militaire.

Le mot *siciliano* indique un mouvement lent.

Aux mots *andantino* et *andante*, on ajoute des adjectifs qui servent à modifier plus ou moins le mouvement, soit d'un demi-quart de seconde, soit d'un quart, soit d'un tiers : ils servent également à indiquer l'expression avec laquelle on doit exécuter le morceau ; ainsi, on trouve, par exemple, les mots suivants : *andante* et *andantino amoroso* (amoureux), ou *grazioso* (gracieux), *con moto* (avec un mouvement un peu vif), *sostenuto* (mouvement soutenu), *maestoso* (majestueux).

Aux mots *allegretto* et *allegro*, on ajoute quelquefois des adjectifs qui servent également à modifier plus ou moins les mouvements, et à indiquer l'expression qu'on doit apporter dans l'exécution ; ainsi, on trouve les mots : *allegro molto* ou *allegro assai*, très-gai ; *allegro con moto*, *allegro molto*, très-vif ; *allegro non troppo*, ou *non molto*, pas trop gai ; *quasi allegro*, presque gai ; *allegro vivace*, gai et brillant ; *allegro agitato*, agité ; *animato*, animé ; *spiritoso*, spirituex ; *impetuoso*, impétueux ; *moderato*, modéré ; *con brio*, avec vivacité.

On peut mettre le mot *scherzo*, en s'amusant, à la place d'*allegro ; allegro risoluto*, résolu. Par le mot *prestissimo*, on indique que les mouvements doivent être très-vites. On se sert également d'autres mots qu'on place dans le courant du morceau pour modifier le mouvement positif indiqué en tête de la musique ; ainsi on trouve les mots suivants, qui sont les plus usités : *accelerando*, accélérez les mouvements de la mesure ; *alla stretta*, idem ; *ritardando* ou *rallentando*, rallentissez les mouvements ; *a piacere*, ne suivez point le mouvement, faites à volonté ; et les mots *senza tempo*, sans mesure, expriment la même chose. *A tempo*, *primo tempo*, reprenez le mouvement indiqué en tête du morceau.

Più lento, plus lent, faites des mouvements plus lents.

Stringendo ou *stretto*, pressez le mouvement ; *più allegro*, *con moto*, plus animé ; *meno allegro*, moins gai ; *meno lento*, moins lent ; *piano*, ou simplement P, exécutez doux ; *pianissimo*, ou simplement P. P., exécutez très-doux ; *forte*, ou simplement F., exécutez fort ; *fortissimo*, ou simplement F. F., exécutez très-fort, que les sons sortent de l'instrument ou du gosier dans tout leur éclat possible ; *dolce*, doux, exécutez d'une manière tendre et expressive ; *doloroso*, douloureux, avec douleur, exécutez avec une expression douloureuse, plaintive ; *animato*, exécutez avec âme et allez plus vite ; *rinforzando*, ou *rin.* (en abrégé), renforcez les sons, c'est-à-dire faites-les sortir plus pleins et plus forts ; *crescendo* ou *cres.*, que les sons qui suivent ces mots aillent peu à peu du très-doux au très-fort ; *diminuendo* ou *dim.*, que les sons qui suivent ce mot aillent peu à peu du très-fort au très-doux, ou bien diminuez peu à peu l'éclat des sons ; par le mot *calendo* ou *cal.*, on exprime la même chose, ainsi que par le mot *decrescendo* ou *decres. Morendo*, mourant, que les sons qui suivent finissent comme en mourant, c'est-à-dire que les derniers sons soient presque insaisissables. Les mots *mancando, perdendosi* ou *perd., smorzando*, expriment la même chose. *Affectuoso*, affectueux, exécutez d'une manière sentimentale; *amoroso*, amoureux, exécutez avec beaucoup de passion; *energico*, exécutez avec énergie; *espressivo*, avec expression; *mezza voce* ou *mezzo forte*, ou M. F., moitié fort, que les sons sortent de manière qu'ils ne soient ni trop doux ni trop forts. *Delicato*, délicat, exécutez avec beaucoup de délicatesse; *leggiero*, avec légèreté; *legato*, lié, coulé, que les sons soient bien liés. *Staccato*, détaché, que les sons soient détachés; on fait cela en donnant à chaque son des coups de langue pour le faire sortir. Sur les instruments à cordes, on détache les sons en donnant à chaque son un coup d'archet. Sur le piano, on détache les sons en pointant vivement le doigt sur la touche, et en l'ôtant de suite avec promptitude. Sur les instruments à cordes, on lie, ou l'on coule les sons lorsqu'on ne donne point de coup d'archet pour les faire sortir. Sur les instruments à vent, on lie les sons en ne donnant point de coup de langue. Sur le piano, on lie les sons en n'ôtant point le doigt d'une touche qu'on n'ait posé le doigt suivant.

A la figure n. 7 et à la mesure n. 1, on a un signe au-dessus des notes *sol, mi;* on appelle cela *coulé.* On peut poser ce signe sur plusieurs notes, cela indique qu'on doit détacher la première note où le signe commence, c'est-à-dire la note *sol*, et lier la note suivante *mi*. Lorsque le compositeur veut qu'une longue suite de notes soient coulées, il écrit le mot *legato* ou *leg.* sur la note où il veut commencer la liaison des sons.

A la mesure n. 5, on a posé sur chaque note des points allongés ; cela veut dire qu'on doit détacher chaque note d'une manière bien prononcée. Lorsque le compositeur veut qu'une longue suite de notes soient détachées, il écrit le mot *staccato* ou *stac.* sur la note où il veut commencer le *staccato* des sons.

A la mesure n. 6, on a posé des points sur chaque note ; on appelle cela *notes piquées*. Les instruments à cordes doivent donner légèrement des coups d'archet à chaque note; les instruments à vent doivent donner des coups de langue à chaque note, mais bien légèrement.

A la mesure n. 7, les notes sont pointées et surmontées d'une liaison : cela veut dire qu'il faut piquer très-légèrement chaque note.

A la mesure n. 1, la note *do* est surmontée d'un signe qu'on appelle le *crescendo ;* ce signe indique que le commencement du son *do* doit être très-doux, et qu'on doit l'enfler de manière à ce qu'il devienne bien fort. Ce signe se pose sur une ou plusieurs notes ; lorsqu'il est placé sur plusieurs notes, comme à la mesure n. 4, on doit faire bien doux les premiers sons où commence la pointe du signe, moins adoucir vers le milieu, et bien fort les dernières notes où le signe finit.

A la mesure n. 2, la note *ré* est surmontée d'un signe appelé *decrescendo ;* cela veut dire qu'on doit

commencer très-fort ce son *ré* et le finir très-doux ;
lorsque ce signe est placé sur plusieurs notes, on
doit faire bien fort les premières notes où le signe
commence, moins fort vers le milieu, et adoucir le
plus possible les notes où le signe finit. Ce signe,
comme on le voit, produit l'effet contraire du *crescendo.*

A la mesure n. 8, les notes sont surmontées du
signe appelé *filé.* Ce signe indique qu'on doit commencer bien doux la note sur laquelle il se trouve,
enfler le son de manière qu'il devienne bien fort, et
finir bien doux comme on a commencé.

On appelle cela *filer un son.* On fera bien de se
tracer une gamme dans un ton quelconque, sur-
monter chaque note du signe *filé,* et l'exécuter de la
manière que nous venons d'indiquer ; cela sera très-
utile et pour ceux qui veulent apprendre à chanter
et pour ceux qui veulent se perfectionner sur un
instrument ; c'est le moyen, dans les instruments à
cordes, d'obtenir un coup d'archet expressif, et une
bonne embouchure dans les instruments à vent. On
parviendra par là à mettre de l'expression et de
l'âme dans l'exécution d'un morceau de musique.

On trouve quelquefois les mots *forte piano* sur
deux notes ou en abrégé F. P. ; cela indique qu'on
doit forcer la première note et adoucir la seconde.
Ce sera le contraire si les deux notes se trouvent
surmontées des mots *piano forte,* ou simplement
P. F.

Il est très-important de s'exercer sur tous les
signes indiqués dans ce chapitre, et sur toutes les
modifications à apporter dans les mouvements de

la mesure, si l'on veut parvenir à bien interpréter
les phrases musicales ; différemment on s'expose à
dénaturer le caractère d'un morceau, qui de très-
beau deviendra monotone, si l'on néglige d'exécuter les signes qu'il contient. Bien des amateurs de
musique font peu de cas de ces signes, et ne s'oc-
cupent que de la stricte exécution des notes selon
leur valeur ; d'un bout à l'autre du morceau, ils ne
font entendre qu'une suite de sons doux ou forts
d'une manière égale, sans aucune nuance ; aussi la
plus belle composition, exécutée ainsi, peut paraître très-insipide. Ceux qui ont cette manière de
jouer sont vulgairement appelés *croque-notes*. Ce qui
charme dans la musique, c'est surtout la variété ;
or, pour la produire, il faut au moins observer
toutes les nuances indiquées par le compositeur ; et
qu'on n'aille pas croire qu'en commençant à apprendre la musique on peut se dispenser d'observer
tout ce que nous venons de dire, car dans cet art
principalement, il est bien difficile de se corriger des
défauts qu'on a contractés d'abord, et ces défauts seront toujours un obstacle pour parvenir à cette exécution brillante et nuancée qui fait naître dans l'esprit des auditeurs les sensations les plus agréables.

En disant qu'il faut au moins exécuter toutes les
nuances qu'on rencontre, nous ne nous sommes
point adressés au véritable artiste, celui-ci n'a même
pas besoin qu'elles soient écrites pour les faire,
parce qu'il s'introduit, pour ainsi dire, dans la pensée du compositeur, l'interprète avec passion, avec
chaleur, et donne à chaque note, à chaque trait
rhythmique et à chaque phrase, des nuances ana-

logues au caractère du morceau de musique qu'il exécute.

CHAPITRE LVII.

(Tableau No 12.)

Du Métronome.

On vend chez les marchands de musique un instrument ayant une forme pyramidale, on l'appelle *métronome*, anciennement *chronomètre*. Cet instrument a été fabriqué d'après des principes d'horlogerie; il a un balancier qui fait des battements qu'on peut très-bien distinguer; ces battements sont plus ou moins précipités, selon le degré auquel on monte ou l'on descend un contre-poids adapté au balancier; à côté de celui-ci, on voit des numéros indiquant le nombre de battements que le balancier fait dans une minute.

A la figure n. 8, nous donnons tous les numéros que contient le *métronome* : on voit qu'il y en a trente-neuf différents, dont chacun est renfermé dans une case : on doit conclure que le *métronome* donne, à la minute, trente-neuf indications différentes de battements. Qu'on place, par exemple, le contre-poids vis-à-vis le n. 80, et le balancier fera quatre-vingts battements dans une minute.

Les compositeurs, de nos jours, ont l'habitude de marquer par le *métronome*, de la manière suivante, la durée d'une mesure entière, de la moitié ou du quart, etc. : ils posent un des trente-neuf numéros de la figure n. 8, et ils le font précéder par une des cinq notes suivantes : ronde, blanche, noire, croche, double-croche, quelquefois même la blanche et la noire sont pointées : on sait que par ces notes on peut représenter soit toute une mesure, soit la moitié, soit le quart, etc.

Supposons que le compositeur ait mis en tête d'un morceau de musique, écrit dans la mesure 2/4, le signe qu'on a trouvé à la figure n. 9, où l'on voit le mot *métr.*, qui veut dire *métronome* : il y a une noire suivie du n. 80, ce qui indique qu'il faut faire quatre-vingts noires dans une minute, ou quatre-vingts moitiés de mesure, puisque, dans la mesure 2/4, il faut deux noires ou une valeur équivalente, pour que la mesure soit complète. Or, voici le raisonnement qu'il faut faire pour connaître la durée qu'on doit donner à chaque mouvement, d'après le signe de la figure n. 9.

Quarante blanches valent autant que quatre-vingts noires ; vingt rondes valent autant que quarante blanches : donc, à la figure n. 9, le compositeur indique qu'il faut faire vingt rondes dans une minute ; qu'on se demande maintenant combien de secondes de durée vaudra la ronde : il est évident qu'elle vaudra trois secondes, puisqu'il faut faire vingt rondes dans une minute. En effet, vingt fois trois secondes font soixante, nombre qu'il faut pour avoir une minute.

Si la ronde vaut trois secondes, la blanche vaudra une seconde et demie, la noire trois quarts de seconde, ainsi de suite.

Sachant que la noire vaut trois quarts de seconde, il sera aisé de connaître, à la figure n. 9, la
durée que le compositeur a voulu établir en mettant
une noire suivie du numéro 80 pour représenter la
moitié de la mesure deux-quatre; puisque la mesure est à deux mouvements, qu'il faut deux noires
pour la compléter, qu'à chaque mouvement il faut
exécuter une noire, et puisque nous savons que la
noire vaut trois quarts de seconde de durée, nous
voyons de suite qu'en donnant à chaque mouvement
la durée de trois secondes, nous aurons interprêté
la durée que le compositeur a voulu établir à la
figure n. 9.

Or, si l'on a chez soi un *métronome*, et qu'on
veuille exécuter l'exemple que le compositeur a
donné à la figure n. 9, on devra poser le contre-poids
vis-à-vis le n. 80, où le balancier fera sans doute
quatre-vingts battements dans l'espace d'une minute.
Il est tout clair que le balancier mettra l'intervalle
de trois quarts de seconde d'un battement à un autre;
par conséquent, à chaque battement on exécutera
une noire, ou des valeurs équivalentes à une noire,
comme deux croches, quatre doubles-croches, etc.
Ensuite, puisque dans la mesure à deux-quatre il
faut faire une noire à chaque mouvement, au premier battement du balancier on lèvera le pied ou la
main, au battement suivant, qui est le premier de la
mesure suivante, on frappera de nouveau, ainsi de
suite.

Ordinairement le compositeur, outre l'indication
métronimique, écrit en tête du morceau un des
mots italiens que nous avons vus au chapitre pré-

cédent, on ne pourra donc pas se tromper en suivant ce que nous avons déjà expliqué à ce sujet.

Néanmoins, lorsqu'on aura un morceau à exécuter, on fera bien d'interpréter l'indication métronimique ; dans ce cas, qu'on suive, pour y arriver, la marche que nous avons tracée plus haut, en interprétant la figure n. 9, c'est-à-dire qu'on cherche à savoir le nombre de rondes qu'on doit exécuter dans une minute ; on calculera combien de secondes la ronde doit valoir ; on verra de suite de là la durée qu'on doit donner à une blanche, à une noire, à une croche, etc. ; de même on pourra connaître alors la durée que doivent avoir soit la mesure, soit chaque mouvement.

Le moyen que nous indiquons est, selon nous, le plus facile et à la portée de tout le monde ; lorsqu'on aura pris l'habitude de l'employer, on pourra très-promptement interpréter une indication métronimique quelconque.

CHAPITRE LVIII.

(Tableau N° 12.)

De l'exécution du triolet, des signes d'abréviation et des bâtons.

Lorsqu'on trouve un groupe de trois notes surmontées du n. 3, on appelle cela *triolet ;* on doit considérer la valeur de durée de ce groupe comme s'il n'y avait que deux notes. A la figure n. 10, la mesure est à deux-quatre, c'est-à-dire qu'elle doit contenir une valeur égale à celle de deux noires ou de quatre croches ; on voit que dans la première mesure on a cinq croches, elle serait fautive si elle ne contenait pas le *triolet*. Il y a, en effet, un groupe de trois croches, surmontées du n. 3. On doit exécuter de manière que la durée des trois croches soit égale à celle de deux ; la mesure est à deux mouvements ; par conséquent, sur le premier mouvement on exécutera les deux premières croches, et sur le deuxième on fera le triolet. En résumé, on doit exécuter ces trois croches à peu près comme si les deux premières étaient des doubles-croches, comme on peut le voir à la deuxième mesure. Lorsque ceux qui touchent du piano rencontrent trois croches surmontées du n. 3, ils doivent considérer les deux premières comme des doubles-croches ; ils exécuteraient donc la troisième mesure de la figure n. 10 de la même manière que la quatrième, dans laquelle on voit clairement que sur la croche *mi* n. 2 on doit faire les deux doubles-croches au-dessus *la, sol*. Les trois notes du *triolet*, au lieu d'être des croches, pourraient être des doubles, des triples, des quadruples-croches ; dans ce cas, si les trois notes étaient des doubles-croches, on devrait considérer les deux premières des triples-croches, et si elles étaient des triples-croches, les deux premières devraient être considérées comme des quadruples-croches. On trouve parfois une noire et une croche surmontées du n. 3 ; cela est très-rare, car cette notation est vicieuse ; qu'on sache néanmoins que lorsque cela se rencontre, on doit exécuter la noire comme si c'était une croche pointée, et la croche comme une double-croche.

Lorsqu'on trouve un groupe de cinq notes surmontées du n. 5, on appelle cela *quintine ;* elles peuvent être ou toutes des croches, ou des doubles-croches, etc. ; on doit les considérer comme si elles n'étaient qu'au nombre de quatre ; ainsi, lorsque le groupe se compose de cinq croches, les deux premières ou les deux dernières doivent être considérées comme deux doubles-croches ; si le groupe se compose de cinq doubles-croches, les deux premières ou les deux dernières seront considérées comme des triples-croches, ainsi de suite. Lorsqu'on trouve un groupe de sept notes surmontées du n. 7, on appelle cela *septine ;* elles peuvent être ou toutes des croches, ou des doubles-croches, etc., on doit faire comme s'il n'y avait que quatre notes, et comme s'il y en avait six lorsque la mesure est à six-huit, à neuf-huit, ou à douze-huit ; dans l'exécution de ces groupes, on doit faire en sorte de ne point altérer le mouvement de la mesure. Lorsqu'on trouve un groupe de six notes surmontées du n. 6, on appelle cela *sextine ;* elles peuvent être ou toutes des croches, ou des doubles-croches, etc., on doit les considérer comme ne formant que quatre notes ; on précipite la durée de toutes, de manière à ne point altérer le mouvement de la mesure.

Pour éviter d'écrire une suite de sons, on se sert de ce que les musiciens appellent *signes d'abréviation.*

Lorsqu'il y a une suite de plusieurs *triolets*, ou *sextines*, etc., on ne pose le n. 3 ou le n. 6 que sur le premier groupe. (A la figure n. 24 des traits rhythmiques, on en a plusieurs qui contiennent des triolets.)

Au lieu d'écrire huit croches à l'unisson parfait, on peut poser à la place une *ronde* soulignée d'une barre oblique.

A la figure n. 11, sur la portée n. 1 de la première mesure, on a une abréviation, et à la portée n. 2 on voit la signification de cette abréviation, c'est-à-dire l'effet qu'elle doit produire ; ainsi, lorsqu'on trouvera ce signe, on saura qu'il faut faire huit fois la même note. Souvent, pour plus de clarté, le compositeur place sur la note une suite de points indiquant le nombre de fois qu'on doit exécuter la même note, comme on peut le voir à la deuxième mesure, où l'on a une suite de huit points placés sur la ronde. S'il n'y a pas cette suite de points, on ne doit pas moins repéter huit fois la même note ; on la répètera seize fois si elle est soulignée de deux barres obliques, comme à la mesure n. 3 ; on la fera trente-deux fois s'il y a trois barres, et soixante-quatre fois s'il y en a quatre.

La blanche peut être également soulignée de barres obliques ; dans ce cas, les barres se placent au milieu du trait. S'il n'y a qu'une seule barre, comme à la figure n. 12, la même note se répète quatre fois ; elle se répète huit fois s'il y a deux barres, seize fois s'il y en a trois, et trente-deux fois s'il y en a quatre.

La noire peut également avoir des barres obliques au milieu du trait ; on répète deux fois la même note si elle a une seule barre, quatre fois si elle en a deux,

huit fois si elle en a trois, et seize fois si elle en a
quatre, comme on peut le voir à la figure n. 13.

D'après les figures n. 11, 12, 13, on voit que si
la ronde, la blanche ou la noire sont soulignées
d'une seule barre, les notes qu'on répète doivent
être des croches ; ce seront des doubles-croches s'il
y a deux barres, des triples-croches s'il y en a trois,
ainsi de suite.

On trouve quelquefois deux blanches réunies par
une, deux, trois ou quatre barres, et les deux notes
ne sont point à l'unisson ; dans ce cas on doit considérer cette abréviation comme indiquant qu'on
doit répéter deux fois ces deux notes. A la figure
n. 14 et à la portée n. 1, on a deux blanches soulignées d'une barre ; à la portée n. 2, on voit comment on doit exécuter cette abréviation ; c'est-à-dire
qu'on répète deux fois les deux mêmes notes de la
portée n. 1. Si les deux blanches sont réunies par
une seule barre, les notes répétées seront des croches, comme on le voit à la première mesure ; si
les deux blanches ont deux barres, les notes qu'on
répète seront des doubles-croches ; ce seront des
triples-croches si les deux blanches ont trois barres,
ainsi de suite, comme on le voit aux deux mesures
suivantes.

Lorsqu'un *triolet* se compose de trois croches à
l'unisson, on peut, par abréviation, poser une noire
pointée surmontée du n. 3 et traversée au milieu
par une barre , comme on peut le voir à la figure
n. 16 et à la première mesure ; au lieu de poser le
n. 3, on peut mettre trois points ; si la noire pointée
a deux barres, les trois notes qu'on répète seront

trois doubles-croches ; si elle a trois barres, les
notes qu'on répète seront des triples-croches, ainsi
de suite. Lorsqu'on trouve une blanche pointée surmontée de six points ou du n. 6, et traversée au milieu par une, deux, trois ou quatre barres, cela indique qu'il faut répéter six fois la même note,
comme on peut le voir à la même figure et à la
deuxième mesure. Les notes répétées seront des
doubles, des triples ou des quadruples-croches, selon le nombre de barres qu'aura la blanche pointée.

Il y a un signe d'abréviation appelé *barre de répétition*. Ce signe sert à indiquer la répétition complète d'un trait rhythmique contenu dans une mesure précédente. A la figure n. 17, et à la deuxième
mesure, on voit une barre de répétition ; c'est une
ligne oblique qui touche la deuxième et la quatrième ligne de la portée, ayant deux points vers le
milieu, l'un au-dessus, l'autre au-dessous ; à la portée n. 2, on voit l'effet qu'elle doit produire. On
répète le dernier trait rhythmique contenu dans une
mesure précédente autant de fois que cette barre est
placée dans chaque mesure.

La barre de répétition peut se trouver dans une
mesure où il y aurait des notes ; dans ce cas on ne
met pas les deux points dont nous venons de parler,
et l'on répète les notes qui se trouvent dans la mesure. A la figure n. 18, et à la portée n. 1, on a
placé la première barre après les deux croches *mi*,
ré ; cela indique qu'il faut répéter ces deux croches ;
la deuxième barre indique qu'il faut répéter les
quatre doubles-croches qui précèdent. A la deuxième
mesure, on a trois barres ; cela indique qu'il faut

répéter trois fois les deux croches *do*, *ré*, placées au commencement de la mesure. On indique, dans la mesure suivante, qu'il faut continuer à répéter le même groupe ; on aurait pu mettre une seule barre avec deux points, cela aurait indiqué qu'il fallait répéter le trait rhythmique de la mesure précédente.

Les *bâtons* appelés *bâtons de silence* indiquent une suspension de sons, c'est-à-dire un silence pendant plusieurs mesures. Ces *bâtons* sont principalement usités dans la musique d'ensemble, où il arrive souvent que des voix et des instruments se taisent pour laisser chanter ou jouer d'autres voix ou d'autres instruments ; ce qui produit de la variété et des nuances fort agréables.

Lorsqu'on veut indiquer un silence de deux mesures, on place dans une mesure un petit bâton, dont les deux extrémités touchent la troisième et la quatrième ligne, comme on peut le voir à la figure n. 19 et à la première mesure. Lorsqu'on veut indiquer un silence de trois mesures, on fait usage de ce petit bâton, et l'on y ajoute la pause, qui valant, comme on le sait, une mesure de silence, complète ainsi trois mesures en silence ; on peut voir cela à la deuxième mesure. Lorsqu'on veut indiquer un silence de quatre mesures, on fait usage d'un bâton, dont les deux extrémités touchent la deuxième et la quatrième ligne, comme on peut le voir à la troisième mesure.

Il est à remarquer qu'avec le bâton de deux mesures, celui de quatre et la pause, on peut indiquer le silence d'un nombre quelconque de mesures ;

si l'on voulait, par exemple, indiquer un silence de quinze mesures, on poserait d'abord trois bâtons de quatre mesures, un petit bâton de deux mesures, cela ferait quatorze mesures de silence, et pour la quinzième on mettrait une pause, comme on peut le voir à la quatrième mesure. Lorsqu'on pose une suite de bâtons de quatre mesures, on peut placer alternativement un bâton touchant la deuxième et la quatrième ligne, et la troisième et la cinquième ligne; ainsi, l'exemple du n. 4 pourrait s'écrire différemment, comme on peut le voir au n. 5, où est indiqué le même nombre de mesures en silence.

Pour plus de clarté, les copistes de musique ont même l'habitude de ne point faire usage des *bâtons*, mais d'indiquer par un numéro le nombre de mesures qu'on doit parcourir en silence : on voit un exemple de cela à la sixième mesure, où l'on indique, par le n. 80, qu'on doit rester en silence pendant 80 mesures.

Il y a un signe d'abréviation qui s'appelle *reprise*: ce sont deux barres traversant la portée, et à leur gauche, vers le milieu, on place deux points, ainsi qu'on peut le voir à la figure n. 20, à la troisième mesure : supposons qu'on ait à exécuter l'exemple de cette figure, on fera ce qui suit : on arrivera jusqu'à la reprise, et puis on reprendra la première, la deuxième et la troisième mesure.

Lorsque à la fin d'un motif on trouve deux barres sans point, cela s'appelle également reprise; mais on ne doit pas reprendre, comme nous venons de faire à la figure n. 20.

Si à la fin d'une reprise on trouve les mots *da capo*

ou les lettres *D C*, on doit recommencer entièrement le morceau jusqu'à ce qu'on trouve *fin*.

On trouve quelquefois un signe appelé *renvoi*. (Voyez figure n. 21) Il signifie qu'on doit trouver un signe pareil dans le courant du morceau, et lorsqu'on y est arrivé, on doit reprendre en partant du premier signe et aller jusqu'au mot *fin* ; et si après le deuxième signe le morceau n'est pas achevé, quand on sera arrivé au mot fin, on continuera l'exécution depuis le deuxième signe, cela arrive souvent dans les rondeaux, les marches, les quadrilles, les valses, etc.

Quelquefois on rencontre les mots première fois, deuxième fois surmontés d'une accolade, comme à la figure n. 22, et voici comment on doit exécuter cet exemple : qu'on arrive jusqu'aux deux barres, c'est-à-dire qu'on fasse les trois premières mesures ; ensuite, puisque les deux barres portent deux points, on doit recommencer l'air, exécuter les deux premières mesures, laisser la troisième déjà exécutée, et prendre la quatrième où sont les mots *deuxième fois*. Nous croyons que l'explication de cette figure suffira pour faire comprendre comment on devra agir lorsqu'on trouvera les mots première fois, deuxième fois dans un morceau de musique.

Il peut arriver que la première mesure d'un morceau ne soit point complète, alors elle ne le sera pas non plus à la fin de la reprise, où l'on trouvera deux barres ; il ne faudra pas croire pourtant que la mesure soit fautive ; nous n'avons qu'à consulter la figure n. 23, la mesure est à deux-quatre, à la première mesure il y a deux croches ; il manque par conséquent une valeur pour que la mesure soit complète; qu'on regarde à la fin de la reprise, c'est-à-dire à la quatrième mesure , on verra qu'elle ne l'est pas non plus.

Lorsque la première mesure d'une période n'est pas complète , il arrive toujours que la dernière mesure de la période ne l'est pas non plus; dans ce cas, qu'on réunisse les deux fragments de mesure , et l'on aura une mesure complète : en effet, à la figure n. 23, on voit qu'en unissant dans une seule mesure les deux croches de la première et la noire de la quatrième, on obtient une mesure complète. Il nous faut savoir maintenant si les deux croches de la première mesure doivent être exécutées en frappant ou en levant. Puisque la noire de la quatrième mesure s'exécute en frappant, on doit conclure que les deux croches de la première mesure doivent être exécutées en levant ; ainsi , qu'on regarde toujours la dernière mesure d'une période , et l'on saura de suite sur quel mouvement on doit exécuter les notes d'une première mesure incomplète : d'ailleurs , si l'on considère comme appartenant aux mouvements précédents les valeurs que l'on a de moins dans la première mesure d'une période , on saura sur quel mouvement on doit exécuter les notes. A la quatrième mesure on a une reprise , on doit donc exécuter la noire en frappant, retourner à la première mesure, faire de nouveau les deux croches en levant , arriver à la quatrième mesure, exécuter la noire en frappant, et en levant les deux croches suivantes , *ré* , *sol* , parce que , quoique séparées par deux barres , elles font partie de la quatrième mesure , et l'on doit considérer ces deux barres comme si elles n'existaient pas ; elles servent seulement à indiquer la fin d'une reprise , c'est-à-dire la fin d'une période , et quoiqu'il puisse arriver que la mesure close par des barres de reprise soit complète , il ne s'ensuit pas que le contraire n'arrive encore plus ordinairement.

Qu'on examine bien la figure n. 23 , et l'on ne sera pas embarrassé pour se rendre compte des mesures qui , au premier coup-d'œil , pourraient paraître incomplètes.

CHAPITRE LIX.

(Tableau N° 12.)

De l'exécution des ornements.

On appelle *ornements* , les petites notes et certains signes qu'on place dans un morceau de musique pour embellir et pour varier la coupe de quelques phrases qui seraient parfois trop monotones si l'on n'y mettait quelque ornement : il y en a de trois espèces , 1° la *fioriture* , 2° le point d'*orgue* , 3° le *trille*.

Lorsqu'on place une ou plusieurs petites notes devant une note réelle , on appelle cela fioriture , mot qui dérive de l'italien et qui désigne un objet ayant des fleurs , des ornements , etc.

Il a deux espèces de fioritures , la consonnante et la dissonnante.

La fioriture consonnante est celle par laquelle on place depuis une jusqu'à quatre petites notes devant une réelle ; mais cette fioriture ne s'exécute pas sur les temps de la mesure, elle doit s'exécuter entre les temps, c'est-à-dire qu'on ne doit pas commencer le premier, le deuxième, le troisième ou le quatrième mouvement d'une mesure par l'exécution d'une fioriture consonnante ; on le commence par une note réelle. La fioriture ne doit pas être comprise dans les valeurs que la mesure doit contenir, car celle-ci doit être complète sans compter les petites notes qui, néanmoins, ont une valeur de durée qu'on emprunte de la note réelle qui précède, ainsi que nous le verrons par des exemples.

Lorsque quatre petites notes composent la fioriture consonnante, elles se marquent comme des quadruples-croches, si la note réelle qui précède est une ronde, ou une blanche, ou une noire, ou une croche; elles se marquent comme des quintuples-croches, si la note réelle est une double-croche, ainsi de suite.

Lorsque ce sont des quadruples-croches, elles ôtent à la note réelle qui précède une valeur égale à celle d'une double-croche ou de quatre quadruples-croches, ainsi de suite. Pour plus de clarté, nous avons placé à la figure n. 24 le chant au-dessus et l'accompagnement au-dessous. A la première mesure, on a quatre petites notes qui se marquent comme des quadruples-croches; elles doivent, par conséquent, ôter à la noire précédente une valeur égale à celle d'une double-croche; ainsi la noire doit être considérée comme une croche pointée. En effet,

la noire vaut autant que quatre doubles-croches ;
qu'on lui ôte la valeur d'une double-croche, elle ne
vaudra plus que trois doubles-croches, autant
qu'une croche pointée. Il faut donc conclure que les
doubles-croches d'accompagnement au-dessous sont
placées comme elles doivent l'être, puisqu'on a mis
trois doubles-croches au-dessous de la noire, considérée comme ne valant que trois doubles-croches,
et l'on a posé la quatrième double-croche *sol* au-
dessous de *fa*, première petite note quadruple-croche
de la fioriture. Si l'on notait en notes réelles l'exemple de cette première mesure, il résulterait celui de
la deuxième. A la troisième mesure, on a également
quatre petites notes qui doivent être considérées
comme des quadruples-croches ; elles ôtent donc à
la croche précédente *mi* la valeur d'une double-
croche, par conséquent la croche *mi* doit être considérée comme une double-croche. En effet, la croche
valant deux doubles-croches, si on lui ôte la valeur
d'une double-croche, elle ne vaudra plus qu'une
double-croche. On remarque que l'accompagnement au-dessous est bien placé ; car, au-dessous de
la croche *do*, on a placé deux doubles-croches, parce
qu'elle vaut deux doubles-croches ; on a posé une
double-croche au-dessous de la croche *mi*, parce
qu'elle est considérée comme ne valant qu'une double-croche, à cause des petites notes. Si l'on notait
en notes réelles l'exemple de cette mesure, il résulterait celui de la mesure suivante ; qu'on examine
la cinquième et la sixième mesure, et l'on verra que
la blanche, suivie de quatre petites notes quadruples-croches, vaut autant que sept doubles-croches,

c'est-à-dire autant qu'une noire doublement pointée.

Lorsque la fioriture consonnante se compose de
deux petites notes, elles se marquent comme des
triples-croches, si la note réelle qui précède est une
ronde, ou une blanche, ou une noire, ou une croche ; elles se marquent comme des quadruples-croches, si la note réelle est une double-croche, et
comme des quintuples-croches, si la note réelle est
une triple-croche, ainsi de suite. Lorsqu'elles sont
triples-croches, elles ôtent à la note réelle qui précède une valeur égale à celle de deux triples-croches.
Lorsqu'elles sont quadruples-croches, elles ôtent à
la note réelle une valeur égale à celle de deux quadruples-croches.

A la figure n. 25, et à la première mesure, on a
une fioriture se composant de deux petites notes,
marquées triples-croches : elles ôtent par conséquent
à la noire précédente une valeur égale à celle d'une
double-croche, ainsi la noire *mi* doit être considérée
comme une croche pointée : en effet, la noire vaut
autant que quatre doubles-croches ; qu'on lui ôte la
valeur d'une double-croche, et elle ne vaudra plus
que trois doubles-croches, autant qu'une croche
pointée. Qu'on examine les notes d'accompagnement
au-dessous, et l'on verra qu'elles sont bien placées:
en effet, on a posé trois doubles-croches au-dossous
de la noire, et la double-croche *mi* se trouve placée
au-dessous de la petite note *sol* dièse : on voit que
sur la double-croche *mi*, on doit exécuter les deux
petites triples-croches, parce qu'elles valent autant
qu'une double-croche.

Si l'on devait noter en notes réelles l'exemple de cette première mesure , il résulterait celui de la deuxième : à la troisième , on a également deux petites triples-croches ; la note réelle précédente est une croche , qui vaut autant que quatre triples-croches ; mais elle ne vaudra ici que deux triples-croches ou une double-croche , ce qui revient au même, parce qu'il y a à la suite deux petites triples-croches ; si l'on devait noter en notes réelles l'exemple de cette mesure , il résulterait celui de la mesure suivante.

Lorsque la fioriture consonnante se compose de trois petites notes , on doit les considérer comme un *triolet* , c'est-à-dire comme si la fioriture ne se composait que de deux petites notes : on doit suivre par conséquent ce que nous avons dit pour la fioriture, se composant de deux petites notes : on peut voir à la même figure n. 25 , et à la cinquième mesure un exemple , qui , étant noté en notes réelles , produit la sixième mesure.

Si la fioriture consonnante se compose d'une seule petite note , elle se marque comme une triple-croche , lorsque la note réelle, qui précède , est une ronde , ou une blanche , ou une noire , ou une croche : on trouve souvent cette petite note marquée comme une croche ou une double-croche; mais cela est un vice de notation : elle se marquera comme une quadruple-croche , si la note réelle est une double-croche , ainsi de suite. A la figure n. 26 , et à la première mesure , on a une petite note triple-croche, par conséquent la noire qui précède , au lieu de valoir autant que huit triples-croches , n'en vaudra plus que sept , c'est-à-dire autant qu'une croche doublement pointée , comme on peut le voir à la deuxième mesure. On remarque aussi comment on doit disposer un accompagnement en doubles-croches ; ainsi , la petite note doit se faire de suite après la quatrième double-croche *mi*. Qu'on examine les mesures n. 3 et n. 4, et l'on verra comment on doit exécuter la petite note.

Si le compositeur a l'intention de lier les petites notes soit avec la note réelle qui précède, soit avec celle qui suit, il marquera le signe *coulé*, dont nous avons déjà parlé. Il est inutile de dire que si les petites notes se trouvent devant la première note réelle d'une mesure, elles ôtent une valeur de durée à la note réelle qui se trouve dans la mesure précédente, parce que la fioriture consonnante, ainsi que nous l'avons déjà dit, ne s'exécute jamais sur les temps de la mesure, comme on peut le voir par les exemples ci-dessus. A la figure n. 27, la deuxième mesure commence par la petite note *fa*; celle-ci ne doit pas être exécutée sur le *do* au-dessous, note d'accompagnement, mais de suite après avoir fait la dernière double-croche de la mesure précédente. D'ailleurs, nous avons écrit cet exemple en notes réelles aux mesures n. 3 et n. 4, où l'on pourra examiner comment le *fa* doit être exécuté, et voir la valeur de durée qu'il a ôté à la noire *mi* de la première mesure. On agira de la même manière lorsque la fioriture se composera de deux, de trois ou de quatre petites notes.

La fioriture dissonnante est celle par laquelle on place d'une à quatre petites notes devant une note réelle ; quelquefois on peut mettre cinq petites notes. Cette espèce s'exécute sur les temps de la mesure, c'est-à-dire qu'on ne doit pas commencer le mouvement par une note réelle, mais par les petites notes. On voit que cette espèce de fioriture est l'opposé de la consonnante, et pour qu'on ne puisse les confondre, les petites notes de la fioriture dissonnante sont toujours surmontées d'une croix.

Lorsque la fioriture dissonnante se compose d'une seule petite note, elle ôte à la note réelle qui suit la moitié de sa valeur. Cette petite note se marque sous la forme d'une noire, si la note réelle suivante est une blanche ; d'une croche, si la note réelle est une noire ; d'une double-croche, si la note réelle est une croche ; ainsi de suite. A la figure n. 28, et à la première mesure, il y a une fioriture dissonnante, parce que la petite note qui se trouve devant le *do* est surmontée d'une petite croix ; on doit conclure qu'elle doit être exécutée sur le commencement du premier mouvement ; elle se trouve devant une noire, par conséquent elle doit être sous la forme d'une croche, et elle ôte à la noire la moitié de sa valeur ; on doit donc considérer la noire *do* comme valant autant qu'une croche, et la petite note comme valant la moitié de la noire. La mesure est à trois temps : au premier, on fait la noire *do ;* au deuxième, la petite note *ré* et la noire *do* considérée comme croche ; au troisième temps, on fait la noire *do*. Pour plus de clarté, nous avons posé des notes d'accompagnement au-dessous. Ainsi, sur la noire *do* on exécutera les deux croches *mi, do ;* sur la petite croche *ré*, on fera la croche *mi ;* sur la noire *do*, on exécutera la croche *do;* ainsi de suite. Si l'on devait noter en notes réelles l'exemple de cette mesure, il résulterait celui de la mesure n. 5, où l'on voit que la noire réelle *do* et la petite note *ré* sont deux croches. A la deuxième mesure, il y a également une fioriture dissonnante, parce que la petite note qui se trouve devant la blanche *ré* est surmontée d'une petite croix; cette petite note prend pour elle la moitié de la valeur de la blanche; par conséquent la blanche vaudra une noire, et la petite note vaudra également une noire; ainsi, au premier temps, on fera *mi;* au deuxième, *ré;* et au troisième, *si;* sur la petite noire *mi*, on fera les deux croches d'accompagnement *sol, ré*, attendu que la noire vaut deux croches; sur la blanche *ré*, considérée comme note noire, on fera les deux croches *si, ré;* ainsi de suite. Si l'on devait noter l'exemple de cette figure en notes réelles, il résulterait celui de la mesure n. 6. A la troisième mesure, on a une fioriture dissonnante, parce que la petite note *ré* est surmontée d'une croix; on doit donc l'exécuter en commençant le deuxième temps de la mesure. Cette petite note est sous la forme d'une double-croche parce que la note réelle qui suit est une croche, et celle-ci doit être considérée maintenant comme une double-croche, puisqu'elle perd la moitié de sa valeur pour la donner à la petite note; ainsi, au premier temps, on fera la noire *si;* au deuxième, la petite double-croche *ré;* avec la croche *do*, considérée comme double-croche, et la note *si*. On peut remarquer que les notes d'accompagnement sont bien disposées au-dessous. Au deuxième temps, on fera la croche *sol* sur la petite note *ré* et sur la note réelle suivante *do ;* on fera la croche *ré* sur la note *si ;* ainsi de suite. Si l'on devait noter en notes réelles l'exemple de cette mesure, il résulterait celui de la mesure n. 7.

Lorsque la fioriture dissonnante se compose de deux petites notes, elles prennent pour elles la moitié de la valeur de la note réelle qui suit; par conséquent elles se marquent sous la forme de notes croches lorsque la note réelle suivante est une blanche ; sous la forme de doubles-croches lorsque la note réelle suivante est une noire, parce que la moitié de celle-ci est une croche ou deux doubles-croches, ce qui revient au même. Les deux petites notes se marquent sous la forme de triples-croches si la note réelle qui suit est une croche, parce que la moitié de celle-ci est une double-croche, ou deux triples-croches ; ainsi de suite.

A la figure n. 29, et à la première portée, on voit plusieurs exemples de la fioriture dissonnante, et l'on pourra, d'après les notes d'accompagnement et les exemples de la portée n. 2, où l'on voit le mot *effet*, savoir comment on doit exécuter les petites notes; aussi croyons-nous inutile d'expliquer cette figure ; car, d'après ce que nous avons dit sur la figure n. 28, on pourra sans notre secours résoudre les petites difficultés qui pourraient se rencontrer.

Lorsque la fioriture dissonnante se compose de trois petites notes, elles doivent être considérées comme un *triolet*, c'est-à-dire ne compter que pour deux, et l'on doit suivre ce que nous avons dit pour la fioriture dissonnante se composant de deux petites notes.

Si quatre petites notes composent la fioriture dissonnante, elles prennent pour elles la moitié de la valeur de la note réelle qui suit ; par conséquent elles se marquent sous la forme de notes doubles-croches lorsque la note réelle suivante est une blanche, parce que la moitié de la blanche est une noire ou quatre doubles-croches, ce qui revient au même. Dans ce cas, la blanche sera considérée comme ne valant qu'une noire. Les petites notes se marquent sous la forme de triples-croches lorsque la note réelle suivante est une noire, parce que la moitié de la noire est une croche, ou quatre triples-croches ; dans ce cas, la noire sera considérée comme ne valant qu'une croche. Les petites notes se marqueront sous la forme de quadruples-croches, si la note réelle qui suit est une double-croche ; ainsi de suite. A la figure n. 30, on a des exemples ; aux portées n. 1 et n. 2, on voit l'*effet* de chaque exemple ; par les notes d'accompagnement qui sont placées en bon ordre au-dessous, on voit clairement comment on doit exécuter les petites notes.

Les musiciens appellent *appogiature* la fioriture dissonnante, et *port de voix* la fioriture consonnante. Les Italiens disent *appogiatura*, *portamento*. La plupart des graveurs mettent de la négligence dans la notation des petites notes et de celles d'accompagnement ; ils ne les placent pas bien au-dessous, et conformément à ce que nous disons dans ce chapitre ; aussi nous est-il arrivé souvent d'entendre exécuter d'une manière toute différente le même morceau de musique contenant des *appogiatures* et des *ports de voix*. Le compositeur qui néglige de vérifier ses épreuves est sûr d'être mal interprété ; il vaudrait mieux pour lui qu'il écrivît le tout en notes réelles.

Le point d'orgue est un signe qu'on place sur une note ou sur un silence ; il indique qu'il faut prolonger à volonté le son de la note ou du silence. Plusieurs théoriciens donnent au point d'orgue une valeur positive ; mais il n'est pas d'usage de l'observer. Le point d'orgue est fleuri lorsqu'après lui on pose de petites notes ; on peut en mettre à volonté, mais elles doivent dériver de la série d'harmoniques placées au-dessous, et ces harmoniques peuvent être mêlées de notes étrangères.

Il faut faire en sorte que la mesure soit complète sans compter les petites notes qu'on place après le point d'orgue ; celles-ci ordinairement s'exécutent à volonté et s'écrivent en croches, en doubles-croches, comme il plaît au compositeur. A la figure n. 31, on peut voir des exemples de points d'orgue fleuris.

Le trille est un signe qu'on place sur une note ; il s'écrit en abrégé *tr*. Dans la musique ancienne, on trouve une petite croix au lieu du *tr*.

A la figure n. 32, on a des exemples, et par le mot *effet*, on indique comment on devrait exécuter le trille s'il était noté en notes réelles.

CONCLUSION.

Il ne faut pas croire qu'on puisse, à la première
lecture, retenir tous les faits musicaux que nous
venons de développer dans ce premier volume.

Les ouvrages didactiques ne sont pas comme des
romans dont les faits sont retenus après les avoir
lus même une seule fois. Pour une Théorie de musique, il faut, comme pour une Grammaire, revenir
plusieurs fois sur un chapitre afin d'en connaître le
contenu; mais si l'on est doué d'un peu de ce zèle
artistique qui a poussé tant d'hommes à une célé-
brité musicale, nous ne doutons pas qu'on ne parvienne à vaincre des difficultés qui, au premier
abord, paraissent insurmontables.

On a fait plusieurs bons ouvrages sur la musique,
et nous aurions renoncé à une tâche bien difficile à
remplir si nous n'avions voulu chercher à éclaircir
des doutes qui retiennent plusieurs amateurs sur des
faits musicaux qui n'ont pas été assez développés
dans ces ouvrages, d'ailleurs fort bien écrits, et ne
laissant rien à désirer sous le rapport du style.

Il ne faut pas qu'on se croie bien savant en théorie parce qu'on saura dans quel ton se trouve un morceau, que la ronde vaut la moitié plus que la blanche, la noire la moitié plus que la croche, etc., et qu'on saura exécuter quelques airs après les avoir repassés plusieurs fois. On n'a qu'à parcourir quelques chapitres de notre ouvrage pour se convaincre que ce n'est pas là ce qui constitue le musicien.

Lorsqu'on néglige la théorie musicale, il faut bien des années pour savoir médiocrement quelque chose en musique, tandis que, par une lecture attentive de quelques heures, on peut, dans peu de jours, acquérir des connaissances qui aident beaucoup pour déchiffrer sans obstacle un morceau de musique et l'analyser sous le rapport mélodique et harmonique.

Nous engageons donc Messieurs les professeurs de musique d'exiger que leurs élèves emploient dix minutes de la leçon à la lecture de cette théorie musicale ; il y aura, à la fin du deuxième volume, par demandes et par réponses, un résumé de chaque chapitre qu'on aura lu, et les maîtres pourront ainsi s'assurer si leurs élèves auront bien saisi ce qui leur aura été enseigné.

Nous avons la conviction qu'en procédant de la sorte les progrès seront très-rapides, et que les élèves feront honneur aux soins que les maîtres apportent ordinairement dans leurs leçons.

Le deuxième volume que nous allons prendre est destiné à la composition musicale ; mais on ne doit l'aborder que lorsqu'on sera bien pénétré des faits développés dans le premier, et nous osons espérer qu'on n'éprouvera aucune difficulté pour comprendre ce second volume, si l'on possède bien les premières connaissances musicales qui sont contenues dans celui que nous venons de terminer.

FIN DU PREMIER VOLUME.

TABLE

DES

MATIÈRES CONTENUES DANS LE PREMIER VOLUME.

	Pages.	Tabl.	Chap.
Du son musical.	1	1	1
Des degrés	4	1	2
Des noms à donner aux différents sons.	5	1	3
De la succession régulière des syllabes	8	1	4
Des moyens qu'on a pour exprimer les idées musicales	10	2	5
De la portée	11	2	6
De la manière de nommer les notes sur la portée.	15	2	7
Des clés	18	2	8
Des notes barrées.	21	2	9
Du croisement des notes et du diapason des clés.	25	3	10
Des signes accidentels	28	3	11
De la propriété des signes accidentels.	30	3	12
Des effets du bécarre.	35	3	13
De la prolongation des effets des signes accidentels.	39	3	14

	Pages.	Tabl.	Chap.
Des mots : intervalle, mélodie, harmonie, accord, son supérieur et inférieur	41	3	15
Des intervalles. — Intervalle de seconde.	44	4	16
Intervalle de tierce.	48	4	17
Intervalle de quarte	50	4	18
Intervalle de quinte.	53	4	19
Intervalle de sixte	55	4	20
Intervalle de septième	57	4	21
Intervalle d'octave	60	4	22
Unisson.	62	4	23
Des voix et des instruments.	80	5	24
Des gammes	116	6	25
Des gammes diatoniques mineures	126	6	26
Des gammes chromatiques	150	7	27
Des notes harmoniques.	151	7	28
De la manière de distinguer les différentes séries d'harmoniques	156	7	29
Des modulations	159	7	30
Explication de plusieurs mots musicaux	169	7	31
Des gammes simples modulatives.	173	7	32
De la gamme fleurie modulative	175	7	33
De la gamme simple progressive.	181	7	34
Des gammes fleuries progressives.	188	7	35
Des gammes irrégulières	191	7	36
Moyens pour suivre avec fruit les *Secrets de la Musique*	192	7	37
Du rhythme.	199	8	38
De la durée des différentes espèces de notes.	202	8	39
De la durée de la liaison	213	8	40
De la durée des points placés après les notes	215	8	41
De la durée des silences et des points placés après les silences.	222	8	42
Exercices pour exécuter les différentes espèces de notes et de silences.	226	8	43
De la barre de séparation ou de la barre de mesure.	235	8	44

	Pages.	Tabl.	Chap.
Exercices à suivre sur la figure n. 24, par des moyens nouveaux	247	8	45
Des quatre mouvements de la mesure.	254	8	46
Moyens de déchiffrer une mesure difficile.	258	8	47
Système d'ordre dans la composition mélodique d'une gamme mesurée	267	9	48
Du trait rhythmique, suspensif, final et imitatif.	273	9	49
Du membre et de la période	278	9	50
Application du système d'ordre pour la composition mélodique d'une gamme mesurée	286	9	51
De la composition rhythmique des gammes progressives	296	9	52
Des moyens qu'on a pour marquer en tête de la portée la valeur que chaque mesure doit contenir.	302	9	53
De la mesure à deux mouvements.	309	10	54
De la mesure à trois mouvements.	317	11	55
Des modifications aux mouvements de la mesure et à la durée des notes	321	12	56
Du métronome.	335	12	57
De l'exécution du triolet, des signes d'abréviation et des bâtons.	336	12	58
De l'exécution des ornements.	348	12	59
Conclusion.	360	»	»

FIN DE LA TABLE.